Danksagung und Widmung

Dieses Buch widme ich meiner Frau Anette (auch wenn sie außer der Widmung vermutlich keine Zeile liest). Außerdem meinen Töchtern Saskia, Ronja und Janne. Warum, bleibt unter uns.

Danken möchte ich meiner Mitarbeiterin Anke Hofmann, die unter anderem alle Grafiken in diesem Buch erstellte, und Ralf Muskatewitz vom Verlag managerSeminare. Die Zusammenarbeit mit ihm macht Lust auf weitere Projekte.

Inhaltsverzeichnis

Vorwort

Stellen Sie sich vor, Sie brauchen ein neues Auto. Sie gehen zu Ihrem Autohändler, um sich zu informieren. Doch der bleibt Ihnen jede Antwort schuldig. Sie erfahren weder den Spritverbrauch noch die Motorleistung oder die Höchstgeschwindigkeit Ihres bevorzugten Fahrzeugs. Probefahrt? – Fehlanzeige. – Garantie? – Keine. Umtauschrecht? – Nicht üblich. Würden Sie bei so einem Händler ein Auto kaufen? Vermutlich nicht! Vielleicht denken Sie, so „unverschämte" Verkäufer gibt es nicht. *Doch, alle Berater, Trainer, Coachs, Supervisoren, Mediatoren, Moderatoren – kurz alle Anbieter, die sich im Bildungs- und Beratungsmarkt tummeln – sind solch „unverschämte Verkäufer".* Sie verkaufen ihren Kunden „Produkte", die diese vor dem Kauf weder anfassen, noch betrachten, noch ausprobieren können. Zudem geben sie ihnen keine Qualitätsgarantien. Doch nicht nur dies. Auch eine Rückgabe und ein Umtausch ihrer Leistungen sind ausgeschlossen.

Wen wundert's, dass viele Kunden beim Kauf von Bildungs- und Beratungsleistungen das Gefühl haben, die Katze im Sack zu kaufen und ihr Geld lieber für andere Dinge ausgeben. Zum Beispiel für eine neue Hose. Oder eine neue Stereoanlage. Oder einen Urlaub auf den Malediven. Oder, wenn die Kunden Unternehmen sind, für eine neue Maschine. Oder eine neue Computeranlage. Da weiß man wenigstens, was man für sein Geld bekommt.

Obige Aussagen sollen verdeutlichen: Bildungs- und Beratungsanbieter haben beim Verkauf ihrer Leistungen nicht nur andere, sondern auch höhere Hürden zu überwinden als Hersteller von Bratpfannen, Kaffeeautomaten und Kraftfahrzeugen. Also müssten sie eigentlich alle Spitzenverkäufer sein. Doch leider ist oft das Gegenteil der Fall. Viele Bildungs- und Beratungsanbieter hegen nicht nur große emotionale Vorbehalte gegen das Verkaufen, sondern haben auch wenig Marketing- und Vertriebs-Know-how.

Dies war bis vor wenigen Jahren kein Problem, denn der Bildungs- und Beratungsmarkt wuchs kontinuierlich. Entsprechend groß war der Kuchen, den es zum Verteilen gab. Er war so groß, dass selbst die schlechtesten Anbieter ein Stück vom Kuchen abbekamen. Und waren ihre Leistungen gut, dann fielen ihnen die Aufträge wie reife Früchte in den Schoß. Diese Situation hat sich in den zurückliegenden Jahren verändert. Nicht nur, weil viele Unternehmen ihre Bildungs- und Beratungsetats kürzten, sondern auch weil Bund, Länder und Gemeinden weniger Geld für Bildung und Beratung ausgeben. Und die Privatpersonen? Auch sie halten sich zurück, solange ihnen das Schicksal der Entlassung oder Lohnkürzung droht.

Also müssen die Bildungs- und Beratungsanbieter ihre Leistungen aktiver verkaufen. Dies haben die meisten erkannt. Deshalb befassen sie sich verstärkt mit den Themen Marketing und Verkauf. Oft mit mäßigem Erfolg. Unter anderem, weil für den Verkauf von immateriellen Dienstleistungen wie Bildungs- und Beratungsleistungen andere „Regeln" als für den Verkauf von Konsum- und Gebrauchsgütern gelten. Hinzu kommt: Meist erstreckt sich der Verkaufsprozess bei ihnen über Wochen, Monate, teils sogar Jahre. Entsprechend schwer ist er zu gestalten.

Hieraus erwuchs die Idee für dieses Buch. Es soll Ihnen als Anbieter im Bildungs- und Beratungsbereich Hilfestellung beim Verkauf Ihrer Leistungen bieten. Jedoch nicht in der Form, dass Ihnen „10 goldene Regeln" präsentiert werden, die Sie nur 1:1 umsetzen müssen. Einfache „How-to-do-Tipps" wünschen sich zwar gewiss viele Leser, so mechanistisch funktioniert aber das Verkaufen nicht – unter anderem, weil es sich hierbei, ebenso wie beim Trainieren und Beraten, um einen Prozess zwischen Menschen handelt. Deshalb muss jeder Bildungs- und Beratungsanbieter sein eigenes Marketing- und Verkaufssystem entwickeln, mit dem er sich im Markt behaupten kann.

Hierbei hilft Ihnen dieses Buch, und zwar indem es im ersten Kapitel zunächst erläutert, was verkaufen bedeutet. Schließlich setzen viele Trainer und Berater, Supervisoren und Coachs das Ver-

kaufen noch mit einem „Sich-Prostituieren" gleich. Das zweite Kapitel widmet sich den Besonderheiten, die den Bildungs- und Beratungsmarkt auszeichnen. Im dritten Kapitel geht es darum, welche Anforderungen hieraus an selbstständige Trainer und Berater sowie die Personen resultieren, die in größeren Trainings- und Beratungsunternehmen die Verantwortung für deren Erfolg tragen. Das vierte Kapitel enthält eine Art Leitfaden, an dem Sie sich beim Entwickeln Ihres Marketing- und Verkaufssystems orientieren können. Das fünfte Kapitel geht schließlich auf die einzelnen Marketing- und Verkaufsinstrumente ein. Erläutert wird, welche Stärken diese haben und welche Funktionen sie folglich in Ihrem Marketing- und Verkaufssystem übernehmen können. Hier werden Ihnen auch zahlreiche Tipps geboten.

Beim Schreiben dieses Buchs hatte der Autor in erster Linie **alle Bildungs- und Beratungsanbieter** vor Augen, die unmittelbar vom Verkauf ihrer Leistungen an Privatpersonen oder Unternehmen leben. Warum? Dieses Marktsegment kennt er am besten. Aber auch für **alle öffentlichen Bildungsträger und Beratungseinrichtungen** dürfte das Buch eine nützliche Lektüre sein, da sich die meisten von ihnen wegen der klammen öffentlichen Kassen neu positionieren und neue Geschäftsfelder und Finanzquellen erschließen müssen.

Entsprechendes gilt für **alle firmeninternen Weiterbildungs- und Personalentwickler**. Auch sie müssen sich und ihre Leistungen aktiver verkaufen. Sonst besteht nicht nur die Gefahr, dass ihre Aufgaben externen Dienstleistern übertragen werden. Noch größer ist die Gefahr, dass sich ihre „Geldgeber" bei ihren Investitionsentscheidungen immer häufiger statt für den „Kauf" ihrer Leistungen für den Kauf von Maschinen oder Computeranlagen entscheiden.

Last, not least wendet sich das Buch, wenn auch nur mittelbar, an **alle Hersteller komplexer sowie erklärungsbedürftiger Produkte und Dienstleistungen** – wie zum Beispiel Finanzdienstleister, Hersteller von Computeranlagen oder Steuerungs- und Automatisierungstechnik. Warum? Sie können ihre Produkte zunehmend nur noch verkaufen, wenn sie ihre potenziellen Kunden hinsichtlich deren Einsatzes beraten und sie (beziehungsweise ihre Mitarbeiter) im Umgang mit ihnen schulen. Beratung und Schulung haben sich sozusagen zu einem Teil ihrer Produkte entwickelt. Folglich müssen auch sie sich mit dem Thema Bildungs- und Beratungsmarketing befassen.

Dieses Buch möchte seinen Lesern Mut machen. Denn im Gegensatz zu vielen anderen „Branchenkennern" ist der Autor überzeugt: Der Markt für Bildungs- und Beratungsleistungen wird auch in den kommenden Jahren wachsen, wachsen und nochmals wachsen – wenn auch in anderen als den tradierten Feldern. Aus folgendem Grund: Je komplexer unser Lebensumfeld wird, desto größer wird der Bedarf jedes Einzelnen an Orientierung und Beratung. Entsprechendes gilt für Unternehmen. Je komplexer, diffuser und schnelllebiger ihr Umfeld wird, umso größer wird ihr Bedarf an Beratung und neuem Know-how. Folglich werden in den kommenden Jahren ganz neue Bedarfsfelder entstehen, die, sofern sie von Anbietern erkannt und erschlossen werden, große Marktpotenziale bieten.

Hinzu kommt: Der Bildungs- und Beratungsmarkt ist so atomisiert, dass selbst die ganz großen Anbieter nur einen winzigen Marktanteil haben. Entsprechend groß sind die Potenziale, die sich jeder noch erschließen kann – vorausgesetzt er hat die richtige Strategie und verfügt über die notwendige Hartnäckigkeit und Ausdauer, um diese konsequent umzusetzen. An Letzterem mangelt es vielen Anbietern im Arbeitsalltag häufig – auch dem Autor. Unter anderem, weil es im Leben Schöneres, Wichtigeres und Erfüllenderes gibt, als stets nach mehr Umsatz und Profit zu streben.

Danken möchte ich all meinen Kunden, die in den vergangenen Jahren nicht nur meinen Lebensunterhalt und den meiner Familie finanziert haben. Aus der Arbeit mit ihnen erwuchsen auch viele Kerngedanken zu diesem Buch und die meisten erwähnten Praxisbeispiele. Diese habe ich zumeist anonymisiert, unter anderem, weil es, um die Verständlichkeit zu gewährleisten, oft notwendig war, Sachverhalte zu überzeichnen oder zu vereinfachen. Generell anonymisiert habe ich alle Negativ-Beispiele, da das Buch nicht Anbieter bloßstellen, sondern einen Beitrag zur Professionalisierung des Bildungs- und Beratungsmarktes leisten soll.

Bernhard Kuntz, Darmstadt

Eins

Bildung, Beratung, Bratpfannen oder sich selbst verkaufen?

Schnellfinder

Freitagnachmittag. In dem Tagungsraum sitzen 29 Supervisoren und Organisationsberater, Bildungsreferenten und Programmplaner. Sie arbeiten alle für einen „gemeinnützigen Bildungsträger". Inmitten von ihnen: der Autor dieses Buchs. Er stellt den Bildungs- und Beratungsexperten die Thesen vor, auf denen auch dieses Buch basiert. Bildungs- und Beratungsangebote sind Dienstleistungen, deren Preis sich über Angebot und Nachfrage bestimmt. Und, diese Leistungen müssen wie Konsum- und Investitionsgüter vermarktet und verkauft werden.

Zunehmend macht sich Unruhe im Raum breit, und dann platzt einem Teilnehmer der Kragen. „Aber wir produzieren keine Bratpfannen, sondern Bildung", knurrt er. Woraufhin eine seiner Kolleginnen faucht: „Und ich bin keine Prostituierte. Ich will mich nicht verkaufen." Dies veranlasst wiederum ihren Nachbarn, einen Diplom-Pädagogen, zum Kommentar: „Wenn ich nur noch marktwirtschaftlich denken soll, dann hätte ich besser BWL studiert."

Immer lauter äußern die Teilnehmer ihre Entrüstung über die These, Bildung und Beratung sei eine Ware, die zwar anders, aber so systematisch wie Autos und Bratpfannen vermarktet werden müsse, bis der Autor fragt: „Und warum haben Sie mich dann eingeladen, und zahlen mir ein Honorar?" Plötzlich ist es mucksmäuschenstill. Denn in ihrem Arbeitsalltag spüren die Bildungs- und Beratungsexperten durchaus: Das Geld sitzt unseren Kunden nicht mehr so locker wie vor einigen Jahren. Wir müssen unsere Leistung zunehmend aktiv vermarkten und verkaufen.

Ähnlich wie die Mitarbeiter des Bildungsanbieters reagieren viele Trainer und Berater auf den Appell: „Es genügt nicht, gute Bildungs- und Beratungsleistungen zu produzieren – ihr müsst sie auch verkaufen!" Den Pädagogen unter ihnen sträuben sich dann regelmäßig die Nackenhaare. Schließlich liegen diesem Appell, ebenso wie dem Titel dieses Buches, Annahmen zugrunde, die unserem tradierten Bildungsverständnis widersprechen.

Es genügt nicht, gute Bildungs- und Beratungsleistungen zu produzieren – ihr müsst sie auch verkaufen!

Ihm zufolge ist Bildung ein hehres und grundsätzlich erstrebenswertes Gut – also etwas ganz anderes als eine profane Bratpfanne. Zudem wird der (kosten-)freie oder zumindest für jeden erschwingliche Zugang zu den Bildungsangeboten als Voraussetzung dafür betrachtet, dass alle Bürger ihre Fähigkeiten entfalten und sich aktiv am gesellschaftlichen Leben beteiligen können. Der Buch(unter-)titel „Bildung vermarkten" unterstellt hingegen:

▶ Bildung ist eine Ware, die produziert und konsumiert wird. Und:
▶ Diese Ware hat ihren Preis. Und:
▶ Nur, wer diesen Preis bezahlt, kann die angebotenen Produkte genießen.

Doch damit nicht genug. Der Buchtitel definiert auch die Rolle der im Bildungsbereich tätigen Personen neu.

Wenn Bildung eine Ware ist, dann sind die Personen, die sie produzieren, Dienstleister, die für ihre Leistung bezahlt werden.

Wenn Bildung eine Ware ist, dann sind die Personen, die sie produzieren und verkaufen, keine Philanthropen mehr, also „Menschenfreunde", die ihren Mitmenschen etwas Gutes tun. Sie sind Dienstleister, die für ihre Leistung bezahlt werden. Und die Männer und Frauen, die die Ware Bildung genießen? Sie sind keine Empfänger von Wohltaten mehr, die ihren Wohltätern dankbar sein müssen. Nein, sie sind Kunden, die für diese Leistungen Geld bezahlen und folglich zu Recht fordern, dass sie die gewünschte Qualität haben.

Hieraus erwachsen neue Anforderungen an die Bildungsanbieter und ihr Personal. Dies spürten auch die Mitarbeiter des gemeinnützigen Bildungsträgers. Deshalb reagierten sie auf die Ausführungen des Autors so emotional. Dabei vergaßen sie, was sie ihm kurz zuvor über ihren Arbeitgeber erzählt hatten. Da mehrere staatliche Förderprogramme ausgelaufen seien, stehe der Bildungsträger vor der Alternative, entweder neue Aufträge an Land zu ziehen oder ein Drittel seiner Mitarbeiter zu entlassen. Ein Teil dieser Lücke wolle er schließen, indem er fortan auch Seminare auf dem freien Markt anbiete, den größten Teil aber dadurch, dass er künftig statt Fördermaßnahmen für Langzeitarbeitslose verstärkt Maßnahmen für „Berufliche Wiedereinsteigerinnen" anbiete. Warum? Hierfür gebe es noch Fördergelder.

Der als Verein organisierte Bildungsträger agiert also wie ein privatwirtschaftliches Unternehmen: Er sondiert den Markt (Wofür gibt es Fördergelder?). Und er orientiert seine Produktentwicklung an der aktuellen Nachfrage (Für welche Maßnahmen gibt es Geld?). Dabei achtet er genau darauf: Was ist, betriebswirtschaftlich betrachtet, nur ein „Bedürfnis" und wo besteht ein konkreter „Bedarf"? Das heißt, seine „Produktentwicklung" orientiert sich nicht daran, wo aus gesellschaftlicher Warte der größte Mangel besteht, sondern daran, wofür es öffentliche Fördermittel gibt. Erst wenn aus einem Bedürfnis, dadurch dass Fördermittel bereitgestellt werden, ein Bedarf wird, wird er aktiv. Auch die Struktur des gemeinnützigen Bildungsträgers entspricht Markt-Prinzipien. So sind zum Beispiel nur die im Management und in der Verwaltung beschäftigten Mitarbeiter fest angestellt. Fast alle pädagogischen Mitarbeiter hingegen haben nur Honorarverträge. Entsprechend schnell kann der Verein sich von ihnen trennen, wenn Fördermittel (sprich: Aufträge) ausbleiben.

„Produktentwicklung" orientiert sich an „Fördertöpfen".

Die obige Beschreibung soll zeigen: Der (Weiter-)Bildungsbereich ist in Deutschland zwar in vielen Bereichen noch nicht marktwirtschaftlich organisiert, trotzdem handeln fast alle Anbieter nach marktwirtschaftlichen Prinzipien. Selbst dort, wo der Bund und die Länder noch weitgehend ein Monopol haben, im Bereich der Grund- und Erstausbildung, zieht wegen des Drucks der leeren Kassen zunehmend ein marktwirtschaftliches Denken ein. Im Bereich der (beruflichen) Weiterbildung hingegen, der stets überwiegend privatwirtschaftlich strukturiert war, ist dieses gang und gäbe. Und selbst, wenn über den Dächern vieler Weiterbildungsanbieter noch die Fahne „gemeinnützig" weht, so agieren sie letztlich nach marktwirtschaftlichen Prinzipien. Die einzigen Unterschiede zu ihren privatwirtschaftlichen Mitbewerbern: Oft hegen Teile ihrer Mitarbeiter noch die Illusion, ihre Organisation könne sich einem marktwirtschaftlichen Denken entziehen. Außerdem versucht ihr Management häufig gezielt den Eindruck zu erwecken, es ließe sich bei seinen Entscheidungen von „humanitären" statt marktwirtschaftlichen Kriterien leiten, da dies bei manchen Personengruppen und (staatlichen) Organisationen das Anzapfen der Schatullen erleichtert.

Doch ganz gleich, auf welche Kundengruppen sich Anbieter spezialisiert haben, stets gilt: Sie stehen im Wettbewerb mit anderen Anbietern. Denn nicht nur die Mittel von Unternehmen und Privatpersonen, sondern auch von staatlichen Institutionen sind begrenzt. Folglich müssen auch sie stets neu entscheiden, wie viel Geld sie für Bildungs- und Beratungsleistungen ausgeben. Steht dies fest, entbrennt der Wettstreit darum, welcher Anbieter bekommt welchen Anteil vom Kuchen. Also müssen die Anbieter versuchen, sich und ihre Leistung in einem möglichst positiven Licht zu präsentieren, um ein ausreichend großes Stück hiervon zu erlangen. Übersetzt heißt dies: Die Anbieter müssen sich und ihre Leistung verkaufen.

„Verkaufen" heißt nicht, andere Menschen übers Ohr zu hauen.

Doch muss dieses Verkaufen ein Sich-Verkaufen im Sinne eines Sich-Prostituierens und Aufgebens persönlicher Wertvorstellungen sein? Dies befürchten viele Trainer und Berater. Dabei erleben sie täglich: Es geht auch anders. So zum Beispiel, wenn sie am Morgen eine Zeitung am Kiosk kaufen. Oder, wenn sie kurze Zeit später bei der Tankstelle stoppen, um Benzin zu „kaufen". Oder, wenn sie mittags im Restaurant den Ober fragen, was er ihnen empfehlen könne. Dann ist es für sie selbstverständlich, dass Leute ihnen etwas verkaufen. Sollen sie aber selbst in die Rolle des Verkäufers schlüpfen, dann setzen sie Verkaufen mit „Klinkenputzen" und dem Versuch gleich, Leute übers Ohr zu hauen.

Kleiner Selbst-Check (Teil 1)

Welche Gedanken gehen Ihnen durch den Kopf, wenn Sie aufgefordert werden, sich und Ihre Leistungen aktiv zu verkaufen?

▶ Ich will mich nicht „verbiegen"/„prostituieren".
▶ Ich bin kein Klinkenputzer.
▶ Ich will nicht andere über den Tisch ziehen.
▶ Davor habe ich Angst.
▶ Das kann ich nicht.
▶ Anders kann ich meinen Lebensunterhalt nicht sichern.
▶ Das gehört zu meiner Arbeit.
▶ ....
▶ ....
▶ ....

Viele Trainer und Berater haben Angst vor dem Verkaufen.

Dahinter steckt Angst – Angst davor, auf Menschen zuzugehen, sie anzusprechen und ihnen offen zu sagen: „Ich möchte Ihnen etwas verkaufen." Diese Angst konstatieren viele Trainer und Berater zwar ganz selbstverständlich bei ihren Kunden, aber nie bei sich

selbst. Trotzdem werden auch sie oft von ihr geplagt. Sie kaschieren die Angst jedoch meist mit „Glaubenssätzen" wie:

▶ Wenn die Kunden etwas brauchen, dann melden sie sich.
▶ Wenn meine Leistung stimmt, dann bekomme ich automatisch Aufträge.
▶ Wenn ich noch die (Zusatz-)Ausbildung xy mache, dann gewinne ich mehr Kunden.
▶ Wenn ich mich Business-Coach nenne, bin ich für Kunden attraktiver.
▶ Wenn ich mehr Seminarthemen anbiete, erhalte ich mehr Aufträge.
▶ Wenn mein Internet-Auftritt steht, dann melden sich auch mehr Interessenten.
▶ Wenn in der Zeitung xy ein Artikel über meine Arbeit erscheint, dann steht mein Telefon nicht mehr still.
▶ Wenn meine Kollegen und ich ein Netzwerk bilden, dann fällt es uns leichter, Kunden zu akquirieren.

Typische Glaubenssätze, um die Ängste zu kaschieren.

Kleiner Selbst-Check (Teil 2)

Mit welchen „Ausreden" rechtfertigen Sie Ihr passives Warten darauf, dass Ihnen Aufträge ins Haus flattern, anstatt Ihre Leistung aktiv zu verkaufen?

▶ ....
▶ ....
▶ ....
▶ ....
▶ ....
▶ ....
▶ ....
▶ ....
▶ ....

Diese Liste von Glaubenssätzen, mit denen Trainer und Berater rechtfertigen, warum sie (noch) geduldig auf Aufträge warten, statt diese aktiv zu akquirieren, ließe sich endlos fortsetzen. Denn an keinem Punkt sind Bildungs- und Beratungsanbieter so erfinderisch wie bei der Begründung, warum sie nicht ihren inneren Schweinehund überwinden, zum Telefonhörer greifen, die Nummer des potenziellen Kunden wählen und ihn fragen ... Oft drücken sie sich hiervor so lange, bis ihnen das Wasser bis zum Halse steht. Dann packt sie die Existenzangst. Und plötzlich gelten alle hehren Prinzipien nicht mehr, die sie zuvor verkündet haben. Plötzlich sind sie durchaus bereit, sich zu verkaufen – also etwas zu tun, von dem sie kurz zuvor noch verkündeten, dies widerspreche ihrer (beruflichen) Ehre.

Verkaufen ist keine Sonderaufgabe, die nur dann anfällt, wenn nichts Besseres zu tun ist.

In diese Situation geraten Trainer und Berater, die die Haltung „Ich muss meine Leistung verkaufen" verinnerlicht haben, seltener als ihre Kollegen, die sich mit dem Thema Verkaufen nur widerwillig befassen. Warum? Bei ihnen ist das Verkaufen keine Sonderaufgabe, die sie nur dann erfüllen, wenn sie nichts Besseres zu tun haben oder sich die Ebbe in ihrer Kasse bereits abzeichnet. Für sie ist das Verkaufen vielmehr ein Teil ihrer Alltagsarbeit. Entsprechend kontinuierlich und systematisch nehmen sie diese wahr. Entsprechend gut ist ihre Auftragslage. Deshalb geraten sie nicht in die (Not-)Situation, dass sie sich verkaufen müssen. Sie können vielmehr zu Kunden auch mal „Nein" sagen – sei es, weil

▶ deren Erwartungen unrealistisch sind oder
▶ ihnen die nötige Kompetenz fehlt oder
▶ der Kunde Anforderungen stellt, die sich mit ihrem Berufsethos nicht vereinbaren lassen, oder
▶ das Angebot nicht lukrativ ist.

Viele Trainer und Berater haben auch eine Aversion gegen das Verkaufen, weil sie es nicht können. Sie wissen weder,

▶ wie komme ich in Kontakt mit potenziellen Kunden, noch
▶ wie vermittle ich ihnen, dass ich etwas anbiete, das ihnen nützlich sein könnte, noch
▶ wie lege ich ihnen dar, dass dieser Nutzen größer ist als die Investition, weshalb sich der Kauf lohnt.

Und schon gar nicht wissen sie, wie sie den Prozess von der Kontaktaufnahme bis zum Vertragsabschluss, der bei komplexen Bil-

   Bernhard Kuntz: Die Katze im Sack verkaufen

dungs- und Beratungsleistungen oft Monate, teils sogar Jahre dauert, gestalten müssen, damit der Kontakt nicht abreißt. Hierfür fehlt ihnen oft nicht nur das nötige Know-how darüber, wie die Kaufentscheidungen bei ihren potenziellen Kunden ablaufen, sondern auch darüber, welche Stärken und Schwächen die einzelnen Marketinginstrumente haben und wie sie effektiv eingesetzt werden. Entsprechend hilflos reagieren viele Trainer und Berater, wenn es um das Vermarkten ihrer Produkte geht.

Eine Ursache hierfür ist: Die Stärken vieler Trainer (aber auch Berater) liegen im kommunikativen Bereich. Sie parlieren gerne mit anderen Menschen und ihnen fällt es leicht, Kontakte aufzubauen. Deshalb wählten sie ihren Beruf. Weniger ausgeprägt ist bei vielen „Pädagogen" die Fähigkeit, logisch-abstrakt und langfristig strategisch zu denken. Auch ihre Ausdauer und Frustrationstoleranz ist oft gering. Genau diese Eigenschaften sind aber gefragt, wenn ein Trainer oder Berater oder ein Trainings- oder Beratungsunternehmen sich ein Marktsegment oder eine Zielgruppe mit System erschließen möchte.

Strategisches Denken, Ausdauer und Frustrationstoleranz zählen nicht zu den Stärken vieler Trainer.

Hinzu kommt: Bildungs- und Beratungsleistungen müssen zwar so systematisch wie Bratpfannen und Autos entwickelt, vermarktet und verkauft werden. Sie sind aber keine Bratpfannen und Autos. Deshalb können die Methoden, die beim Vermarkten von Bratpfannen und Autos zum Erfolg führen, nicht 1:1 auf Bildungs- und Beratungsleistungen übertragen werden.

Was Bildungs- und Beratungsleistungen von Autos und Bratpfannen, also Konsum- und Gebrauchsgütern, unterscheidet, ist vielen Trainern und Beratern und den Werbeagenturen, die für sie arbeiten, nicht bewusst. Folglich können sie auch nicht die richtigen Marketing- und Verkaufsstrategien sowie -instrumente entwerfen. Deshalb werden im nächsten Kapitel die Besonderheiten des Bildungs- und Beratungsmarkts und der Ware Bildung und Beratung skizziert.

Zwei

Besonderheiten des Bildungs- und Beratungs- marktes und der dort angebotenen Waren

 # Schnellfinder

Der Bildungs- und Beratungsmarkt – ein Koloss, den es nicht gibt

„Im vergangenen Jahr stieg die Zahl der verkauften Autos in Deutschland um zwei Prozent. Dabei verzeichneten die Dieselfahrzeuge mit vier Prozent den größten Zuwachs. In diesem Jahr erwarten die Autohersteller bei den Neuzulassungen ein Plus von zwei Prozent. Ihr Umsatz wird aber voraussichtlich wegen des hohen Preisdrucks nur um 0,5 Prozent steigen ...“

Diese Meldung ist weder in der FAZ noch im Handelsblatt erschienen. Eine ähnliche Meldung hätte dort aber erscheinen können. Denn wie viele Neuwagen in Deutschland produziert und verkauft werden, lässt sich genau ermitteln; ebenso die Entwicklung in den einzelnen Marktsegmenten. Entsprechend einfach sind Marktprognosen. Hierfür gibt es mehrere Gründe. Die Zahl der Autohersteller, die in Deutschland Fahrzeuge verkaufen, ist überschaubar. Sie lassen sich an zwei, drei Händen abzählen. Außerdem erfassen das Kraftfahrt-Bundesamt und die Kfz-Versicherer, wie viele und welche Autos an- und abgemeldet werden. Hinzu kommt: Darüber, was ein Auto ist, besteht ein Konsens. Zwar mögen manche Personen nicht verstehen, warum sich jemand einen Smart kauft. Doch dass dies ein Auto und kein motorisierter Einkaufswagen ist, bestreitet niemand. Auch darüber, dass ein Fahrrad zwar ein Fortbewegungsmittel, aber kein Auto ist, besteht Einigkeit. Deshalb lässt sich der Automarkt genau abgrenzen.

Anders ist dies beim Bildungs- und Beratungsmarkt. Sein Umfang und sein Volumen lassen sich nicht bestimmen. Hier sind bestenfalls exakte Aussagen über einzelne Marktsegmente möglich. So zum Beispiel darüber, wie viel Geld die Bundesagentur für Arbeit in den Jahren 2002 und 2003 für Umschulungsmaßnahmen bereitstellte. Doch darüber, wie viel Geld Privatpersonen und Unterneh-

Es gibt keine exakten Daten über den Bildungs- und Beratungsmarkt.

men im selben Zeitraum für Bildungs- und Beratungsleistungen ausgaben, gibt es kaum exakte Zahlen. Und wenn doch, dann ist ihre Aussagekraft zweifelhaft. Ein Beispiel: Seit Jahren geistert das Ergebnis einer Studie des Deutschen Instituts der Wirtschaft (IW) durch die Medien, dass die Unternehmen in Deutschland jährlich über 25 Milliarden Euro in die Weiterbildung ihrer Mitarbeiter investieren. Ob dies stimmt, weiß niemand. Denn das IW wird von der deutschen Industrie finanziert. Also sind seine Aussagen interessengeleitet. Entsprechendes gilt für fast alle Studien über den Weiterbildungs- und Beratungsmarkt.

Es gibt keine präzise Definition, was Weiterbildung ist.

Dass über den Weiterbildungsmarkt keine verlässlichen Daten existieren, liegt auch daran, dass keine exakte Definition von Weiterbildung existiert. Am Versuch, eine solche zu finden, scheiterte vor über 30 Jahren schon der Deutsche Bildungsrat. Also beschränkte er sich 1970 darauf, Weiterbildung als „Fortsetzung oder Wiederaufnahme organisierten Lernens nach Abschluss einer unterschiedlich ausgedehnten Bildungsphase" zu definieren. Offen bleibt dabei:

▶ wer das Lernen organisiert,
▶ wie es organisiert ist und
▶ auf welche Inhalte es sich bezieht.

Heute ist eine exakte Definition von Weiterbildung noch schwieriger – nicht nur, weil sich seit 1970 neue Formen der Wissensvermittlung wie das Computer- oder Web-based-Training etabliert haben. Hinzu kommt: Vor 30, 40 Jahren konnte man den Bildungs- und den Beratungsmarkt noch einigermaßen voneinander abgrenzen. Heute hingegen sind insbesondere in der privaten Wirtschaft Bildung und Beratung oft unlösbar miteinander verwoben, weshalb auf den Visitenkarten der meisten Trainer inzwischen auch „Berater" steht.

Außerdem: Je komplexer unsere Umwelt und unser Leben wird, umso größer wird der Bedarf an Qualifizierung und Beratung. So ist es inzwischen „normal", dass sich Unternehmen, bevor sie eine Computeranlage kaufen, von Spezialisten beraten lassen, denn mit deren Einführung ändern sich oft die Abläufe in ihrer Organisation. Und nach oder parallel zu ihrer Anschaffung werden die Mitarbeiter im Umgang mit der neuen Technik trainiert. Beratung und

Qualifizierung haben sich folglich vielfach zu einem Bestandteil des Produkts entwickelt. Ohne entsprechende „Serviceangebote" sind viele komplexe Güter heute unverkäuflich.

Ähnlich verhält es sich in unserem privaten Bereich. Auch hier lassen sich Beratung und Qualifizierung oft nicht trennen, da bei jeder (guten) Beratung auch ein Wissenstransfer erfolgt. Ein Beispiel: Ein Jungmanager verspürt die ersten Zipperlein. Also besucht er ein „Work-Life-Balance-Seminar". Dort checkt ein Arzt seine Gesundheit. Im Anschluss wird ihm mit anderen Teilnehmern allgemeines Know-how in Sachen Gesundheitsförderung vermittelt, bevor Experten den Jungmanager anhand seiner Gesundheitsdaten persönlich beraten. Und anschließend joggen alle Teilnehmer unter fachlicher Anleitung. Dabei erhalten sie auf Grund ihrer Laktatwerte ein Feedback über ihre persönliche Fitness. Wo hört bei einer solchen Maßnahme die Beratung auf und fängt die Weiterbildung an? Hier eine Grenze zu ziehen, wäre reine Willkür.

Beratung und Training lassen sich oft nicht trennen.

Umfang und Volumen des Bildungs- und des Beratungsmarktes lassen sich auch schwer bestimmen, weil sozusagen täglich neue Bedarfe entstehen (und vergehen). Wer hätte zum Beispiel vor zehn Jahren gedacht, dass es einen Markt für eine (nicht vom Arbeitsamt finanzierte) Karriereberatung gebe? Oder für eine Farb- und Stilberatung für Männer? Oder einen Markt für Management-Seminare mit „Pferdeflüsterern"? Doch dann boten pfiffige Menschen diese Leistung an, einige Zeitschriften berichteten hierüber und plötzlich existierte hierfür ein Markt. Umgekehrt lassen sich ähnliche Entwicklungen konstatieren. Wer spricht heute zum Beispiel noch von Superlearning? Und was ist aus der Graphologie geworden? Und was wurde aus solchen Konzepten wie Kaizen? Und wer spricht noch über das Thema „Emotionale Intelligenz"?

Täglich entstehen neue Bedarfe.

Den Bildungs- und Beratungsmarkt prägt folglich ein ständiges Werden und Vergehen. Überspitzt formuliert, könnte man sagen: Dieser Markt existiert überhaupt nicht, er wird täglich neu geschaffen. Alles, was vorstellbar ist (und nicht vorstellbar erscheint), kann auf ihm angeboten werden und findet Käufer, sofern es geschickt vermarktet wird. Wenn neue Produkte im Bildungs- und Beratungsbereich entwickelt werden, stellt sich daher meist nicht die Frage, ob hierfür ein Bedarf besteht. Die Frage ist vielmehr, ob dieser groß genug ist, dass

▶ der Anbieter seine Ziele erreichen kann und

▶ sich die Investition an Geld und Zeit, um dieses Marktsegment zu erschließen, lohnt.

Vielfältigste Angebote der unterschiedlichsten Anbieter.

Entsprechend vielfältig sind die Angebote und Anbieter in diesem Markt. Öffentliche Einrichtungen (wie Volkshochschulen und Hochschulen) agieren neben Einrichtungen der Wirtschaft. Einrichtungen von Interessenverbänden (wie Kirchen, Gewerkschaften und Parteien) konkurrieren mit privaten Bildungseinrichtungen. Und zwischen all diesen Unternehmen unterschiedlichster Größe, Struktur und Kultur tummelt sich eine unüberschaubare Heerschar von Einzelkämpfern, die

▶ sich zum Beispiel Trainer, Berater, Weiterbildner, Supervisor, Coach, Moderator, Mediator oder Prozessbegleiter nennen,

▶ über die unterschiedlichsten Qualifikationen und Erfahrungen verfügen und

▶ einen mehr oder weniger großen Teil ihres Lebensunterhalts mit dem Verkauf von Bildungs- und Beratungsleistungen bestreiten.

Anbieter sind oft zugleich Nachfrager.

Dabei sind viele Anbieter zugleich Nachfrager. Auch dies macht den Bildungs- und Beratungsmarkt so intransparent. Hierfür ein erfundenes, aber realistisches Beispiel: Die Chefetage eines Unternehmens entscheidet: „Unsere Vertriebsmitarbeiter müssen ein kundenorientierteres Verhalten zeigen." Also erteilt sie der Bildungsabteilung die Order, eine entsprechende Qualifizierungsmaßnahme zu planen. Diese beauftragt ein Beratungsunternehmen, den konkreten Bedarf zu ermitteln und sie beim Erstellen des Konzeptes zu unterstützen. Außerdem sollen die Berater einen Trainingspartner zum Durchführen der Bildungsmaßnahme vorschlagen. Daraufhin kontaktiert das Beratungsunternehmen ein Trainingsinstitut und sagt diesem, es könne ihm eventuell (gegen eine entsprechende Provision) einen Auftrag vermitteln und bittet das Institut, mit der Bildungsabteilung Kontakt aufzunehmen. Das Trainingsinstitut tut dies und erhält den Auftrag, woraufhin es bei selbstständigen Trainern nachfragt, ob sie soundsoviele Trainingstage übernehmen könnten, und ihnen die entsprechenden Aufträge erteilt.

In diesem Beispiel gibt es vier Nachfrager: die Unternehmensleitung, die Bildungsabteilung, das Beratungsunternehmen und das Trainingsinstitut. Zugleich gibt es vier Anbieter: die Bildungsabteilung, das Beratungsunternehmen, das Trainingsinstitut und die Einzeltrainer. Das heißt, die meisten Anbieter sind zugleich Nachfrager.

Entsprechend schwer lassen sich neben dem Volumen auch die Strukturen des Bildungs- und Beratungsmarktes ermitteln. Und entsprechend unsicher sind viele Trainer und Berater beim Entwickeln ihrer Unternehmens- und Marketingstrategie. Schon beim Beantworten solcher Fragen wie „wer sind unsere Kunden und an wen sollen wir unsere Werbeschreiben schicken?" geraten sie oft ins Schlingern:

▶ An die Vorstände/Geschäftsführer der Unternehmen, die letztlich das Sagen haben? Oder:
▶ An die Stabs- und Fachabteilungen, die die Aufträge erteilen? Oder:
▶ An die großen Beratungs- und Trainingsunternehmen, die uns Aufträge vermitteln können?

„Wer sind unsere Kunden?" – Viele Trainer und Berater wissen dies nicht.

Noch unsicherer sind sie, wenn es um die Fragen geht: „Was sollen wir unseren Kunden anbieten? Zum Beispiel nur Führungstrainings oder Führungskräfteentwicklungsprogramme? Und wenn Letzteres, dann mit oder ohne Bedarfsanalyse? Oder sollen wir einfach schreiben: Wir machen alles (Hauptsache, Sie bezahlen!)?" Ins Beraterdeutsch übersetzt heißt dies: „Unsere maßgeschneiderten Angebote orientieren sich am Bedarf Ihres Unternehmens."

Hier besteht bei vielen Anbietern eine so große Unsicherheit, dass sich ihre Strategie fast stündlich ändert. Entsprechend lechzen sie nach Daten, die den Markt für sie (scheinbar) transparent machen und auf die sie ihre Entscheidungen stützen können. Auf eine entsprechend große Resonanz stoßen zum Beispiel die Ergebnisse von Befragungen von Führungskräften über die künftige Marktentwicklung. Welch besseren Beweis gibt es, dass viele Anbieter ihren Markt nicht kennen? Würden sie ihn kennen, wüssten sie auch, welche Probleme ihre Kunden haben und wo bei ihnen folglich ein Bedarf besteht. Dann müssten sie ihre Produktentwicklung nicht an den Resultaten von Befragungen orientieren, deren Ergebnisse so aussagekräftig sind, als ob man Bundesbürger fragt: „Sind Sie für Reformen?" Dann nicken alle zustimmend (bis die erste Reform verkündet wird). Ebenso ist es, wenn man Führungskräfte oder Bildungsanbieter fragt, ob die Nachfrage nach Coaching steigt. Auch dann nicken alle „Experten" zustimmend, da der Begriff Coaching wie der Begriff Reform nur eine positiv besetzte Worthülse darstellt.

Zweifelhafte Rankings

Auf großes Interesse stoßen auch solche „Rankings" wie die Lünendonk-Liste „Führende Anbieter beruflicher Weiterbildung in Deutschland". Doch auch für sie gilt: Mit ihr hat sich zwar ihr Anbieter ein 1a-Marketinginstrument geschaffen, ihr Nutzwert ist aber zweifelhaft. Die Liste dokumentiert nur Jahr für Jahr aufs Neue wie intransparent der Weiterbildungs- und Beratungsmarkt ist, da auf ihr – selbst nach Jahren noch – große Anbieter fehlen. Sie zeigt zudem, wie heterogen der Markt ist. Denn regelmäßig werden auf ihr Äpfel mit Birnen verglichen – zum Beispiel, wenn Anbieter, die vor allem Arbeitsamtsmaßnahmen durchführen, und Unternehmen wie SAP, die vorwiegend Schulungen für ihre IT-Produkte anbieten, nebeneinander stehen.

Die Intransparenz des Marktes verunsichert auch die Nachfrager, also die (potenziellen) Kunden, denn sie können sich nur schwer einen Überblick darüber verschaffen,

▶ welche Anbieter existieren,
▶ welche Leistungen von ihnen angeboten werden und
▶ welche Qualität diese haben.

Entsprechend schwer können sie ermitteln: Welcher Anbieter hat das für mich beste Angebot?

Beim Kauf eines Mittelklassewagens ist dies recht einfach. Hier genügt es, die Filialen der lokalen Händler aufzusuchen und die Testberichte von zwei, drei Automagazinen zu lesen. Schon hat man eine Marktübersicht. Beim Bildungs- und Beratungsmarkt ist dies auf Grund der scheinbar endlosen Zahl von Anbietern und Angeboten nahezu unmöglich. Wie unüberschaubar der Markt ist, zeigt sich, wenn man in der Internet-Suchmaschine Google zum Beispiel den Begriff „Coaching" eingibt. Dann meldet der PC über 700.000 Treffer. Und wenn man den Begriff „Coaching" mit „Führungskräfte" kombiniert? Dann sind es noch über 70.000. Und wenn man als dritten Suchbegriff zudem „Frankfurt" eingibt? Dann erzielt man noch mehr als 10.000 Treffer.

Wie soll ein Anbieter bei diesem Wust an Information eine Markt-übersicht gewinnen? Dies ist unmöglich. Deshalb sind die meisten Kaufentscheidungen im Bildungs- und Beratungsbereich (auch) Zu-fallsentscheidungen. Das wissen auch die Einkäufer in den Unter-nehmen. Deshalb verspüren sie beim Kauf von Bildungs- und Bera-tungsleistungen stets Bauchschmerzen. Denn wie soll zum Beispiel ein Weiterbildungsleiter seine Entscheidung legitimieren, wenn sich diese als Flop erweist? Wie soll er gegenüber seinem Chef be-gründen, dass er sich für den Anbieter x statt y entschied? Oder wie soll er ihm im Extremfall erklären, dass er den Anbieter y gar nicht kennt, obwohl dieser – laut Aussagen des Golfpartners seines Chefs – „der Top-Anbieter" ist? Da muss der Chef doch an seiner Kompetenz zweifeln.

Auch die Einkäufer sind unsicher.

Solche Gedanken quälen potenzielle Kunden immer wieder, wenn sie vor der Frage stehen: „Sollen wir diese oder jene Bildungs- oder Beratungsleitung kaufen?" Und letztlich entscheiden sie sich dann für den Kauf einer Maschine oder eines Autos. Denn da weiß man, was man für sein Geld bekommt.

2.2.

Die Ware Bildung und Beratung – ein „Produkt", das niemand sieht

Samstagmorgen in einem Seminarhotel. Ein Verkaufstrainer steht vor den Gebietsvertretern eines Nahrungsmittelherstellers. Er soll sie im Führen von Vertragsverhandlungen schulen. Deutlich spürt man: Die erfahrenen Verkäufer könnten sich Schöneres vorstellen, als am Wochenende in einem stickigen Tagungsraum zu sitzen. Doch was sein muss, muss sein. Schließlich spüren sie täglich den heißen Atem der Mitbewerber im Nacken. Also lauschen sie dem „Win-win-Geplapper" des Trainers, das sie „schon 100 Mal gehört haben". Unruhig werden sie erst, als er verkündet: „Nur wenn Sie Ihre Ziele offen legen, entsteht eine partnerschaftliche Beziehung zwischen Ihnen und Ihren Kunden."

„Da freut sich der Einkäufer aber, wenn ich ihm gleich zu Beginn der Verhandlung sage, wie viele Paletten ich ihm verkaufen möchte und wie weit ich ihm mit dem Preis entgegenkommen kann", sagt ein Außendienstler. Der Trainer spürt die Ironie in diesen Worten nicht. Er erklärt weiter, warum das Spiel mit offenen Karten so wichtig ist. Ein, zwei Minuten später verlässt der erste Teilnehmer den Raum, weitere folgen. Und zur Mittagszeit, also nach knapp drei Stunden, ist das Zwei-Tages-Seminar beendet. Der letzte Teilnehmer hat erkannt: „Der Mann mag ein guter Paarberater sein. Von dem, was im Handel abgeht, hat er aber keine Ahnung."

Ähnlich ernüchternde Erfahrungen mit Bildungsveranstaltungen haben gewiss die meisten Leser schon gesammelt. Sei es während ihrer Schul- oder Studienzeit oder bei einem Kurs der Volkshochschule. Oder bei einem Seminar, das sie berufsbedingt besuchten. Meist haken wir solche Erfahrungen mit einem Schulterzucken ab – insbesondere dann, wenn wir selbst, wie bei den Vorlesungen an der Uni, beim Volkshochschulkurs oder beim Seminar, das unser

Arbeitgeber finanzierte, nichts oder nur wenig dafür bezahlt haben. Schließlich machten wir schon als Kinder die Erfahrung, dass es gute und schlechte Lehrer gibt – und dass man „schlechten Pädagogen", wenn man in ihre Fänge gerät, nahezu hilflos ausgeliefert ist. Dies prägt unsere Erwartungshaltung und unsere Art auf Negativ-Erlebnisse zu reagieren.

Dass schon viele Menschen schlechte Erfahrungen mit (dem Kauf von) Bildungs- und Beratungsleistungen gesammelt haben, findet seine Begründung im immateriellen Charakter einer Dienstleistung. Das heißt, die Personen, die sie erbringen, also zum Beispiel die Trainer, Lehrer oder Berater, benutzen zwar oft Materialien wie Bücher, Folien oder Flipcharts, aber ihre eigentliche Leistung, für die sie bezahlt werden, das Trainieren, Referieren oder Beraten, ist immateriell. Für Kunden bedeutet dies: Sie können die Ware Bildung im Gegensatz zu Gebrauchsgütern (Bratpfannen) oder Konsumgütern (Brötchen) nicht anfassen. Sie können ihre Qualität weder ertasten, noch erriechen. Auch ein Probesitzen wie bei Stühlen oder ein Probefahren wie bei Autos ist nicht möglich.

Die erbrachte Leistung ist eine immaterielle.

Doch damit nicht genug: Die Leistungsmerkmale der Ware Bildung und Beratung können zudem anders als bei einem Auto nicht mit objektiv messbaren Daten wie PS und km/h beschrieben werden. Folglich kann der Kunde die Angebote vor dem Kauf auch nur schwer vergleichen. Schon gar nicht kann er sich ein Heft der Stiftung Warentest kaufen, um daraus zu entnehmen, ob er eher die Beraterin Frieda Müller oder den Berater Hans Mayer engagieren oder ein Seminar beim Anbieter „Hinz & Partner" oder „Kunz & Partner" besuchen sollte. Deshalb haben viele Kunden beim Kauf von Bildungs- und Beratungsleistungen das Gefühl, die Katze im Sack zu kaufen.

Der Kunde kann die Angebote vor dem Kauf nur schwer miteinander vergleichen.

Hierzu trägt auch bei, dass bei Bildungs- und Beratungsleistungen die Produktion und Konsumption zusammenfallen. Was dies bedeutet, lässt sich am Beispiel „Haare schneiden" erläutern. Wenn ein Kunde einem Friseur den Auftrag erteilt „Schneiden Sie mir die Haare", dann muss er die Leistung „Haare schneiden" anschließend auch bezahlen. Selbst wenn ihm die Frisur nicht gefällt, wird er zur Kasse gebeten. Der Kunde kann die Leistung „Haare schneiden" weder zurückgeben noch gegen eine Flasche Shampoo eintauschen.

Ebenso ist es bei Bildungsleistungen. Wer ein Seminar besucht, muss es bezahlen, selbst wenn er vor Ort merkt: „Das bringt mir nichts." Der Kunde hat weder ein Umtausch-, noch ein Rückgaberecht. Er erhält zudem keinerlei Garantie – weder für die vom Trainer erbrachte Leistung noch dafür, dass der gewünschte Nutzen eintritt. Ebenso ist es bei Beratungsleistungen. Auch hier kann der Kunde, wenn sich die Beratung als untauglich erweist, nicht zum Berater sagen: „Packen Sie Ihre Beratung wieder ein und geben Sie mir mein Geld zurück." Warum? Im selben Moment, in dem die Leistung Beratung erbracht wird, wird sie sozusagen „aufgegessen", verkonsumiert. Also ist kein Umtausch und keine Rückgabe möglich.

Die Qualität der Dienstleistung kann variieren.

Noch weitere Faktoren führen dazu, dass viele Kunden beim Kauf der Ware Bildung und Beratung das Gefühl haben, die „Katze im Sack" zu kaufen. Bildungs- und Beratungsleistungen sind persönliche Dienstleistungen. Sie werden von Menschen und nicht von Maschinen erbracht. Also schwankt ihre Qualität. Sie hängt zum Beispiel von der Kompetenz des Referenten ab. Für Kunden bedeutet dies: Selbst wenn sie zweimal dasselbe Seminar zum selben Thema beim selben Trainingsinstitut besuchen, kann deren Qualität, wenn verschiedene Referenten eingesetzt werden, unterschiedlich sein. Doch selbst wenn in beiden Seminaren derselbe Referent zum Einsatz kommt, kann deren Qualität variieren. Schließlich ist neben den Gefühlen auch die Leistungsfähigkeit eines Menschen Schwankungen unterworfen. Das gilt auch für Trainer und Berater. Deshalb stellen zum Beispiel Weiterbildungsleiter immer wieder fest, dass Trainer, die nach einem Seminar von den Teilnehmern absolute Spitzenbewertungen erhielten, beim nächsten Mal nur durchschnittliche Werte bekommen. Über die Ursachen hierfür können sie meist nur spekulieren: Schlief der Trainer in der Nacht zuvor schlecht? War er erkältet? Oder hatte er Streit mit seiner Lebensgefährtin?

Meist spielt, wenn zwei Seminare – zum selben Thema vom selben Referenten – völlig unterschiedlich bewertet werden, jedoch folgendes Merkmal von Bildungs- und Beratungsleistungen eine wichtige Rolle: Der „Kunde" ist an ihrem Erbringen beteiligt. Das heißt zunächst, wenn beispielsweise zu einem Seminar kein Teilnehmer erscheint, dann kann das Seminar nicht stattfinden. Ebenso ist es bei einer Supervision oder Paarberatung.

Welche „Garantien" geben Sie Ihren Kunden?

Stellen Sie sich vor, Sie wollen ein neues Auto kaufen. Also besuchen Sie die Niederlassung eines Autohändlers. Dort angekommen fragen Sie den Verkäufer, wie viel PS das Fahrzeug, das Sie bevorzugen, hat. Der Verkäufer antwortet: „Keine Ahnung." Ebenso ist es, als Sie ihn nach dem Spritverbrauch und der Beschleunigung fragen. Stets antwortet der Verkäufer „Das weiß ich nicht" oder wie bei Ihrer Frage nach der Höchstgeschwindigkeit „Vielleicht 10, vielleicht aber auch 200 km/h". Also fragen Sie den Verkäufer: „Können Sie mir das Auto mal zeigen, und kann ich es Probe fahren?" Seine Antwort: „Ja, aber erst wenn Sie es bestellt und bezahlt haben." Daraufhin fragen Sie den Verkäufer: „Und welche Garantie erhalte ich, dass das Auto fährt?" Der Verkäufer: „Keine. Aber Sie können mir vertrauen. Bisher fuhren all unsere Autos." Doch Sie lassen nicht locker und fragen nach: „Und wenn es nicht fährt, kann ich das Auto dann zurückgeben oder umtauschen." Daraufhin sagt der Verkäufer erstaunt: „Nein, das ist bei uns nicht üblich."

▶ Wie würden Sie so ein Verkäuferverhalten beurteilen?
  Was würden Sie Ihren Bekannten erzählen?
▶ Wann würden Sie, wenn ein Autoverkäufer sich so verhält,
  den „Laden" spätestens verlassen?
▶ Inwiefern unterscheidet sich Ihr Verkäuferverhalten von dem
  des Autoverkäufers?
▶ Welche „Garantien" geben Sie Ihren Kunden? Welche Umtausch-/Rückgabemöglichkeiten gewähren Sie ihnen?

Doch damit nicht genug. Damit ein Bildungsanbieter seine Leistung erbringen kann, müssen seine Kunden in einem gewissen Umfang „mit-arbeiten", denn den „Nürnberger Trichter" gibt es nicht. Folglich findet in einer Schulstunde, bei der alle Schüler schlafen, kein Unterricht statt. Ein Workshop, bei dem alle Teilnehmer schweigen, ist kein Workshop. Ein Redner, dem niemand zuhört, ist kein Redner; er führt Selbstgespräche.

Der Kunde ist am Erbringen der Leistung beteiligt.

Charakteristika der Ware Bildung + Beratung	Auswirkungen
Immaterielle Dienstleistung	▶ Kunde kann Ware vor dem Kauf nicht anschauen und in die Hand nehmen. ▶ „Leistung" kann nicht mit objektiv messbaren Daten wie PS beschrieben werden. ▶ Kunde kann Qualität der Ware vor dem Kauf nicht prüfen. ▶ Kunde erhält keine Garantie für Qualität der Ware und dafür, dass der erhoffte Nutzen eintritt.
Persönliche Dienstleistung	▶ Kunde ist am Erbringen der Leistung beteiligt. ▶ Qualität schwankt, abhängig von – der Kompetenz und Tagesform des Trainers/Beraters, – der „Mitarbeit" des Kunden und – der Beziehung zwischen „Kunde" und „Lieferant". ▶ Leistung kann nur bedingt vorproduziert, transportiert und gelagert werden. ▶ Leistungserbringung kann nur begrenzt standardisiert und automatisiert werden. ▶ Leistung ist im Vergleich zu Konsum-/Gebrauchsgütern „teuer".
Produktion und Konsumption fallen zusammen	▶ Kunde kann Leistung, nachdem sie erbracht wurde, weder umtauschen noch zurückgeben.

Folge:
Potenzielle Kunden empfinden hohes Kaufrisiko und suchen nach „Ersatzindikatoren", um empfundenes hohes Kaufrisiko zu senken.

Die Qualität der erbrachten Leistung hängt also stark von der Aktivität der Teilnehmer ab. Wenn sie sich bei einer Gruppenarbeit nicht engagieren, sind auch deren Ergebnisse nicht spitze. Ebenso ist es bei jeder Form der Beratung. Wenn der „Kunde" sich nicht öffnet und dem Berater die nötigen Infos liefert, ist auch keine qualifizierte Beratung möglich. Und wenn der „Klient" die Mitarbeit verweigert, kann auch keine tragfähige Lösung erarbeitet und erst recht nicht umgesetzt werden.

All diese Faktoren bewirken, dass Kunden beim Kauf von Bildungs- und Beratungsleistungen ein großes Kaufrisiko empfinden. Wie groß das empfundene Risiko ist, hängt unter anderem davon ab, wie viel Erfahrung der Kunde mit dem Kauf solcher Leistungen hat und welche Bildungs- oder Beratungsleistung er kaufen möchte. So entscheiden sich viele Personen leichter für ein Fach- als für ein Persönlichkeitsseminar. Sie können sich auch leichter für einen Steuerberater als für einen Psychotherapeuten entscheiden. Der Grund: Bei Persönlichkeitsseminaren spielt ebenso wie bei Beratungen, die das „Innenleben" von Menschen tangieren, die Persönlichkeit des Beraters und dessen Beziehung zum „Klienten" eine sehr wichtige Rolle.

Die Kunden empfinden ein hohes Kaufrisiko.

Das empfundene Risiko ist umso größer ...

Das empfundene Kaufrisiko hängt von vielen Faktoren ab.

▶ ... je stärker eine Maßnahme prozess- statt ergebnisorientiert konzipiert ist.

Beispiel: Bei einem Kongress zum Thema „Neue Zollbestimmungen" empfinden Kunden ein geringeres Kaufrisiko als bei einem Verhaltenstraining, bei dem sie unter fachlicher Anleitung selbst nach Wegen, zwischenmenschliche Probleme zu lösen, suchen und diese einüben müssen.

▶ ... je stärker eine Maßnahme affektive statt kognitive Lernziele verfolgt.

Beispiel: Bei einem Seminar zum Thema „Buchführung" können die Teilnehmer den Nutzen im Voraus besser einschätzen als bei einem Kommunikationsseminar, bei dem sie nicht wissen, inwieweit sie das Erlernte auf ihren (Arbeits-) Alltag übertragen können.

▶ ... je stärker die Teilnehmer in den Prozess der Leistungserstellung integriert sind.

Beispiel: Bei einem Seminar zum Thema „Finanzbuchhaltung",
bei dem der Referent die Inhalte und die Struktur vorgibt,
können Teilnehmer den Nutzen im Vorfeld leichter abschätzen,
als bei einem Workshop, dessen Ablauf weitgehend offen ist
und bei dem die Teilnehmer für die Ergebnisse
mitverantwortlich sind.

▶ ... je stärker der Erfolg einer Maßnahme von der Beziehung
zwischen „Lehrenden" und „Lernenden" abhängt.

Beispiel: Bei einem Fachseminar hängt der Erfolg weniger
davon ab, ob die „Chemie" zwischen Referent und Teilnehmer
stimmt, als bei einem „Selbsterfahrungsseminar". Ebenso ist es
beim Beraten. Auch hier ist, wenn die „Chemie" nicht stimmt,
zwar oft noch eine fachliche Beratung möglich, eine
persönliche Beratung aber nicht.

Risikofaktor: Preis Ein weiterer Faktor hat einen starken Einfluss auf das empfundene
Kaufrisiko: der Preis. Und dieser ist bei Bildungs- und Beratungsleistungen – wie bei vielen persönlichen Dienstleistungen – oft be-
achtlich. Bei einem Volkshochschulkurs, der nur 49 Euro kostet,
sagen sich noch viele Interessenten: „Ich lass' mich überraschen,
ob der Kurs mir was bringt – wenn nicht, bin ich auch nicht pleite." Anders ist dies, wenn sie für ein zweitägiges Seminar 750 Euro
berappen sollen oder 9.800 Euro für eine modulare Fortbildung
zum Organisationsberater oder Qualitätsbeauftragten. Dann überlegen sich Interessenten automatisch: „Was könnte ich mir für das
Geld ansonsten gönnen? Worauf muss ich verzichten, wenn ich das
Seminar/die Weiterbildung besuche? Auf die zweiwöchige Reise
auf die Malediven? Auf den Ausbau unseres Dachbodens? Auf das
neue Auto?" Das Seminar/die Fortbildung konkurriert also unmittelbar mit dem Urlaub auf den Malediven und dem Kleinwagen.
Und mal ehrlich: Wofür würden Sie sich entscheiden, wenn Sie vor
der Wahl stünden, für 750 Euro entweder zwei Wochen auf die Malediven zu fliegen und zu relaxen oder zwei Tage ein Seminar zu
besuchen und zu büffeln?

Ähnliche Kosten-Nutzen-Abwägungen führen auch die Einkäufer in den Unternehmen durch. Nur dass bei ihnen zum Beispiel das Qualifizierungsprogramm für die Verkäufer nicht mit dem Maledivenurlaub, sondern mit der neuen Computer- oder Fertigungsanlage, die das Unternehmen braucht, konkurriert. Und wofür glauben Sie, entscheidet sich ein Unternehmer leichter?

Kosten-Nutzen-Abwägungen

Kosten-Nutzen-Abwägung

Stellen Sie sich vor, Sie stünden vor der Wahl: „Entweder ich gebe 1.200 Euro (inkl. Nebenkosten) für ein 2-tägiges Seminar aus, das ich gerne besuchen würde (aber nicht muss), oder ich gönne mir etwas anderes." Wogegen müsste das Seminar bei Ihnen konkurrieren?

▶ Einen (Kurz-)Urlaub mit dem/der Liebsten in …
▶ Einen Multimedia-PC
▶ Einen neuen Schrank fürs Wohnzimmer
▶ Eine neue Golf-Ausrüstung
▶ Eine Woche Nichtstun
▶ Eine Hilfskraft für die Buchführung
▶ ....
▶ ....
▶ ....

Wie viel kostet Ihr Standardprodukt? Zum Beispiel ein 2-Tages-Seminar? Oder eine Beratung mit zehn Sitzungen? Oder ein berufsbegleitendes Coaching über sechs Monate? Was könnten sich Ihre Kunden stattdessen kaufen?

▶ ....
▶ ....
▶ ....

Bildung und Beratung sind weder lagerfähig noch transportabel.

Diese Zusammenhänge machen sich die meisten Trainer und Berater nicht (ausreichend) bewusst. Folglich fließen sie nicht in ihre Marketingüberlegungen ein. Dies gilt auch für zwei weitere Merkmale der Ware Bildung und Beratung: Sie ist weder lagerfähig noch transportabel (sieht man von Lernmedien wie Kassetten und Lernformen wie Tele-Teaching ab). Auch hieraus ergeben sich spezielle Anforderungen an die Qualifikation der Mitarbeiter, die bei Bildungs- und Beratungsanbietern für deren wirtschaftlichen Erfolg verantwortlich sind.

Drei

Bildung und Beratung – oder „die Katze im Sack" verkaufen

Schnellfinder

Den eigenen Markt (er-)finden

Am Erfolg eines Unternehmens sind alle Mitarbeiter beteiligt. Dafür verantwortlich ist aber dessen Management. Dies gilt auch für Bildungs- und Beratungsunternehmen. Ihre Führungskräfte müssen den Erfolg planen und sicherstellen. Hierfür benötigen sie

Trainer und Berater müssen den Erfolg ihrer Unternehmen planen und sicherstellen.

▶ eine Vision, wie sich ihr Unternehmen entwickeln soll und
▶ (Etappen-)Ziele, um den Erfolg zu messen und zu kontrollieren, ob sich ihr Unternehmen (noch) auf dem richtigen Kurs befindet.

Beim Formulieren dieser Ziele und der für die Umsetzung erforderlichen Strategien stehen die Führungskräfte von Bildungs- und Beratungsanbietern vor speziellen Herausforderungen:

▶ Ihre Unternehmen agieren in einem Markt, dessen Volumen niemand kennt.
▶ Sie vermarkten eine Leistung, bei deren Kauf die Kunden ein hohes Risiko empfinden. Und:
▶ Sie produzieren eine „Ware", die weder gelagert noch transportiert werden kann.

Hieraus ergeben sich folgende Aufgaben für die Manager von Bildungs- und Beratungsunternehmen. Sie müssen ...

Managementaufgaben von Trainern und Beratern

▶ den Markt für sich transparent gestalten, damit sie sowohl realistische Ziele für ihr Unternehmen als auch die richtigen Maßnahmen, um sie zu erreichen, formulieren können,
▶ das von den Kunden empfundene Kaufrisiko minimieren, damit diese sich leichter für den Kauf ihrer „Produkte" entscheiden und
▶ für eine gleichmäßige Auslastung der Mitarbeiter ihres Unternehmens sorgen.

Damit sie diese Aufgaben erfüllen können, müssen die Manager die potenziellen Kunden ihres Unternehmens und deren Bedarf kennen. Sonst können sie weder entscheiden, welche Produkte ihr Unternehmen entwickeln sollte, noch eine Marketingstrategie entwerfen, die darauf abzielt, bei Kunden das Gefühl zu erzeugen: „Dieses Produkt/diese Leistung muss ich haben."

Doch wie können Trainer und Berater sich einen Überblick über einen Markt verschaffen, dessen Umfang niemand kennt? Mit Hilfe

Charakteristika persönlicher Dienstleistungen	Anforderungen an Marketing und Verkauf
Immateriell	▶ Kaufrisiko des Kunden senken ▶ Kundennutzen möglichst konkret beschreiben; Leistung so weit möglich „materialisieren" ▶ Ersatzindikatoren zum Beurteilen der Qualität vor der Kaufentscheidung aufbauen
Kunde an Erstellung der Leistung (als Klient, als Teilnehmer) beteiligt	▶ Kommunikationsprozess mit dem Kunden gezielt gestalten
Produktion und „Verzehr" der Leistung fallen zusammen	▶ Bedarf des Kunden im Vorfeld möglichst genau ermitteln ▶ Ersatz für fehlendes Umtausch- und Rückgaberecht schaffen ▶ aktives Beschwerdemanagement betreiben
nicht lager- und transportfähig	▶ für gleichmäßige Auslastung sorgen

der Ergebnisse irgendwelcher Studien oder Befragungen? Nein, denn diese Daten spiegeln bestenfalls Teile der Marktoberfläche, aber nicht den Bedarf der Kunden wider. Oder indem sie auf die Trends bauen, die von der Fachpresse und „weisen Sehern" wie Matthias Horx verkündet werden? Wer dies tut, ist verloren, denn diese Prognosen sind meist nur subjektive Markteinschätzungen oder sie spiegeln Moden wider.

Doch selbst, wenn sie zuträfen, sollten Bildungs- und Beratungsunternehmen nicht auf prognostizierte Trends setzen. Denn ist ein Trend erst einmal publik, bewegt sich meist die Masse der Anbieter in dessen Richtung. Entsprechend groß wird die Konkurrenz (und der Preisdruck) in diesem Marktsegment. Zudem können Bildungsunternehmen, wenn ein Trend bereits propagiert wird, sich in der Regel nicht mehr als „der Spezialist" in diesem Bereich etablieren. Folglich können sie nur noch ein Me-too-Anbieter werden, der seine Leistungen vorrangig über den Preis verkauft.

Doch wie sonst können Bildungs- und Beratungsanbieter den Markt für sich transparent gestalten? Ganz einfach, indem sie ihren Markt selbst definieren. Schließlich ist der Bildungs- und Beratungsmarkt ein virtuelles Gebilde, dessen Grenzen man beliebig bestimmen kann. Diese Freiheit sollten die Anbieter nutzen.

Definieren Sie Ihren Markt selbst. Niemand verbietet Ihnen dies!

Was spricht dagegen? Wenig! Denn eine Sprachschule hat eine andere Klientel als ein Anbieter von Feng-Shui-Kursen oder IT-Trainings. Und ein Anbieter von Sprachreisen hat einen anderen Markt als eine Sprachschule, die Sprachtrainings in Unternehmen durchführt. Und was hat eine Sprachschule, die in München Berufstätigen Englischkenntnisse vermittelt, davon, wenn sie weiß, wie die Sprachtraining-Anbieter in Hamburg ihr Geschäft betreiben? Sie kann hieraus bestenfalls neue Ideen ableiten, um ihren Münchner Mitbewerbern ein, zwei Nasenlängen voraus zu sein.

Das heißt, auch den Markt für Sprachunterricht gibt es nicht. Also kann eine Sprachschule ihren Markt auch wie folgt definieren: Unsere Zielgruppe sind alle Personen, die

▶ beruflich bedingt, fundierte englische oder französische Sprachkenntnisse brauchen,
▶ im Norden Münchens leben oder arbeiten und

▶ bereit sind, für einen hochwertigen, muttersprachlichen Unterricht 40 Euro/Stunde zu bezahlen.

Eine solche Marktdefinition hat folgende Vorteile: Sie macht den Markt überschaubar, und zwar in zweierlei Hinsicht.

▶ Sie beschreibt die potenziellen Kunden. Folglich kann auch ihr Bedarf ermittelt werden. Und:
▶ Aus ihr lässt sich ableiten, wer die realen (statt potenziellen) Mitbewerber der Sprachschule sind. Also kann der Anbieter nicht nur passgenaue Produkte entwerfen, sondern auch eine zielgenaue Marketingstrategie entwickeln.

Ein weiteres Beispiel: In Deutschland gibt es inzwischen zahllose Stil-Berater. Was spricht dagegen, dass ein Berater seinen Markt wie folgt definiert: „Meine Zielgruppe sind Männer (keine Frauen!), die als Verkäufer oder Kundenberater für Anbieter erklärungsbedürftiger Produkte (zum Beispiel Banken und Versicherungen) arbeiten." Auch hier gilt: Der Markt ist klar umrissen, und aus der Definition lässt sich ableiten, welche Personen und Unternehmen zur Klientel des Beraters zählen (und welche nicht). Hinzu kommt: Der Stilberater hebt sich mit diesem Profil von der Masse seiner Mitbewerber ab. Das hilft ihm, seinen potenziellen Kunden darzulegen, warum sie sich für ihn und nicht für die Mitbewerber entscheiden sollten.

Das Kennzeichen solcher Marktdefinitionen ist: Ihre Basis ist eine Analyse der eigenen Kompetenzen und Ziele. Und erst wenn diese steht, fragt sich der Anbieter: In welchen Marktsegmenten könnte ich mein Können am besten entfalten und vermarkten? Der Vorteil eines solchen Vorgehens: Der Markt wird überschaubar. Deshalb können der Bedarf der Kunden sowie die Stärken und Schwächen der verbliebenen Mitbewerber leichter ermittelt werden. Dies erleichtert die Produktentwicklung und den Aufbau von Wettbewerbsvorteilen. Hinzu kommt: Der Anbieter weiß, auf welche Personen- und Unternehmensgruppen er sein Marketing fokussieren sollte, weil er ihnen glaubhaft darlegen kann: „Ich bin der Spezialist für ..." Er weiß aber auch, welche Zielgruppen er nicht aktiv umwerben sollte, da er bei ihnen nur ein Anbieter unter vielen ist.

Solche Marktdefinitionen fallen nicht von Himmel: Sie sind das Ergebnis eines längeren Analyse- und Entscheidungsprozesses. Unter anderem, weil sich nicht aus jeder Kompetenz marktfähige Produkte ableiten lassen – zumindest, wenn man sie isoliert betrachtet. Was nutzt es einem Trainer, wenn er weiß, dass er im Trainieren von Führungskräften spitze ist? 10.000 seiner Berufskollegen behaupten dies auch. Also muss diese Kompetenz mit einer weiteren kombiniert werden: zum Beispiel der Kenntnis des Baugewerbes. Erst dann wird daraus eine Stärke – etwas, was den Trainer von seinen Kollegen unterscheidet.

Marktdefinitionen sind das Ergebnis eines längeren Analyse- und Entscheidungsprozesses.

Das beachten viele Bildungs- und Beratungsanbieter nicht. Sie können zwar die Kompetenzen (und Ressourcen) ihres Unternehmens auflisten. Sie verknüpfen diese aber nicht so, dass hieraus Stärken werden und ein unverwechselbares Profil entsteht. Sind diese Stärken ermittelt, dann ergibt sich der Markt des Unternehmens meist wie von selbst. Zumindest lässt er sich über eine Analyse der potenziellen Kundengruppen leicht erschließen.

Dabei sollten Trainer/Berater jedoch beachten: Je schärfer sie ihren Markt definieren, umso geringer wird außer der Zahl der Mitbewerber auch die der potenziellen Kunden. Ein Beispiel: Wenn ein Trainingsunternehmen sich als „Der Spezialist für das Qualifizieren von Verkäufern" versteht, könnte jedes Unternehmen sein Kunde sein. Geringer wird deren Zahl, wenn der Anbieter sich als „Der Spezialist für das Qualifizieren der Verkäufer im Fach- und Einzelhandel" begreift. Noch kleiner wird der Markt, wenn er sich als „Der Spezialist für das Qualifizieren der Verkäufer in Fotofachgeschäften" versteht; und noch kleiner, wenn er sich als „Der Spezialist für das Qualifizieren von Fotofachverkäufern im Verkauf von Digitalkameras" versteht.

So lässt sich der Markt eines Unternehmens beliebig vergrößern und verkleinern. Dabei gilt: Ganz gleich, wie schmal ein Bildungs- und Beratungsanbieter seinen Markt definiert, fraglich ist eigentlich nie, ob er existiert. Fraglich ist oft nur, ob der Anbieter in ihm seine Ziele realisieren kann. Erläutert sei dies am obigen Beispiel: Versteht sich ein Unternehmen als „Der Spezialist für das Qualifizieren von Verkäufern" so ist dies mit dem Ziel vereinbar, ein 100 Mitarbeiter umfassendes Unternehmen mit einem Umsatz von 10 Millionen Euro pro Jahr aufzubauen. Auch wenn der Anbieter sich

Fragen Sie sich nicht, ob der Markt existiert. Fragen Sie sich, ob Sie in ihm Ihre Ziele realisieren können.

als „Der Spezialist für das Qualifizieren von Fachverkäufern in Fach- und Einzelhandel" verstehen würde, wäre dieses Ziel noch realistisch. Anders ist es, wenn das Unternehmen sich als „Der Spezialist für das Qualifizieren von Fotofachverkäufern im Verkauf von Digitalkameras" begreift. Auch auf dieser Spezialisierung ließe sich ein florierendes Unternehmen mit vier, fünf Mitarbeitern aufbauen, aber keines mit 100 Mitarbeitern. Daraus folgt: Bildungs- und Beratungsanbieter müssen ihren Markt so definieren, dass sie in ihm ihre Stärken entfalten und ihre Ziele erreichen können.

Den Markt eng statt weit definieren.

Der Markt sollte also nicht zu eng und nicht zu weit definiert werden. Hier das richtige Maß zu finden, fällt vielen Trainern und Beratern schwer. Dabei gilt jedoch: Fast alle Anbieter definieren ihren Markt zu weit. Das Gegenteil ist eigentlich nur bei einigen Anbietern der Fall, die z.B. ihr Geschäftsfeld über eine (Arbeits- oder Lern-)Methode wie NLP oder Mindmapping definieren. Die Ursache hierfür: Die meisten Anbieter befürchten, dass sie zu wenig Kunden finden, wenn sie ihr Geschäftsfeld sehr schmal definieren. Oder umgekehrt formuliert, sie hoffen: „Je weiter wir unsere Zielgruppe definieren und je mehr Leistungen wir anbieten, umso leichter gewinnen wir Kunden." Also präsentieren sie sich nach außen zum Beispiel als „Der Changemanagement-Spezialist". Und als ihre Zielgruppe definieren sie „Unternehmen, die in Veränderungsprozessen stecken". Doch welche Unternehmen stecken nicht in einem Veränderungsprozess? (Und sei es nur, dass sie ihre Kantine neu streichen.) Vermutlich wenige! Also könnte die Zielgruppendefinition auch lauten: „Alle Unternehmen – außer denjenigen, die es noch nicht oder nicht mehr gibt." Und wofür ist der Anbieter Spezialist? Auch für das Streichen von Kantinen?

Solche Markt- und Zielgruppendefinitionen signalisieren Unsicherheit. Sie sind Ausdruck des Versuchs, im Markt ein möglichst großes Netz aufzuspannen, in der Hoffnung, dass darin viele Fische (sprich: Kunden) hängen bleiben. Dahinter steckt die Angst: Wenn ich nur ein kleines Netz oder gar eine Harpune benutze, fange ich zu wenig Fische. Und schon gar nicht erlege ich solche großen Kaliber wie Thunfische.

Wie „groß" sind Ihre Marktanteile?

Diese Angst mögen große Unternehmensberatungen wie McKinsey oder Roland Berger hegen. Bei allen anderen Anbietern sind sie irrational. Denn selbst, wenn niemand das Volumen des Bildungs-

und Beratungsmarktes kennt, so steht doch fest: Es ist gigantisch, und in Relation hierzu sind alle Anbieter kleine Fische. Denn anders als im Automarkt stehen sich im Bildungs- und Beratungsmarkt nicht fünf, sechs Player gegenüber, die die Schachzüge des jeweils anderen argwöhnisch beäugen müssen, um ihre Marktanteile zu verteidigen. In diesem Markt tummeln sich vielmehr Zehntausende oder mehr an Anbietern, von denen selbst die ganz Großen nur einen Markanteil von vielleicht 0,1 Prozent haben. Entsprechend groß sind die Marktanteile, die jeder Anbieter noch erobern kann – sofern er sich professionell vermarktet.

Warum dann diese Angst, nicht ausreichend Kunden zu finden, sobald ich meinen Markt scharf definiere? Die meisten Anbieter kämpfen doch mit einem anderen Problem: Ihr Büro befindet sich in irgendeinem Hochhaus in der Innenstadt Frankfurts oder im Erdgeschoss eines Zwei-Familienhauses an der Rhön und 99 Pro-

---

Angst, nicht genügend Kunden zu finden?

Welche Leistung bieten Sie Ihren Kunden an (z.B. Strategieberatung, Führungs-/Verkaufstrainings, Mediation)?

▸ ....

Wie viel Geld geben nach Ihrer Schätzung alle Menschen/ Unternehmen in Deutschland für diese Leistung jährlich aus (z.B. 1 Million, 1 Milliarde Euro)?

▸ ....

Welchen Umsatz machen Sie pro Jahr mit dieser Leistung?

▸ ....

Wie hoch ist Ihr aktueller Marktanteil (in Prozent)?

▸ ....

Wie hoch wäre er, wenn Sie ihn verdreifachen würden?

▸ ....

Haben Sie immer noch Angst, dass Sie nicht genügend Kunden finden?

---

zent ihrer potenziellen Kunden wissen gar nicht, dass sie existieren. Und wenn potenzielle Kunden ihren Namen schon mal vernommen haben, dann verbinden sie mit diesem keine Kompetenz. Und wenn doch, dann wissen sie nicht, warum sie, wenn bei ihnen ein akuter Bedarf besteht, gerade mit diesem Anbieter Kontakt aufnehmen sollten. Schließlich gibt es in ihren Augen Tausende von Trainern/Beratern, die das Gleiche anbieten.

Der Kunden muss erkennen, wofür Sie „der Spezialist" sind. Dass für die potenziellen Kunden die meisten Trainer/Berater kein Profil haben und folglich austauschbar sind, ist eine Folge davon, dass die meisten Anbieter versuchen, möglichst viele Kunden anzusprechen. Dadurch wird ihre mögliche Klientel so breit, dass sie sich faktisch aus zahlreichen Zielgruppen zusammensetzt, deren Lebens-, Arbeits- oder Marktssituation sehr verschieden ist. Also ist auch ihr Bedarf unterschiedlich. Ein Beispiel: Oft steht in Seminarankündigungen „Zielgruppe: Führungskräfte", so als sei dies eine homogene Personengruppe. Dabei können dies Leiter von Putzkolonnen und Konzernvorstände, Generale und Schulleiter, Behördenchefs und Stationsärzte, Inhaber von Steuerkanzleien und, und, und sein. Kurz: Die Zielgruppe „Führungskräfte" besteht aus Personen, deren Arbeitsalltag und -probleme sehr verschieden sind. Schickt ein Bildungsanbieter an diese heterogene Zielgruppe nun zum Beispiel einen Prospekt für ein Seminar „Erfolgreich führen", dann muss dessen Text so allgemein formuliert sein, dass bei keinem Empfänger das Gefühl entsteht: „Das ist ein Experte, der meine Probleme kennt." Also landet der Prospekt im Papierkorb.

Hören Sie auf Ihre Kunden und „verschlafen" Sie keine Marktchancen. Das heißt aber nicht, dass bei diesen Personen kein Bedarf an Führungstrainings besteht oder geweckt werden könnte. Der Anbieter brachte bei ihnen nur nicht die richtige Saite zum Schwingen. Dies fällt vielen Bildungs- und Beratungsanbietern schwer: entweder, weil sie ihre (potenziellen) Kunden nicht kennen, ihnen nicht zuhören, oder sich nicht für deren Probleme interessieren. Diese Behauptung klingt anmaßend, sie lässt sich aber belegen.

Seit Jahren versuchen fast alle (Groß-)Unternehmen ihre Personalkosten zu senken. Hieraus ergibt sich für viele Führungskräfte das Problem: „Wie führe ich meine Mitarbeiter, wenn zu Beginn des Jahres zum Beispiel bereits feststeht, dass 20 Prozent der Mitarbeiter in dessen Verlauf ihren Job verlieren und Sozialleistungen gestrichen werden? Wie verkünde ich ihnen diese schlechten Nach-

richten? Wie bringe ich sie dazu, trotzdem engagiert zu arbeiten?"
Hierüber haben in Gesprächen mit Trainern und Beratern schon
Tausende von Führungskräften geklagt. Ein Seminar oder Training,
das Führungskräften Antworten auf diese Fragen gibt, hat aber
noch kein Anbieter entwickelt. Oder zumindest hat es keiner so
offensiv vermarktet, dass er sich als Spezialist hierfür profiliert
hätte. Dabei gibt es in Deutschland Tausende von Führungskräfte-
trainern.

Dass Trainings- und Beratungsinstitute solche Marktchancen oft
„verschlafen", beweist: Viele kennen entweder ihren Markt nicht
oder sie bearbeiten ihn nicht mit System. Folglich erlangen sie
auch nicht die Meinungsführerschaft bezogen auf bestimmte Themen in ihrem Marktsegment. Entsprechend grau, genauer gesagt,
konturen- und profillos sind die meisten Institute. Dies liegt auch
daran, dass viele eine Produktentwicklung nach folgender Maxime
betreiben: „Erst muss uns ein Kunde einen Auftrag erteilen; dann
machen wir uns an die Arbeit." Entsprechend sprunghaft ist ihre
Produktentwicklung. Die einzelnen Aktivitäten weisen weder einen inneren Zusammenhang noch eine zeitliche Kontinuität auf.
Also findet auch kein systematischer Kompetenzausbau statt. Und
schon gar nicht werden bezogen auf Mitbewerber Wettbewerbsvorteile auf- und ausgebaut.

Eine übliche Vorgehensweise: Erst nach dem Auftrag beginnt die Produktentwicklung.

Wie eine systematische Marktbearbeitung funktioniert, kann man
beispielhaft an Prof. Lothar J. Seiwert studieren, der oft als der
Zeit- und Selbstmanagement-Papst in Deutschland bezeichnet
wird. Vor 15 Jahren war das noch nicht der Fall. Damals, zu Hoch-
Zeiten von TimeSystem, gab es Zeitmanagement-Trainer wie Sand
am Meer, und Lothar Seiwert war ein Sandkorn unter vielen. Doch
dann brachte er sein erstes Buch auf den Markt. Weitere Bücher
zum Thema folgten im Ein-Zwei-Jahres-Rhythmus. Parallel dazu
warf Seiwert Videos, CD-ROMs, Kassetten, Studienbriefe auf den
Markt, so dass seit Jahren jeder, der sich mit dem Thema Zeitmanagement befasst, automatisch auf seinen Namen stößt. Dabei
passte Seiwert im Laufe der Jahre die Inhalte aber dem veränderten Umfeld an. Aus dem Zeitmanagement wurde das Selbstmanagement, und hieraus erwuchs wiederum, reagierend auf den Work-
Life-Balance-Gedanken, das Life-Leadership-Konzept. Fortsetzung
folgt!

Legen Sie die nötige
Ausdauer an den Tag.

Von Lothar Seiwert können Trainer und Berater Vieles lernen. Gerade weil er bezogen auf ein scheinbar banales Thema – von dem die meisten Kollegen glauben, „das beherrsche ich auch" – die Meinungsführerschaft errungen hat und seit Jahren verteidigt. Sein Beispiel zeigt: In einem Marktsegment Marktführer zu werden, ist weniger eine Frage der „Genialität" als der Entscheidung „Das will ich!" Denn nur dann zeigt die betreffende Person die nötige Hartnäckigkeit, Ausdauer und Konsequenz, um ihre Marktposition Schritt für Schritt auszubauen – selbst wenn gerade andere Themen Mode sind. Nur dann ist sie zudem bereit, Zeit (und Geld) in ihr Marketing zu investieren, selbst wenn sich dies nicht sofort auszahlt.

Die immaterielle Leistung „materialisieren"

Eine Voraussetzung für das erfolgreiche Vermarkten von Bildungs- und Beratungsleistungen ist, dass der Anbieter eine am Bedarf seiner Kunden orientierte Produktentwicklung betreibt. Doch dies allein garantiert keinen Erfolg. Denn was nutzt es einem Trainer oder Berater, wenn er zwar 1a-Leistungen produziert, seine potenziellen Kunden aber nicht wissen, dass es ihn gibt? Dann erhält er nie die Chance, dies zu beweisen. Ebenso ist es, wenn die potenziellen Kunden zwar seinen Namen kennen, aber nicht wissen, welche Leistungen er anbietet. Und wie ist es, wenn die Kunden zwar wissen, was der Trainer oder Berater macht, aber nicht, dass er „besser" ist als seine Mitbewerber? Auch dann besteht für sie kein Anlass, mit ihm Kontakt aufzunehmen.

Also müssen Trainer und Berater dafür sorgen, dass für ihre potenziellen Kunden schon vor ihrer Kaufentscheidung sichtbar wird: Dieser Anbieter bietet mir (mit an Sicherheit grenzender Wahrscheinlichkeit) den größten Nutzen. Dabei liegt die Betonung auf den Worten „vor ihrer Kaufentscheidung" und „sichtbar". Denn was nutzt es einem Trainer oder Berater, wenn an seiner Angelrute, bildhaft gesprochen, die schmackhaftesten Würmer hängen? Nichts, wenn der Kunde nicht schon vor dem Zubeißen sieht: „Das sind 1a-Würmer." Denn dann beißt er nicht zu, weil er weiß: „Wenn ich dies tue (also die Ware Bildung oder Beratung kaufe), hänge ich am Haken. Dann gibt es kein Zurück mehr. Dann kann ich den „Wurm" nicht mehr ausspucken (zurückgeben, umtauschen), selbst wenn er ungenießbar ist."

Doch wie können Bildungs- und Beratungsanbieter ihren Kunden vor dem Kauf ihrer Ware überzeugend darlegen, dass diese „spitze" ist? Indem sie ihnen – wie viele Berater – versprechen: „Wir arbei-

Der Kunde muss vor dem Kauf sehen, dass Sie ihm eine 1A-Leistung bieten.

ten systemisch."? Gewiss nicht. Oder, indem sie in ihren Werbeunterlagen verkünden „Wir orientieren unsere Arbeit am Bedarf der Kunden."? Das ist das Mindeste, was man von einem Trainer/Berater mit einem Tagessatz von 1.000 Euro und mehr erwarten kann. Denn woran sollte er seine Arbeit sonst orientieren? Am Schwanken des Eiffelturms? Am Wasserstand der Elbe? Entsprechendes gilt für Aussagen wie „Wir arbeiten ziel- und erfolgsorientiert". Auch hier möchte man schreien: Ja, wie denn sonst? Gibt es auch Trainer, die von sich sagen „Wir arbeiten nicht ziel- und erfolgsorientiert. Wir zechen die meiste Zeit in der Kantine."? Nein. Warum stehen dann solche dümmlichen Aussagen in vielen Werbeunterlagen?

Kopieren Sie nicht die „dämlichen" Werbeaussagen Ihrer Kollegen.

Der obige Sarkasmus ist angebracht. Denn bei der Lektüre der Werbebriefe, Prospekte und Internetseiten der meisten Anbieter hat man den Eindruck: Mit der Frage, was könnte unseren Kunden wichtig sein, haben sie sich nicht befasst. Und egal wie dämlich eine Aussage ist, es finden sich Hunderte von Kollegen, die sie abschreiben. Das beginnt bei der Standarderöffnung der meisten Werbeunterlagen, dass die Globalisierung voranschreite, der Wettbewerb sich verschärfe und die Human Resources immer wichtiger würden, und endet bei der Zielgruppenbestimmung „Fach- und Führungskräfte aus Industrie, Dienstleistung und Verwaltung", die übersetzt heißt: „Jeder, der uns bezahlt".

Fast durchgängig spürt man: Die Anbieter haben nicht reflektiert, was es für ihr Marketing bedeutet, dass sie eine Ware verkaufen, die der Kunde vor dem Kauf weder sehen noch anfassen kann, und die er danach weder zurückgeben noch umtauschen kann. Deshalb ist ihnen auch nicht bewusst, dass sie beim Vermarkten ihrer Produkte/Dienstleistungen vor anderen Herausforderungen stehen als die Hersteller von Konsum- und Gebrauchsgütern. Diese versuchen, ihre materiellen Güter wie Autos und Zigaretten oft mit immateriellen Werten wie Freiheit und Abenteuer zu verknüpfen, um deren Absatz zu puschen und deren Verkaufswert zu steigern. Denn warum sollte ein Kunde sonst Camel statt Marlboro rauchen? Oder für einen VW-Golf mehr als für einen Opel Astra bezahlen?

„Konkretisieren" und „materialisieren" Sie Ihre Leistung.

Trainer oder Berater stehen vor dem umgekehrten Problem: Sie müssen ihre immateriellen Güter soweit wie möglich konkretisieren und materialisieren, damit das von den Kunden empfundene

Kaufrisiko sinkt. Dabei bezeichnet der Begriff *„Konkretisieren"* den Versuch, dem Kunden möglichst präzise aufzuzeigen,

Konkretisieren heißt: dem Kunden schon vor dem Kauf den Nutzen aufzeigen.

▶ welchen Nutzen ihm die angebotene Leistung bietet und
▶ warum sich seine Investition an Geld, Zeit usw. mit an Sicherheit grenzender Wahrscheinlichkeit lohnt.

Hier sind die Anbieter im Vorteil, die ihr Geschäftsfeld und ihre Zielgruppe scharf umrissen haben. Sie können sich ihren Kunden als Spezialisten zum Beispiel für bestimmte Themen, Berufsgruppen oder Unternehmenstypen präsentieren. Sie können zudem, weil ihre Zielgruppe relativ homogen ist, ihre (Werbe-)Aussagen recht konkret und treffsicher formulieren.

Der Begriff *„Materialisieren"* zielt hingegen darauf ab, die immaterielle Leistung Bildung und Beratung möglichst fassbar zu gestalten; also Instrumente zu schaffen, mit denen die Fähigkeit des Anbieters, Qualifizierungs- und Beratungsprozesse effektiv zu gestalten, für potenzielle Kunden sinnlich erfahrbar wird. Dies ist aus zwei Gründen wichtig: Zum einen suchen die Kunden, da sie die Qualität der eigentlichen Leistung eines Anbieters vor dem Kauf nicht prüfen können, nach „Ersatzindikatoren", an denen sie ihre Entscheidung festmachen können (vgl. Seite 59). Zum anderen gilt gerade für die „Einkäufer" in Unternehmen, dass sie oft Angst haben, einen Fehleinkauf zu tätigen, der sie im Extremfall ihren Job kostet. Also suchen sie nach handfesten Belegen, mit denen sie gegenüber ihren Chefs begründen können, warum sie sich für einen Anbieter entschieden haben. Geradezu glücklich sind sie dann, wenn zum Beispiel ein Anbieter wie der „Zeitmanagement-Papst" Lothar Seiwert sozusagen mit einer Schubkarre voller Bücher, Videos, CDs, Studienbriefe usw. zum Thema vorfährt. Denn dies vermittelt ihnen das Gefühl: „Der Mann ist kompetent." Außerdem haben sie dann ausreichend Material zur Hand, um zu begründen, warum sie (trotz des hohen Preises) Seiwert und keinen anderen Trainer engagiert haben.

Materialisieren heißt: die Leistung „fassbar" machen.

Also sollten Bildungs- und Beratungsanbieter solche Faktoren, die ihren potenziellen Kunden Sicherheit vermitteln, aufbauen. Hierfür eignen sich unter anderem alle Unterlagen, die Bildungsanbieter zur Bedarfsermittlung, beim Durchführen ihrer Seminare und Trainings, bei der Transfersicherung und zur Erfolgskontrolle

Bieten Sie Ihren Kunden Sicherheiten an.

53

einsetzen. Sie sind zwar nur Hilfsmittel beim Erbringen ihrer Leistung, trotzdem können sie mit ihnen, sofern sie professionell aufbereitet und gestaltet sind, ihren potenziellen Kunden das Gefühl vermitteln, für ihre Entscheidung eine objektive Grundlage zu haben. Dabei ist es oft sekundär, ob diese Materialien einen direkten Bezug beispielsweise zum benötigten Thema „Zielvereinbarung" oder „Einführung einer neuen Beratungssoftware" aufweisen. Entscheidender ist, dass der Kunde exemplarisch sieht, dass der Anbieter unter anderem

▶ den Bedarf einer Zielgruppe ermitteln kann oder
▶ ein komplexes Thema so aufbereiten kann, dass es in einem Training vermittelbar ist oder
▶ selbst sperrige Lerninhalte so aufbereiten kann, dass zum Beispiel Azubis sie gern bearbeiten oder
▶ den Wissenstransfer in den Alltag gestalten kann.

Projektbeschreibungen:
Wie haben Sie ähnliche
Probleme bei anderen
Kunden gelöst?

Das empfundene Kaufrisiko können Anbieter auch mit Projektbeschreibungen reduzieren, in denen sie darlegen, wie sie ähnliche Probleme bei anderen Kunden gelöst haben. Oder mit Kosten-Nutzen-Rechnungen, in denen sie gegenüberstellen, wie viel Zeit und Geld der Kunde in die Maßnahme investieren muss und welchen „Profit" er hieraus zieht. All diese Instrumente vermitteln Kunden das Gefühl: „Ich habe für meine Entscheidung eine handfeste Grundlage." Sie helfen ihnen zudem, vor ihren Chefs und Kollegen zu begründen, warum sie einem Anbieter den Vorzug geben.

Bildungs- und Beratungsanbieter sollten viel Zeit und Geld in die Entwicklung solcher Instrumente investieren. Das tun viele nicht. Entsprechend leer sind bei Präsentationen oft ihre Hände. Eine Ursache hierfür: Seit circa einem Jahrzehnt wird in den Fachzeitschriften und auf Kongressen verkündet, im Bildungs- und Beratungsbereich seien heute keine standardisierten Lösungen mehr, sondern nur noch maßgeschneiderte gefragt. Dies war für viele Trainer und Berater ein willkommener Anlass, sich von der ohnehin ungeliebten Produktentwicklung ganz zu verabschieden. Deshalb können sie heute zum Beispiel bei Präsentationen ihren potenziellen Kunden nichts zeigen und in die Hand geben.

Doch woran soll zum Beispiel ein firmeninterner Weiterbildner dann seine Entscheidung festmachen? An den blauen Augen des

Beraters? Und wie soll er gegenüber seinem Chef begründen, dass er den Anbieter x bevorzugt? Und noch wichtiger: Wie soll er, wenn etwas schief geht, seine Kaufentscheidung rechtfertigen – damit, dass er sich mit dem Berater gut verstand? Dies dürfte seinem Chef wohl kaum als Begründung reichen.

Beim Beantworten solcher (meist unausgesprochener) Fragen bieten viele Trainer und Berater ihren potenziellen Kunden wenig handfeste Unterstützung. Diese benötigen sie aber – sei es, um bei der Präsentation vorm Chef professionell zu wirken, sei es, um sich schlichtweg abzusichern. Auch dies ist ein berechtigtes Anliegen. Deshalb geben Einkäufer, wenn sie vor der Qual der Wahl stehen, zuweilen bewusst dem „schlechteren" Anbieter den Vorzug, sofern dieser ihnen mehr Sicherheiten bietet. Denn eben deswegen ist er für sie der bessere.

Helfen Sie Ihrem Kunden, seine Kaufentscheidung vor seinem „Chef" zu rechtfertigen.

3.3.

Das von den Kunden empfundene Kaufrisiko minimieren

Auch mit professionell gestalteten „Handouts" können Trainer und Berater das von ihren Kunden empfundene Kaufrisiko lediglich reduzieren. Sie können es nicht beseitigen; ein „Restrisiko" bleibt. Deshalb suchen Kunden oft nach weiteren Indikatoren, die ihnen Rückschlüsse auf die Qualität der angebotenen Leistung erlauben. Von zentraler Bedeutung sind hierbei Referenzen. Sie bieten Trainern und Beratern noch viele Chancen, Pluspunkte gegenüber ihren Wettbewerbern zu sammeln. Warum? Meist werden in den so

Aussagekräftige genannten „Referenzlisten" unter dem Stichwort „Unsere Kunden"
Referenzen nur irgendwelche Firmennamen von A wie Allianz bis Z wie Zeneca aufgelistet. Entsprechend gering ist ihre Aussagekraft. Aus ihnen geht weder hervor, ob der Anbieter vor einem oder zehn Jahren für das Unternehmen arbeitete noch für welchen Unternehmensbereich er tätig war. Auch ob sich die Zusammenarbeit (wie häufig) darauf beschränkte, dass ein Mitarbeiter ein offenes Seminar des Anbieters besuchte, geht hieraus nicht hervor. Und schon gar nicht können die Interessenten nachprüfen, ob die Referenz überhaupt stimmt und der Kunde mit der Leistung zufrieden war, da Ansprechpartner nicht genannt werden. Entsprechend wenig Bedeutung messen erfahrene Bildungs- und Beratungseinkäufer solchen Listen bei.

Anders ist dies, wenn ein Anbieter stattdessen zum Beispiel „Sieben ausgewählte Referenzprojekte aus den Jahren 2003/2004" auflistet und jeweils kurz umreißt, was er in diesen für die Unternehmen tat. Dann erhält der Interessent ein Bild von der Kompetenz des Anbieters. Und wird zudem in den Projektbeschreibungen noch jeweils der Name eines Ansprechpartners beim Kunden nebst Telefonnummer genannt, so erhöht dies die Glaubwürdigkeit weiter, da der Interessent, sofern gewünscht, bei der betreffenden Person nachfragen kann: „Welche Erfahrung haben Sie mit dem Anbieter xy gesammelt?"

Ähnlich verhält es sich mit der beruflichen Biografie und der Persönlichkeit des Beraters (beziehungsweise der Berater, die im Projekt mitarbeiten sollen). Auch aus ihr ziehen (Neu-)Kunden oft Rückschlüsse auf die Qualität der angebotenen Leistung. Und auch hier spielen viele Bildungs- und Beratungsanbieter ihre Trumpfkarten oft nicht aus. Nur wenigen gelingt es, bereits vor dem ersten Treffen im Kopf der Kunden ein klares Bild von ihrer Kompetenz oder der ihrer Mitarbeiter zu entwerfen. Eine Ursache hierfür ist, dass die meisten Anbieter in ihren Prospekten ihren eigenen Werdegang beziehungsweise den ihrer Trainer und Berater nur mit so schwammigen Aussagen beschreiben wie: „Peter Maier studierte Betriebswirtschaft und Psychologie. Danach war er langjährig als Führungskraft bei einem namhaften internationalen Unternehmen tätig. Seit vielen Jahren berät er sehr erfolgreich ..."

Biographien und Beraterporträts, die ein „Bild" im Kopf des Kunden entstehen lassen.

Unklar bleibt bei einem solchen Porträt: Schloss der Trainer seine Studien erfolgreich ab oder war er nur einige Semester immatrikuliert? War er Vorstandsvorsitzender eines Konzerns oder Leiter einer Putzkolonne? Arbeitete er für einen Hersteller von Lachsäcken oder Gasturbinen? War er drei oder 30 Jahre Führungskraft? Und warum verschweigen fast alle Trainer und Berater so schamhaft die Namen der Unternehmen, bei denen sie angestellt waren? Wurden sie nach wenigen Monaten unehrenhaft entlassen? Oder sind ihre Biografien (zum Teil) erfunden?

Mit solch schwammigen Aussagen lässt sich das empfundene Kaufrisiko nicht reduzieren. Jeder Stellenbewerber, der einem Unternehmen einen so vagen Lebenslauf schicken würde, bekäme seine Bewerbungsunterlagen sofort zurück. Warum sollten Unternehmen bei einem Berater oder Trainer anders verfahren?

Anders ist es, wenn es im Berater-Porträt heißt: „Peter Maier, 1962 in Ludwigshafen geboren, Dipl.-Betriebswirt und -Psychologe, studierte von 1981 bis 1987 an der Uni Mannheim. Danach durchlief er ein Trainee-Programm beim Papierhersteller Paperback, bevor er 1990 Produktionsleiter in dessen Zweibrücker Werk wurde. 1993 übernahm er die Leitung einer slowakischen Papierfabrik, die er restrukturierte und in den Paperback-Konzern integrierte. Seit 1998 arbeitet er als selbstständiger Berater ..."

Bei einem solchen Porträt erhält der Kunde schon vor dem ersten Treffen eine klare Vorstellung davon, was der Berater kann und welche Erfahrungen er gesammelt hat. Also kann er sich ein erstes Urteil darüber bilden, ob dies „unser Mann" sein könnte. Er hat eine klare Grundlage für seine Entscheidung, diesen zu einem Treffen einzuladen. Verdichtet sich dort sein Eindruck „Der Mann könnte unser Problem lösen", dann ist der Berater auf dem Weg zum Auftrag bereits recht weit.

Bauen Sie Ersatzindikatoren für die Qualität Ihrer Leistung auf.

Doch nicht nur an so rationalen Kriterien wie der beruflichen Vorerfahrung orientieren Kunden ihre (Kauf-)Entscheidung. Bei fast allen spielt auch das Auftreten eine mehr oder weniger wichtige Rolle. Fährt der Berater zum Beispiel in einem dicken Mercedes vor und ist er in teures Tuch gehüllt, so löst dies bei vielen Kunden die Assoziationskette aus: Der Mann hat Erfolg. Also muss er gut sein, sonst hätte er keinen Erfolg. Durchaus begründet ist es deshalb, wenn viele Berater in teuren Büros residieren und in Wagen der gehobenen Preisklasse spazieren fahren, selbst wenn sie deren Mieten oder Leasingraten kaum bezahlen können. Humbug wird das Ganze erst, wenn sie glauben: „Wenn ich eine Luxuslimousine fahre und eine Rolex trage, dann kommen die Aufträge automatisch." Das Einzige, was dann irgendwann automatisch kommt, ist der Gerichtsvollzieher.

Ersatzindikator Kommunikationsverhalten.

Weitere Ersatzindikatoren, an denen Kunden ihre Kaufentscheidung orientieren, sind das Image und die Bekanntheit eines Anbieters. Häufig schließen sie auch aus der Gestaltung der Werbemittel auf die Qualität der Leistung. Dies erscheint irrational, bedeutet doch ein gut gestaltetes Werbeprospekt nicht, dass zum Beispiel die Referenten, die bei den Seminaren eingesetzt werden, über die nötige Qualifikation verfügen. Und dass ein Anbieter oft in den Medien erwähnt wird, beweist nur, dass er eine gute Pressearbeit betreibt. Trotzdem ist ein solches Verhalten nicht so irrational, wie es erscheint. Denn neben dem Image und der Bekanntheit, sind auch die Werbemittel, die ein Bildungs- und Beratungsanbieter einsetzt, Ausdruck beziehungsweise Resultate von dessen „Kommunikationsverhalten".

Ersatzindikatoren, an denen sich potenzielle Kunden bei der Kaufentscheidung orientieren

Ersatzindikatoren	Beispiele	Funktion
Vorproduktion		
Einrichtung	schickes Büro, teures Auto, elegante Kleidung	suggeriert: Berater ist erfolgreich, also muss er gut sein.
„Lehr- und Lernmittel", Beratungstools	Seminarunterlagen, Frage-/ Analysebogen, Checklisten zur Bedarfsermittlung, Hilfsmittel zur Transfersicherung	▶ zeigen, der Anbieter kann ein Thema so strukturieren, dass es „bearbeitet" werden kann. ▶ verdeutlichen die Arbeitsweise. ▶ können von der Kontaktperson zum Begründen ihrer Entscheidung genutzt werden.
Personal	Trainer/Beraterporträts	dokumentieren Erfahrung der Mitarbeiter, vermitteln Eindruck von ihrer Person.
Spezialisierung und Vorerfahrung		
Spezialisierung	auf ausgewählte Branchen, Themen, Kulturen, Methoden, Regionen, Hierarchieebenen, Funktionsgruppen	legt Vermutung nahe, dass Anbieter einen Wissens-/Erfahrungsvorsprung vor Mitbewerbern hat.
Referenzen	Projektbeschreibungen	▶ zeigen: Anbieter ist kein „Neuling". ▶ vermitteln den Eindruck, Anbieter löste ähnliche Aufgaben bereits mit Erfolg.

Ersatzindikatoren	Beispiele	Funktion
Kommunikationspolitik des Anbieters		
Image/Bekanntheit	Presseartikel, Bücher	▶ suggerieren: Wer häufig in der Zeitung steht und Bücher schreibt, muss fachlich kompetent sein. ▶ können von der Kontaktperson zum Begründen ihrer Entscheidung genutzt werden.
„Ehrenämter/Funktionen"	Lehraufträge, Mitgliedschaft in Fachverbänden	unterstreichen Seriosität und Solidität.
Kommunikationsverhalten in Kontakt-/Akquise-Phase	▶ Verhalten am Telefon und bei schriftlichem Kontakt ▶ Qualität der Werbemittel	veranlassen potenziellen Kunden zu Rückschlüssen auf Qualität der Trainings-/Beratungsleistung.

Training und Beratung = strukturierte, zielgerichtete Kommunikation

Kommunikation ist aber das wesentliche Element bei allen Leistungen im Bildungs- und Beratungsbereich. Vereinfacht ausgedrückt sind alle Bildungs- und Beratungsleistungen nichts anderes als gezielt gestaltete Kommunikationsprozesse. Deshalb ist es verständlich, wenn Kunden aus dem Kommunikationsverhalten eines Anbieters auf dessen Kompetenz schließen. Folglich sollten Bildungs- und Beratungsanbieter die Kommunikation mit ihren (potenziellen) Kunden und ihrer Umwelt gezielt gestalten.

Diese Forderung bezieht sich keineswegs nur auf die Presse- und Öffentlichkeitsarbeit sowie die klassische Werbung. Sie können im Kommunikationskonzept eines Anbieters (abhängig von dessen Strategie) eine untergeordnete Rolle spielen. Mindestens ebenso wichtig ist, welchen Eindruck der Anbieter im direkten Kontakt mit seinen (potenziellen) Kunden hinterlässt. Sind zum Beispiel

die Werbeunterlagen eines Trainers erst nach dem dritten Lesen verständlich, dann zweifeln die Empfänger zu Recht daran, dass er sich in seinen Seminaren verständlicher artikulieren kann. Verstreichen nach einer Prospektanfrage zwei, drei Wochen, bis dieses Papier im Briefkasten des Interessenten liegt, dann schließt dieser hieraus automatisch auf die Zuverlässigkeit des Anbieters. Hat ein Interessent, wenn er einen Bildungsanbieter anruft, einen Gesprächspartner an der Strippe, der ihn nur unbefriedigend informiert, so zieht er daraus Rückschlüsse auf die Kompetenz des Anbieters. Deshalb muss bei Bildungs- und Beratungsanbietern in allen Phasen ihrer Kommunikation mit (potenziellen) Kunden die Kompetenz ihres Unternehmens sichtbar werden.

Dies setzt voraus, dass dessen Führungscrew die Abläufe und Strukturen im Unternehmen entsprechend gestaltet; des Weiteren, dass sie sicherstellt, dass das Personal über die nötigen Fähigkeiten verfügt. Hierfür zu sorgen, ist eine typische Managementaufgabe. Folglich darf das Vermarkten von Bildungs- und Beratungsleistungen keinesfalls als eine Fachfunktion verstanden werden, die sich auf das Produzieren und Versenden von Werbemitteln und Nachfassen von Anfragen reduziert. Also darf diese Aufgabe auch nicht an eine Fachkraft delegiert werden. Sie darf zudem (wie bei vielen Anbietern üblich) nicht als Sonderaufgabe betrachtet werden, der man sich nur widmet, wenn gerade nichts Besseres zu tun ist. Sie muss vielmehr als Ausdruck einer Denkhaltung die gesamte Arbeit des Unternehmens durchziehen.

Marketing ist Chefsache.

3.4.

Die Kunden zur Kaufentscheidung führen

Auszug aus dem Imageprospekt eines Managementinstituts:

„Aufgrund unserer langjährigen Erfahrung haben wir uns auf die Aufgabenfelder Organisations- und Personalentwicklung spezialisiert. Wir unterstützen Unternehmen und Organisationen bei der Planung und Realisierung von Veränderungen. Außerdem entwerfen wir Konzepte zum Entwickeln der Kompetenz ihrer Mitarbeiter und begleiten sie bei deren Umsetzung ..."

So geht es im Text weiter. Seite für Seite. Doch leider definiert das Institut nirgends genauer, was es konkret tut. Weder seine Zielgruppe noch sein Geschäftsfeld werden näher bestimmt. Dieselbe Erfahrung sammelt man bei vielen Trainings- und Beratungsunternehmen. Sie künden in ihren Werbeunterlagen eine Spezialisierung an. Doch dann folgen so vage Aussagen, dass sie auch von jedem ihrer Mitbewerber stammen könnten.

Andere Anbieter beschreiten den umgekehrten Weg. So das Trainingscenter eines Industrieunternehmens, das seine Leistungen auch auf dem freien Markt anbietet. Dessen Unternehmensporträt beginnt recht konkret, so dass sich im Kopf Schemen eines Bildes vom Anbieter abzeichnen: „Als Tochter eines produzierenden Unternehmens bieten wir unseren Kunden technische und verhaltensorientierte Weiterbildung mit hohem Praxisbezug." Doch dann packt die Autoren offensichtlich die Angst, „wenn wir uns zu sehr festlegen, finden wir zu wenig Kunden". Also listen sie im Folgenden, angefangen von Management-Trainings über IT-Trainings bis hin zu Gesundheits- und Outdoor-Trainings, alle möglichen Angebote auf, so dass man sich unwillkürlich fragt: Was enthält dieser Bauchladen nicht?

Dass viele Bildungs- und Beratungsunternehmen so wenig Kontur zeigen, liegt daran, dass ihnen nicht bewusst ist, dass ihr (Unternehmens-)Profil primär dazu dient,

▶ sich von der grauen Masse der Mitbewerber abzuheben und
▶ das Interesse der Personen und Unternehmen zu wecken, die der Anbieter gerne als Kunde hätte.

Beim Schärfen des Profils geht es also primär um die Frage: Sollte ein Anbieter, nur weil er schon mal einige Führungskräfte trainierte, sich gleich auch als „Spezialist für Führungskräftetrainings" präsentieren? Und sollte er deshalb solche Seminare wie „Mit Zielen führen" und „Start als Führungskraft" in sein Standardprogramm aufnehmen und aktiv bewerben? Oder verwässert er hierdurch sein Profil so stark, dass potenzielle Neukunden aus seiner Kernzielgruppe zu zweifeln beginnen: Ist der Anbieter vielleicht doch kein „Spezialist für das Weiterbilden von Technikern und Ingenieuren", sondern ein „Dünnbrettbohrer, der alles kann, aber nichts richtig"?

Schärfen Sie Ihr Profil, damit Sie sich von Ihren Mitbewerbern abheben.

Setzt diese Reaktion bei Kunden ein, so mindert dies ihr Interesse, mit dem Anbieter in Kontakt zu treten. Und dies senkt dessen Chance bei potenziellen Neukunden, die Tür so weit zu öffnen, dass er einen Fuß in den Spalt schieben und einen Erstauftrag ergattern kann. Folglich sinkt auch seine Chance, einem (Neu-)Kunden sein Können zu beweisen und lukrative Folgeaufträge zu erlangen.

Diese Zusammenhänge sind vielen Anbietern nicht ausreichend bewusst. Deshalb erheben sie, wenn ihr Profil geschärft werden soll, oft Einwände wie „Aber wir hatten auch mal eine Anfrage, IT'ler im Bauchtanzen zu schulen" oder „Wir trainieren gelegentlich auch kettenrauchende Führungskräfte mit grünen Haaren". Kurz, die exotischsten Zielgruppen und Themen werden angeführt, um sich nicht als „Spezialist für ..." präsentieren zu müssen. Dabei weiß jeder: Bei „bauchtanzenden IT'lern" und „kettenrauchenden Führungskräften" kann das Unternehmen weder seine Stärken entfalten, noch haben diese Zielgruppen ausreichend Potenzial, als dass es sich lohnen würde, auf sie die Marketingaktivitäten zu fokussieren.

Präsentieren Sie sich nicht als „Alleskönner".

Fragen Sie sich:
Wie viele Aufträge
bekommen wir nicht, weil
wir uns als „Alleskönner"
präsentieren?

Dass trotzdem viele Anbieter zögern, sich (in ihrer Außendarstellung) von solchen Zielgruppen und Themenfeldern zu trennen, liegt daran, dass sie sich zwar fragen: „Welche potenziellen (nicht realen) Kunden gehen uns verloren, wenn wir uns hierzu entschließen?" Sie fragen sich aber nie: „Wie viele Aufträge gewinnen wir erst gar nicht, weil wir uns als Alleskönner präsentieren?" Vermutlich viele, denn um in die gallertartige Masse „Bildungs- und Beratungsmarkt" einzudringen, benötigen Unternehmen eine „harte Spitze". Sonst können sie nicht dessen Oberfläche durchstoßen und sich in ihm verankern. Folglich können sie sich anschließend auch nicht durch gezielte Marketingaktionen allmählich in ihm ausbreiten.

Wie ein Keil in den Markt
eindringen.

Wie schwer es ist, in den Bildungs- und Beratungsmarkt (oder in einzelne Kundengruppen) einzudringen und sich dort zu verankern, diese Erfahrung sammeln Anbieter immer wieder. Zum Beispiel, wenn auf ihre Werbeaktivitäten „null Resonanz" erfolgt. Oder wenn sie feststellen, dass ihre Aktivitäten zwar registriert werden, sie aber trotzdem keine Anfragen erhalten. Ähnlich ist es im Kontakt mit Unternehmen. Hier sammeln Anbieter zum Beispiel oft folgende Erfahrung: Personalleiter bestätigen ihnen zwar immer wieder, wie interessant ihre Ansätze und Gedanken sind, nur Aufträge erhalten sie von ihnen keine. Verständlich, dass viele Anbieter dann oft das Gefühl packt: „Ich bin mit einem unfassbaren Wackelpudding konfrontiert." Doch nur wenige ziehen hieraus die Konsequenz: „Wir müssen spitzer im Markt agieren, um die gewünschte Wirkung zu erzielen."

Spitz in den Markt eindringen...

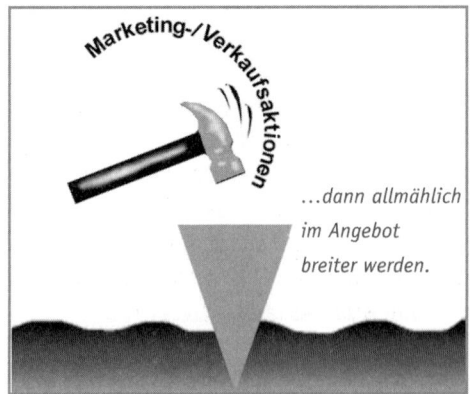

...dann allmählich im Angebot breiter werden.

Beim Schärfen des Profils und Entwickeln der Marketingstrategie geht es also zunächst nicht darum, welche Produktpalette ein Anbieter hat. Die zentrale Frage ist: Wie sollte der Trainer/Berater sein Schaufenster gestalten und welche Produkte sollte er in ihm ausstellen, damit

Welche Produkte stellen Sie in Ihr „Schaufenster"?

▶ er sich von den Mitbewerbern abhebt und
▶ die Personen/Unternehmen sein „Geschäft" betreten, die er gerne als Kunde hätte?

Was der Anbieter ihnen verkauft, wenn sie seinen „Laden" betreten haben, ist eine andere Sache. Beim Marketing geht es also zunächst darum, das Interesse/die Neugier der potenziellen Kunden zu wecken und mit ihnen in Kontakt zu kommen. Aufgabe der Verkäufer ist es dann, den Kunden, wenn sie sich für ein Führungsseminar interessieren, ein ganzes Führungskräfteentwicklungsprogramm und eventuell obendrein ein Qualifizierungsprogramm für die Vertriebsmannschaft zu verkaufen.

Solche Großaufträge würden viele Anbieter gerne beim ersten Telefonat mit (Neu-)Kunden unter Dach und Fach bringen. Sie träumen davon, dass irgendwann unverhofft ein „Riesen-Kunde" bei ihnen anruft und ihnen einen „Riesen-Auftrag" erteilt, der ihren Umsatz steil nach oben treibt. Oder ihr neuester Traum: Ein (Groß-)Unternehmen sourct seine Personalentwicklung an sie aus, und befreit sie so für Jahre von der Mühsal des Verkaufens. Auch deshalb präsentieren sich selbst Ein-Mann-Betriebe oft, als seien sie riesige Unternehmen mit Hunderten von Spezialisten, die alles können. Denn warum sollten sie nicht mal sechs Richtige im Lotto haben und zugleich den Jackpot knacken?

Indem sie solchen Tagträumen nachhängen, kommen Trainer und Berater nicht weit, denn die Realität ist eine andere. Meist vergeben Neukunden zunächst „Klein-Aufträge". Beweist der Anbieter dann sein Können, erhält er einen größeren Folgeauftrag. Der Anbieter muss sich den Großauftrag also erarbeiten. Und selbst den Kleinauftrag, der im Idealfall am Anfang einer Auftragskette steht, muss er sich erkämpfen. Er erhält ihn nur, wenn er die Kommunikation mit dem Interessenten professionell gestaltet.

Meist vergeben Neukunden zunächst „Klein-Aufträge".

Der Verkaufsprozess dauert bei Bildungs- und Beratungsdienstleistungen teils Jahre.

Dies fällt vielen Bildungs- und Beratungsanbietern schwer. Je komplexer ihre Leistungen sind, umso seltener gelingt es ihnen, potenzielle Kunden zum Vertragsabschluss zu führen. Eine Ursache hierfür: Bei Bildungs- und Beratungsleistungen dauert der Verkaufsprozess meist länger als bei Konsum- und Gebrauchsgütern. Beim Verkauf von Brötchen vergehen selten mehr als fünf Minuten bis der Kunde nach dem Betreten der Bäckerei wieder vor der Ladentür steht. Ähnlich ist es bei den meisten Gebrauchsgütern wie Bratpfannen und Fotoapparaten. Auch sie sind meist nach spätestens einer halben Stunde verkauft. Anders ist dies bei Bildungs- und Beratungsleistungen – insbesondere solchen, die im Business-to-business-Bereich angeboten werden. Bei ihnen verstreichen zwischen dem Erstkontakt und dem Vertragsabschluss meist mehr als sechs Monate – oft sogar Jahre.

Wie lange dauert der Verkaufsprozess bei ...

▶ Brötchen ....2 bis 5 Minuten

▶ Bratpfanne .... 5 bis 20 Minuten

▶ Kamera .... 10 bis 30 Minuten

▶ Auto .... 1 bis 8 Wochen

▶ (Offener) Seminarplatz................................ 1 bis 8 Wochen

▶ Firmeninternes Seminar............................ 3 bis 12 Monate

▶ Coaching-/OE-Ausbildung .... 0,5 bis 1,5 Jahre

▶ Managemententwicklungsprogramm ....0,5 bis 2 Jahre

---

Herausforderung: „lauwarme" Kontakte am „Köcheln" halten.

Über einen so langen Zeitraum bei Interessenten die „emotionale Spannung" aufrechtzuerhalten, ist schwer. Zumal sich beim Verkauf von Bildungs- und Beratungsleistungen Verkäufer und Kunde, anders als beim Brötchenverkauf, nicht stets Auge in Auge gegenüberstehen. Entsprechend schnell ergeben sich im Kontakt „Kommunikationslücken", in die zum Beispiel Mitbewerber mit ihren Angeboten stoßen.

Solche Lücken entstehen zum Beispiel,

▶ wenn nach dem Zusenden von Werbeunterlagen kein Mitarbeiter des Instituts anruft, um zu fragen, ob der Interessent weitere Infos oder ein persönliches Treffen wünscht oder

▶ wenn ein Anbieter nach dem Präsentationstermin monatelang in der Versenkung verschwindet und nicht sicherstellt, dass er beim potenziellen Kunden in Erinnerung bleibt.

Schnell ist der lauwarme Kontakt dann wieder kalt. Und alle Mühen, den Kunden anzuwärmen, waren vergebens.

Dieses Missgeschick passiert besonders häufig Anbietern, die das Vermarkten und Verkaufen ihrer Leistung nicht als Prozess begreifen. Sie feilen zum Beispiel oft endlos an ihren Werbebriefen und Prospekten; stets in der Hoffnung: Wenn ich meinen Kunden den Top-Werbebrief oder das Spitzen-Prospekt sende, dann stapeln sich auf meinem Schreibtisch die Aufträge. Sie übersehen: All diese Instrumente wie Anzeigen und Werbebriefe, Prospekte und Internetseiten sind nur Hilfsmittel im Marketing- und Verkaufsprozess. Sie nehmen ihnen das Verkaufen nicht ab; sie erleichtern es ihnen höchstens.

Das Verkaufen als Prozess begreifen.

Deshalb bringt es wenig, monatelang an einem Werbebrief oder Prospekt zu feilen, um die 100-Prozent-Lösung zu finden. Wichtiger ist es darauf zu achten, dass der Marketing- und Verkaufsprozess keine Brüche aufweist. Denn was nutzt der beste Werbebrief, wenn dem Anbieter anschließend ein Prospekt fehlt, das er dem Kunden, wenn er anruft, senden kann? Was nutzt der beste Prospekt, wenn er im Schreibtisch verstaubt? Wenig.

Wichtiger als die Marketinginstrumente zu optimieren ist es, das Marketingsystem zu optimieren, damit das zarte Pflänzchen „Kontakt" gedeiht und der Kunde Schritt für Schritt zur Kaufentscheidung geführt wird. Diesen Prozess haben viele Anbieter für ihre Organisation weder analysiert, noch definiert. Dabei ist dies ein Kernprozess, der weitgehend über den Erfolg ihres Unternehmens entscheidet.

Nicht die Instrumente, sondern das System optimieren.

Weil viele Anbieter das Verkaufen nicht als Prozess begreifen, ist ihnen auch nicht bewusst, dass ihre Kunden, bevor sie sich für den

Kauf ihrer Leistungen entscheiden, mehrere „Entscheidungsstufen" durchlaufen. Diese gilt es beim Gestalten der Werbemittel und der Kontaktaufnahme zu beachten. Beschrieben sind diese Phasen in der so genannten AIDA-Formel. Ihr zufolge durchläuft jeder Kunde, bis er sich zum Kauf eines Produkts/einer Leistung entschließt, folgende vier Entscheidungsstufen beziehungsweise Bewusstseinsphasen:

Die AIDA-Formel

▶ **A**ttention – Aufmerksamkeit (Bewusstsein: Anbieter/Produkt existiert)
▶ **I**nterest – Interesse (Bewusstsein: Anbieter/Produkt *könnte* mir einen Nutzen bieten)
▶ **D**esire – Wunsch (Bewusstsein: Anbieter/Produkt bietet mir einen Nutzen)
▶ **A**ction – Aktion (Bewusstsein: Nutzen ist größer als die Investition).

Phase 1 – Attention
In dieser Phase muss der Anbieter dem Kunden zunächst vermitteln, dass er (beziehungsweise sein Produkt) existiert. Weiß der Kunde nicht, dass es den Anbieter gibt, kann er mit ihm auch keinen Kontakt aufnehmen. (Entsprechendes gilt, wenn er nicht weiß, dass eine bestimmte Leistung angeboten wird).

Phase 2 – Interest
In der zweiten Phase geht es darum, dem potenziellen Kunden zu verdeutlichen, dass der Anbieter eine Leistung anbietet, die ihm einen Nutzen bringen könnte. Nur dann wird sein Interesse geweckt.

Phase 3 – Desire
Nun muss der Anbieter den Kunden davon überzeugen, dass er beziehungsweise sein Produkt ihm nicht nur einen Nutzen bieten könnte, sondern ihm tatsächlich einen Nutzen bringt. Erst dann erwacht beim Kunden allmählich der Wunsch, dieses Produkt zu besitzen. Doch er entscheidet sich noch nicht.

Phase 4 – Action
Nun gilt es, den Kaufwunsch in die Kaufentscheidung zu überführen. Hierfür muss der Anbieter den Kunden davon überzeugen,

dass der Nutzen, den er aus dieser Entscheidung zieht, größer ist als die Investition. Denn warum sollte der Kunde das Produkt kaufen, wenn Nutzen und Investition identisch sind? Dann bringt er sein Geld besser zur Bank. Dort erhält er wenigstens Zinsen. Der Kunde muss also einen Gewinn aus seiner Investition ziehen. Dieser muss nicht monetär sein. Hierbei kann es sich auch um solche Faktoren wie Wettbewerbsvorteile, eine Ersparnis an Zeit oder ein zufriedeneres Leben handeln.

Das AIDA-Prinzip

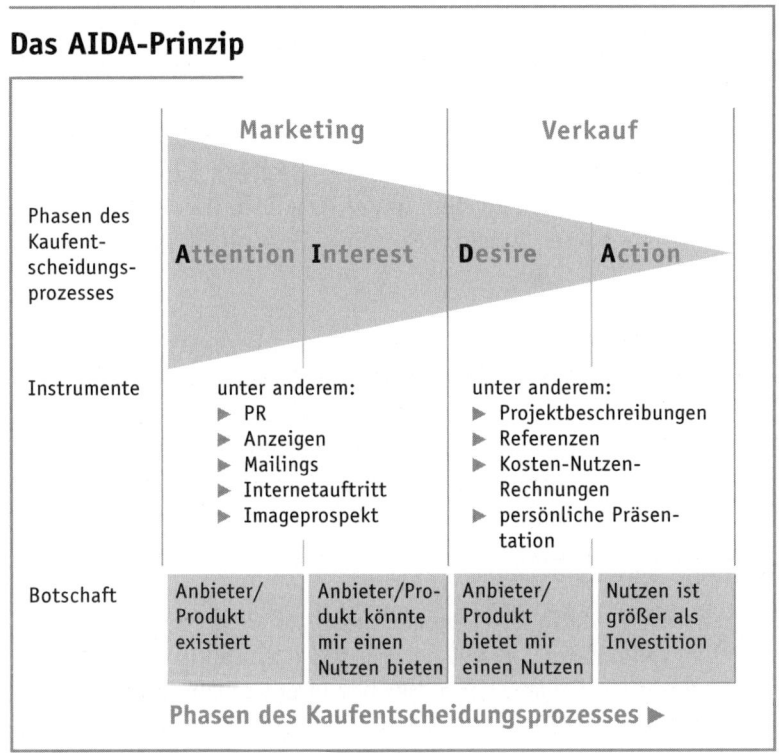

Obige, im Kasten stehende Ausführungen klingen theoretisch. Sie haben aber Konsequenzen. Aus ihnen ergibt sich zum Beispiel, dass sich nicht jedes Marketinginstrument für jede Phase des Kaufentscheidungsprozesses eignet. So kann zum Beispiel mit Anzeigen und Presseveröffentlichungen zwar die Aufmerksamkeit und das Interesse von potenziellen Kunden geweckt werden (Phase 1 und 2). Sie eignen sich aber nicht, um beim Kunden den Wunsch zu wecken, das Produkt zu besitzen oder ihn gar zur Vertragsunterschrift zu bewegen (Phase 3 und 4). Hier müssen andere Instrumente zum Einsatz kommen.

Ebenso verhält es sich mit Werbebriefen und Mailings. Mit ihnen können Gedenkmünzen für „9,99 Euro" und Restplätze für Power-Motivationstage in Fußballstadien für „49,99 Euro – inkl. CD" verscherbelt werden. Für hochpreisigere (und -wertigere) Leistungen können sie bestenfalls das Interesse wecken. Um das Kaufinteresse dann in einen Kaufwunsch zu überführen, sind erneut andere Instrumente nötig.

Genauso ist es, wenn es darum geht, den Kaufwunsch in eine Kaufentscheidung zu überführen, also von Stufe 3 auf Stufe 4 zu gelangen. Auch das erfordert eigene Instrumente. Dann können zum Beispiel Projektbeschreibungen zum Einsatz kommen, die illustrieren, wie der Anbieter ein vergleichbares Projekt durchführte und welche Ergebnisse er dabei erzielte; außerdem Kosten-Nutzen-Rechnungen. Dann muss zudem in der Regel der Trainer oder Berater mit seinen blauen Augen, also seiner Persönlichkeit, überzeugen.

Je weiter der Kunde im Entscheidungsprozess fortgeschritten ist, umso genauer müssen die Informationen seinen Bedarf treffen.

Doch nicht nur verschiedene Marketing- und Verkaufsinstrumente müssen beim allmählichen Hinführen der Kunden zur Kaufentscheidung eingesetzt werden; diese sollten auch unterschiedliche Inhalte haben. Generell gilt: Je weiter der Kunde im Entscheidungsprozess fortgeschritten ist, umso konkreter müssen die Informationen sein; umso genauer müssen sie auf seinen Bedarf zugeschnitten werden.

Stellen Sie sich die Frage: In welcher Phase der Kaufentscheidung befindet sich der Kunde?

Entsprechend wichtig ist es beim Planen und Gestalten der Werbemittel zu reflektieren, in welcher Phase der Kaufentscheidung sich die Empfänger befinden, denn dies hat unmittelbare Konsequenzen. Hierfür einige Beispiele. Wenn mit Anzeigen nur das Interesse oder maximal die Aufmerksamkeit des Kunden geweckt werden kann, stellt sich die Frage: Ist es sinnvoll, dass Trainingsanbieter in ihren Anzeigen bereits den Preis und Termin ihrer Veranstaltung nennen? Wenn der Anbieter möchte, dass alle Leser, die zu diesem Termin keine Zeit haben und nicht spontan bereit sind, den geforderten Preis zu zahlen, nicht bei ihm anrufen, lautet die Antwort „Ja". Wenn er aber mit möglichst vielen potenziellen Kunden in Kontakt kommen möchte, dann lautet die Antwort „Nein". Dann ist es sinnvoller, den Anrufern den Termin und Preis erst im Telefongespräch oder im Seminarprospekt mitzuteilen. Warum? Dann kann der Interessent, wenn er zu diesem Termin keine Zeit hat, eventuell für einen anderen Termin gewonnen werden. Außerdem kann der in seinen Augen zu „hohe" Preis noch begründet werden. Der durch das Wegstreichen der Termine und Preise gewonnene Anzeigenraum kann dann dazu genutzt werden, um mit einem „knalligen" Foto oder „provokanten" Spruch erst einmal die Aufmerksamkeit der potenziellen Kunden zu wecken.

Ähnliche Überlegungen gelten für das Gestalten der Prospekte. Wenn die Prospekte nur Kunden zugesandt werden, die via Telefon oder e-Mail bereits ihr Interesse an dem Anbieter und seinen Produkten geäußert haben, dann müssen die Aussagen schon recht konkret sein. Dann lohnt es sich, darüber nachzudenken, ob es nicht sinnvoller wäre, statt eines nichts sagenden Imageprospektes mehrere kleine Branchen- oder Themenprospekte zu entwerfen, die bereits konkret auf die Problemlage und die Arbeitssituation der jeweiligen Zielgruppe eingehen.

Entsprechendes gilt, wenn Aussendungen nachtelefoniert werden. Dann dürfen diese Telefonate nicht von einer Bürohilfe geführt werden, die nur Fragen wie „Haben Sie die Infos erhalten?" oder „Wünschen Sie weitere Infos?" stellen kann. Denn hat der Angerufene nun noch Fragen, dann gehen diese oft schon ins Detail. Sie beziehen sich zum Beispiel auf die Methodik und Didaktik. Oder der Angerufene will erkunden, ob der Anbieter über die gewünschte Branchenerfahrung verfügt. Diese Kompetenz muss der Anbieter am Telefon ausstrahlen.

Weil viele Anbieter solche Zusammenhänge zu wenig reflektieren, können sie oft nur wenige potenzielle Kunden zum Vertragsabschluss führen. Am häufigsten reißt die Beziehung zu Interessenten auf der 2. und 3. AIDA-Stufe ab. Oft schieben Anbieter die Schuld hierfür auf die Kunden. „Die kennen den Markt nicht." „Der hatte wie alle Personaler nichts zu sagen." „Der wollte nur unser Know-how absaugen, um vor seinem Chef zu brillieren." Dies geschieht. Doch meist ist die Ursache, wenn ein Anbieter bei der Vergabe von Aufträgen immer wieder – sozusagen an derselben Kurve – aus dem Rennen fliegt, eine andere. Der Anbieter kann als berufserfahrener Profi zum Beispiel in Sachen Weiterbildung zwar durchaus die Aufmerksamkeit potenzieller Kunden erregen. Auch wenn es darum geht, das Interesse der Kunden zu wecken, kann er noch mithalten, weil er weiß, worauf beim Konzipieren größerer

Analysieren Sie, warum Sie bei der Rallye um Aufträge stets bei der selben Kurve aus dem Rennen fliegen.

Qualifizierungsprojekte zu achten ist. Anders sieht es aber aus, wenn es um den „Feinschliff" geht – also zum Beispiel darum, die Besonderheiten zu beachten, die sich aus den speziellen Arbeits- und Kommunikationsbeziehungen in einer Bank ergeben. Dann werden seine Aussagen und Unterlagen plötzlich sehr dünn, da er weder die Alltagsarbeit noch die Arbeitsprozesse in einer Bank kennt. Kurz, er ist kein Spezialist – zumindest nimmt ihn der potenzielle Kunde nicht als solchen wahr. Deshalb fliegt er aus dem Rennen.

Doch sagt der firmeninterne Personalentwickler dies dem Anbieter? Sagt er zu ihm: „Wissen Sie, Ihre Ausführungen waren zu allgemein. Wir spürten zu wenig Branchen- und Tiefenwissen. Deshalb wählten wir einen anderen Partner."? Nein, denn dann würde der Anbieter mit dem Personaler endlos darüber diskutieren, inwieweit dieses Urteil zutrifft. Also sagt der Personaler zum Anbieter: „Ihr seid zu teuer." Oder: „Mein Chef kannte aus seinem früheren Job einen Berater ..." Oder: „Von unserer Holding erhielten wir die Vorgabe ..." Warum? Er weiß: „Dadurch erspare ich mir lästige Diskussionen."

Statt über die „Inkompetenz" und „Machtlosigkeit" ihrer Kunden zu klagen, sollten sich Trainer und Berater, wenn ihnen jemand die „rote Karte" zeigt, lieber fragen,

▶ ob sie nicht versuchten, die falschen Personen oder Unternehmen als Kunden zu gewinnen und
▶ ob ihr Marketing- und Verkaufssystem Brüche aufweist.

Außerdem sollten sie überlegen, ob es ihnen, wenn sie sich noch stärker spezialisieren würden, eventuell leichter fiele, nicht nur das Interesse von (Neu-)Kunden zu wecken, sondern sie auch zum Vertragsabschluss zu führen.

Profi, Profil, Profit

Schnellfinder

 Bernhard Kuntz: Die Katze im Sack verkaufen

Nicht die Genialität der Idee, die Konsequenz des Handelns ist entscheidend

Alltag eines PR- und Marketingberaters für Trainings- und Beratungsunternehmen. Geduldig lauscht er den Ausführungen eines potenziellen Neukunden, „wie Unternehmen die Leistung ihrer Mitarbeiter und die Performance ihrer Organisation steigern können". Deutlich spürt man: Der Inhaber der Unternehmensberatung ist von der Genialität seiner Gedanken überzeugt. Dann, nach einer halben Stunde, holt er endlich Luft. Der PR- und Marketingberater nutzt die Chance und fragt sein Gegenüber: „Und was wollen Sie Ihren Kunden verkaufen?" Diese Frage überrascht den Inhaber des Beratungsunternehmens. Für ein, zwei Minuten versinkt er in Schweigen. Dann murmelt er etwas von Audits, maßgeschneiderten Personalentwicklungskonzepten und so weiter.

Ähnliche Erfahrungen sammeln PR- und Marketingberater immer wieder. Regelmäßig begegnen sie Trainern und Beratern, die von der Einzigartigkeit ihrer Ideen überzeugt sind und von der Vorstellung: Wenn ich sie einmal am richtigen Ort verkünde, dann verbreiten sie sich sozusagen von alleine. Doch nicht nur dies: Dann steht vor lauter Anfragen mein Telefon nicht mehr still. Aufgabe des PR- und Marketingberaters ist es dann, dem Gegenüber zu vermitteln:

▶ Ihre Gedanken sind weder genial, noch einzigartig.
▶ Selbst wenn sie es wären, würden sie sich nicht von alleine wie ein Lauffeuer verbreiten.
▶ Und selbst wenn dies geschähe, stünden Sie immer noch vor der Frage: „Was will ich den Leuten verkaufen?"

Ein solches Feedback freut niemand. Deshalb verweisen Trainer und Berater in solchen Situationen oft auf bekannte Größen der Trainer- und Beraterszene wie Reinhard Sprenger. Der käme auch in allen möglichen Wirtschaftsmagazinen zu Wort. Und immer wieder sei er der Keynote-Speaker bei Kongressen. Stimmt! Doch nicht jeder Trainer und Berater ist ein Reinhard Sprenger.

Vor circa 15 Jahren schrieb Sprenger sein erstes Buch „Mythos Motivation". Als alle Manager und Managementberater verkündeten, die Hauptaufgabe der Führungskräfte sei es, ihre Mitarbeiter zu motivieren, schrieb er: Quatsch! Wer nicht motiviert ist, den kann man nicht motivieren. Aufgabe der Führungskräfte könne es bestenfalls sein, Demotivation zu vermeiden. Mit dieser These gab Sprenger der Managementdiskussion eine neue Richtung. Eine entsprechende Publizität wurde ihm zuteil. Solch „revolutionäre" Gedanken haben nur wenige Trainer und Berater. Meist entpuppt sich das, was sie „innovativ" nennen und mit Kunstworten wie Speed-Management, Power-Selling oder Performance-Leadership bekleben, als solides Handwerk.

Viele Trainer und Berater wollen keine „soliden Handwerker" sein.

Doch solide Handwerker möchten wenige Trainer und Berater sein. Sie fühlen sich zu Höherem berufen. Also verweisen sie, wenn sie eine solche Rückmeldung erhalten, zum Beispiel oft auf einen Kollegen von Sprenger: Prof. Dr. Lothar Seiwert. Dessen Leib-und-Magen-Thema Zeit- und Selbstmanagement sei doch nun wirklich nicht das intellektuell anspruchsvollste. Trotzdem werde er seit Jahren in Zeitschriften zitiert und regelmäßig als der „Zeitmanagementpapst Deutschlands" bezeichnet. Stimmt, und zwar zu Recht. Denn auch hier gilt: Nicht jeder Trainer und Berater ist ein Lothar J. Seiwert. Lothar J. Seiwert hat zum Beispiel den Mut, schwierige Dinge mit einfachen Worten zu sagen – eine Eigenschaft, die vielen seiner Kollegen fehlt. Dabei zeichnet sich ein guter Trainer und Berater auch dadurch aus, dass er komplexe Sachverhalte allgemein verständlich formulieren kann.

Hinzu kommt: Nur wenige Trainer und Berater bearbeiten ihren Markt so ausdauernd und konsequent wie Seiwert. Vor 15 Jahren bot neben Lothar Seiwert fast jeder zweite Trainer in Deutschland Zeitmanagement-Seminare an. Doch dann, vor circa zehn Jahren, gelangten fast alle Zeitmanagement-Seminaranbieter zur Überzeugung: Das Thema ist mega-out. Also strichen sie es aus ihrem Programm. Anders Seiwert. Er war überzeugt: Der effektive Umgang mit der knappen Ressource Zeit wird auch künftig eines der brennendsten Themen nicht nur für die Unternehmen, sondern auch für alle Berufstätigen sein. Also bearbeitete er das Themenfeld „Umgang mit Zeit" weiter, während seine Kollegen auf andere Moden setzten. Und heute erntet er die Früchte seiner Arbeit.

Ähnliche Erfahrungen sammelt man im Trainings- und Beratungsmarkt oft. Immer wieder stellt man fest: Wie clever oder genial eine Idee oder ein Berater ist, ist letztlich nicht erfolgsentscheidend. Oft begegnet man sogar Anbietern, bei denen man insgeheim denkt: „Guten Gewissens kann ich den nicht empfehlen." Und trotzdem sind diese Trainer und Berater erfolgreich. Warum? Sie bearbeiten ihren Markt mit System. Statt sofort die ganze Welt mit ihren Leistungen beglücken zu wollen, arbeiten sie zum Beispiel zunächst hartnäckig daran, die Unternehmen im Umkreis von zehn Kilometern als Kunden zu gewinnen. Statt stets neue Produkte zu entwickeln, vermarkten sie die Produkte, die sie haben, konsequent. Statt stets nur vom Erfolg zu träumen, setzen sie sich konsequent drei Tage pro Woche jeweils zwei Stunden an ihren Schreibtisch und rufen potenzielle Kunden an – einen nach dem anderen.

Vermarkten Sie Ihre Produkte konsequent.

Wer seinen Markt so systematisch und konsequent bearbeitet, erntet irgendwann die verdienten Früchte. Doch dies dauert seine Zeit. Hierauf zu warten, fehlt vielen Trainern und Beratern die Geduld. Sie gleichen bei ihren (Marketing-)Aktivitäten eher Sprintern als Dauerläufern. Nach einigen hundert Metern geht ihnen die Puste aus. Das heißt: Stellt sich der gewünschte Erfolg nicht in einer überschaubaren Zeit ein, werfen sie alle Pläne über den Haufen und wenden sich neuen Dingen zu. Deshalb gelingt es ihnen weder den Ruf „Spezialist für ..." aufzubauen noch sich ein Marktsegment zu erschließen.

Weil vielen Trainern und Beratern das Vermarkten von sich selbst und ihren Leistungen große Schwierigkeiten bereitet, sollen ihnen im folgenden Abschnitt einige Hinweise gegeben werden,

▶ wie sie ihren Markt finden und erschließen und
▶ welche Marketinginstrumente sie hierfür nutzen können.

4.2.

Die sieben Meilensteine auf Ihrem Weg zum Erfolg

Wie erfolgreich ein Trainings- oder Beratungsunternehmen ist, hängt von vielen, teils unterschiedlichen Faktoren ab. Gewisse Erfolgsfaktoren zeichnen aber alle wirtschaftlich erfolgreichen Anbieter aus. Sie können zum Beispiel Produkte entwickeln beziehungsweise Leistungen produzieren, die ihren Kunden einen Nutzen bieten. Sie können zudem ihre Kunden davon überzeugen, dass es für sie sinnvoll ist, ihre Trainings- und Beratungsleistungen zu kaufen. Sie haben außerdem in ihrer Organisation die nötigen Strukturen aufgebaut, um effektiv zu arbeiten.

Basierend auf diesen (Erfolgs-)Faktoren hat der Autor dieses Buchs sieben „Meilensteine" definiert, die alle Personen und Organisationen passieren müssen, die für sich eine Strategie entwickeln möchten, um (auf Dauer) erfolgreich im Markt zu sein. Dabei besteht das Erreichen der Meilensteine darin, dass die Anbieter für sich Antworten auf solche Fragen wie „Was kann ich?", „Was will ich?" und „Wer sind meine Kunden?" finden und hieraus Handlungsstrategien ableiten.

Dieser Prozess verläuft nicht so linear, wie die Gliederung des folgenden Kapitels dies suggeriert. Die mit den „Meilensteinen" verbundenen Fragen können nicht mechanisch nacheinander bearbeitet und anschließend als endgültig erledigt abgehakt werden. Die Antworten beeinflussen sich vielmehr wechselseitig. Außerdem müssen sich vor allem die Entscheider in den Unternehmen im Arbeitsalltag zum Beispiel immer wieder fragen:

▶ Deckt sich dies mit unseren Kompetenzen?
▶ Erreichen wir so unsere Ziele?
▶ Entspricht dies den Bedürfnissen unserer Kunden?

Das Entwickeln der Unternehmens- und Marketingstrategie ist also ein fortlaufender Prozess des (Hinter-)Fragens und Sich-Entscheidens. Und selbst wenn die Grundlinien stehen, müssen diese im Arbeitsalltag regelmäßig überprüft und weiterentwickelt werden. Sonst ist die Organisation „tot".

Das 7-PRO-Schema soll Ihnen helfen, sich Schritt für Schritt mit allen Fragen zu befassen, deren Beantwortung zum Entwickeln einer Unternehmens- und Marketingstrategie nötig ist. Bewusst wählte der Autor für alle sieben Arbeitsschritte Begriffe, die das Element PRO enthalten. Unter anderem, weil er überzeugt ist:

▶ In jeder Person und Organisation ruhen Potenziale, mit denen – sofern sie aktiviert werden – marktfähige Produkte und Dienstleistungen entwickelt werden können. Und:
▶ Für alle Produkte und Dienstleistungen existiert – sofern sie richtig vermarktet werden – ein Markt.

Fraglich ist zuweilen nur, ob er groß genug ist, um die gesteckten Ziele zu erreichen.

4.2.1.

PROfi – Was kann ich? Was will ich?

Jedes Unternehmen hat ein Bündel von Fähigkeiten. Sonst würde es nicht existieren. Ebenso ist es bei jedem Trainer und Berater. Auch er verfügt über ein spezielles Bündel von Fähigkeiten – ganz gleich, ob er angestellt oder selbstständig arbeitet. Sonst hätte ihn entweder sein Arbeitgeber schon entlassen oder er hätte keine Kunden. In beiden Fällen würde er nicht mehr als Trainer oder Berater arbeiten, sondern sein Einkommen vom Arbeits- oder Sozialamt beziehen.

Was genau können Sie? Umso erstaunlicher ist es, dass viele Trainer und Berater auf die Frage „Was könnt ihr?" zunächst in ein tiefes Schweigen verfallen. Dann repetieren sie ihren beruflichen Werdegang. „Zunächst studierte ich BWL. Danach arbeitete ich fünf Jahre im Vertrieb eines Unternehmens, bevor ich die Leitung der Marketingabteilung übernahm. Vor drei Jahren machte ich mich dann selbstständig. Seitdem berate ich Unternehmen in Vertriebsfragen."

Erneutes Schweigen erntet man, wenn man nachfragt:

▶ Und welche wichtigen Dinge lernten Sie während Ihres Studiums? Oder:
▶ Was lernten Sie im Vertrieb? Oder:
▶ Mit welchen Herausforderungen waren Sie dort konfrontiert?

Auch auf diese Fragen wissen viele Trainer und Berater spontan keine Antwort, da sie nicht analysiert haben:

▶ Welche Merkmale zeichneten die Unternehmen aus, für die ich arbeitete?
▶ Welche Probleme löste ich bei meiner Arbeit? Und:
▶ Welche Fähigkeiten eignete ich mir hierbei an?

Deshalb sind ihnen viele ihrer Fähigkeiten nicht bewusst. Ihnen geht es ähnlich wie zahlreichen Angestellten, die nach zehn oder 20 Jahren arbeitslos werden. Sie erachten das, was sie in den zurückliegenden Jahren taten, oft als so selbstverständlich, dass ihnen nicht bewusst ist, über welche Fähigkeiten sie verfügen, die andere nicht haben. Einige Beispiele:

▶ In Kleinunternehmen gibt es wenige Fachabteilungen und Spezialisten, an die man Arbeiten delegieren kann. Deshalb haben Führungskräfte von Klein- und Mittelbetrieben (teils) andere Fähigkeiten als Konzernmanager.
▶ Der Verkaufsprozess bei Schuhen ist ein anderer als bei Industrierobotern. Also benötigen Schuhverkäufer andere Fähigkeiten als Verkäufer von Robotern.
▶ Behörden ticken anders als IT-Unternehmen. Also sammeln Berater, die für Behörden arbeiten, (teils) andere Erfahrungen als Berater von IT-Unternehmen.

Erst indem man analysiert, was eine Person für wen machte und warum sie erfolgreich war, lässt sich folglich ermitteln, über welche spezifischen Fähigkeiten sie verfügt. Erst dann wird sichtbar, wofür sie Profi ist. Erst dann werden zudem die Fähigkeiten sichtbar, die weniger im fachlichen als im persönlichen Bereich angesiedelt sind, wie zum Beispiel:

Analysieren Sie, worin Sie Spitze sind.

▶ gut zuhören können
▶ komplexe Strukturen/Inhalte analysieren und verständlich darstellen können
▶ wichtige von unwichtigen Dingen unterscheiden können
▶ Personen mitreißen/begeistern können
▶ Prioritäten setzen können
▶ Entscheidungen herbeiführen können
▶ Menschen Halt bieten können.

Alles Fähigkeiten, die nicht nur Trainer und Berater bei ihrer Arbeit brauchen – folglich können sie auch vermarktet werden.

Profi in was?

Diese Fragen sollten Sie sich u.a. stellen, um zu klären, wofür Sie Profi sind:

Aus- und Weiterbildung

▶ Welche Aus-/Fortbildung(en) habe ich absolviert?
▶ Welche Fähigkeiten erwarb ich hierbei (Fach-, Methoden-, Sozialkompetenz)?

Berufserfahrung vor Trainer-/Beratertätigkeit

▶ Welche Funktionen nahm ich vor meiner Tätigkeit als Trainer/ Berater wahr?
▶ Mit welchen Personengruppen arbeitete ich dabei zusammen?
▶ Welche „Merkmale" kennzeichneten diese Personengruppen (z.B. sicherheitsorientierte Beamte/Unternehmer, Führungs- kräfte/Werker, kreative Chaoten/gezielte Planer)?
▶ Welche Aufgaben/Probleme löste ich bei diesen Tätigkeiten?
▶ Welche Fähigkeiten eignete ich mir hierbei an (Fach-, Metho- den-, Sozialkompetenz)?

Tätigkeit als Trainer/Berater

▶ Welche Organisationen hatte ich bisher als Kunde (z.B. Bran- che, Größe, Marktposition)?
▶ Welche „Merkmale" kennzeichneten diese Organisationen (z.B. autoritär/modern geführt, zentral/dezentral strukturiert, wachsend/schrumpfend, Profit-/Non-Profit-Organisationen)?
▶ Mit welchen Personengruppen arbeitete ich bisher primär zu- sammen (z.B. Funktion, Beruf)?
▶ Welche „Merkmale" kennzeichneten diese Personen (z.B. Indi- vidualisten/Teamarbeiter; bewahrend/verändernd)?
▶ Welche Aufgaben/Probleme löste ich für diese Organisatio- nen/Personengruppen?
▶ Welche Fähigkeiten eignete ich mir hierbei an (Fach-, Methoden-, Sozialkompetenz)?

Ähnlich verhält es sich bei Trainings- und Beratungsunternehmen. Auch von ihnen erhält man auf die Frage „Was könnt ihr?" zunächst meist nur so banale Antworten wie:

▶ Wir unterstützen Unternehmen beim Entwickeln ihrer Mitarbeiter und:
▶ Wir beraten Unternehmen bei Change-Prozessen.

Endgültig ratlos sind die Verantwortlichen, wenn man sie fragt: „Welche Merkmale zeichnen die Organisationen/Personengruppen aus, für die sie arbeiten?" Dann lautet die erste Antwort meist: „Eigentlich kann man das nicht sagen." Was folgt, ist häufig eine simple Auflistung von Branchen wie die Automobilindustrie oder von Berufsgruppen wie die Verkäufer. Ebenso allgemein sind die Antworten auf die Frage, welche Probleme das Unternehmen für seine Kunden löst und welche Fähigkeiten es dabei beweist.

Der erste Schritt beim Ermitteln, wofür ein Trainings- und Beratungsunternehmen Profi ist, besteht deshalb meist in der Beantwortung der Frage, welche Merkmale zum Beispiel die Unternehmen, für die der Anbieter arbeitet, auszeichnen.

Was zeichnet die Kunden aus, für die Sie arbeiten?

▶ Sind es eher Klein- oder Großunternehmen?
▶ Agieren sie in wachsenden oder schrumpfenden Märkten?
▶ Haben sie eine zentrale oder dezentrale Struktur?
▶ Wie ist ihre Kundenstruktur?
▶ Was sind ihre größten Kostenblöcke und brennendsten Probleme?
▶ Besteht ihr Personal vorwiegend aus angelernten Männern und Frauen oder hoch qualifizierten Spezialisten?

Eine solche Analyse kann man auch für die Personengruppen durchführen, mit denen das Trainings-/Beratungsunternehmen besonders häufig und erfolgreich zusammenarbeitet.

▶ Arbeiten die Personen vorrangig in der Produktion oder in der Verwaltung?
▶ Erachten sie Veränderungen als Chance oder Bedrohung?
▶ Sind sie eher Teamarbeiter oder Individualisten?

Welche Probleme Ihrer Kunden können Sie lösen?

Im nächsten Schritt kann dann ermittelt werden, welche Probleme der Anbieter für seine Kunden löst, die ihre Wurzeln zum Beispiel just darin haben, dass deren Organisation

▶ dezentral strukturiert ist und die Mitarbeiter über zahlreiche Standorte verteilt sind,
▶ vorrangig angelernte Teilzeitkräfte beschäftigt,
▶ in einem schrumpfenden Markt agiert.

Leiten Sie aus Ihren Fähigkeiten und Erfahrungen ab, wofür Sie der Spezialist sind.

Führt ein Anbieter eine solche Analyse durch, dann zeigt sich bald ein breites Bündel von Fähigkeiten und Erfahrungen. Dieses stellt aber nur eine Art Stoffsammlung dar, aus der der Anbieter ableiten kann, wofür er Spezialist ist. Und zwar, indem er sich unter anderem fragt:

▶ Mit welchen Unternehmen/Personengruppen arbeiten wir besonders erfolgreich zusammen?
▶ Bei welchen Aufgaben/Problemen erzielen wir die besten Lösungen?
▶ Für welche Aufgaben/Probleme werden wir besonders häufig angefragt?
▶ Was können wir folglich besser als unsere Mitbewerber?

Stellen sich Anbieter solche Fragen, gelangen sie zum Beispiel zu Erkenntnissen wie:

▶ Unsere Stärken liegen eher im Qualifizieren von Verkäufern im Handelsbereich als im Qualifizieren von Verkäufern von Investitionsgütern. Oder:
▶ Wir sind eher Macher als Theoretiker. Oder:
▶ Wir sind eher fit im Schulen großer Gruppen von Mitarbeitern mit einer ähnlichen Qualifikation als im Trainieren von Spezialisten. Oder:
▶ Unsere Stärken liegen eher im Entwickeln von Lösungskonzepten als in deren Umsetzung.

Oft werden den Trainings- und Beratungsunternehmen, wenn sie sich fragen: „Was können wir warum?", auch Stärken bewusst, deren Wurzeln in ihrer Struktur liegen. Zum Beispiel:

▶ Weil wir drei Projektleiter und -koordinatoren beschäftigen,
können wir auch Großprojekte steuern. Oder:

▶ Weil unsere Trainer fest angestellt sind, können wir in unseren
Trainings eine bestimmte Mindestqualität gewährleisten. Oder:

▶ Weil unsere Berater „alte Hasen" sind, vertrauen unsere
Kunden ihnen. Oder:

▶ Weil wir in ganz Deutschland Niederlassungen haben, können
wir flächendeckend Trainings durchführen.

Das heißt, über ein gezieltes Ermitteln der Fähigkeiten und Beantworten der Frage: „Was können wir besser als unsere Mitbewerber?", kristallisiert sich heraus, was den Anbieter von seiner Konkurrenz unterscheidet. Hieraus kann er dann ableiten,

Was können Sie besser, als Ihre Mitbewerber?

▶ was seine Kernkompetenz ist und

▶ bei welchen Kundengruppen er die größten Erfolgsaussichten
hat.

Weiß ein Anbieter dies, dann kann er damit beginnen, sein Geschäftsfeld und seinen Markt zu definieren; des Weiteren kann er
das Profil formulieren, mit dem er am Markt agieren möchte.

Zuvor sollten aber speziell Einzeltrainer und -berater sowie Inhaber kleiner Institute für sich klären: „Was will ich? Welche Ziele
will ich erreichen – beruflich und privat?" Mit diesen Fragen befassen sich Trainer und Berater oft nicht ausreichend. Viele treffen
zum Beispiel nie eine klare Entscheidung:

Wohin wollen Sie? Welche Ziele haben Sie?

▶ Will ich (auf Dauer) als Honorarkraft für andere Trainings- und
Beratungsanbieter arbeiten? Oder:

▶ Will ich ein echter Unternehmer mit eigenen Kunden und
eigenen Mitarbeitern werden?

Für und gegen beide Entscheidungen sprechen viele Gründe. So
sind zum Beispiel „freie" Trainer/Berater, die als Subunternehmer
für größere Anbieter arbeiten, weitgehend von der Akquise befreit.
Folglich kann es für Trainer/Berater, deren Stärke nicht im Akquirieren von Kunden liegt, durchaus sinnvoll sein, solche Partner-
schaften einzugehen; zumal sie dann auch kein eigenes Unternehmen aufbauen und führen müssen. Sie können sich ganz auf das
Trainieren und Beraten konzentrieren. Ein Nachteil: Wenn das Auf-

tragsvolumen ihrer Auftraggeber schrumpft, erhalten sie weniger Aufträge. Also sinkt ihr Einkommen, ohne dass sie in der Regel kurzfristig gegensteuern können, weil sie nicht über die nötigen Kontakte zu potenziellen Kunden verfügen. Außerdem fehlen ihnen neben der erforderlichen Infrastruktur auch die nötigen Akquiseinstrumente. Hinzu kommt: Sie haben es nie geübt, Kunden zu akquirieren.

Was ist Ihnen in Ihrem Leben außer Ihrem Beruf noch wichtig?

Bevor Trainer und Berater ihr Geschäftsfeld definieren, sollten sie für sich klären: „Was ist mir außer meinem Beruf in meinem Leben noch wichtig?" Häufig stellt man nämlich bei Trainern und Beratern, die weitgehend aus dem Koffer und auf der Autobahn leben, fest: Einige Jahre genießen sie dieses unstete Leben. Doch irgendwann sind die vornehmsten Hotels und die edelsten Restaurants für sie nur noch Arbeitsstätten. Und das Prickeln, das sie ehemals vor ihren Auftritten vor neuen Gruppen verspürten, ist dem Gefühl gewichen: „Das alles habe ich schon hundert Mal erlebt." Dann hinterfragen sie in stillen Stunden immer häufiger ihr (Vagabunden-)Leben – ohne Wurzeln, ohne Zuhause: „Zum Aufbau und zur Pflege intensiver privater Kontakte habe ich kaum Zeit. Wenn andere Väter und Mütter abends ihre Kinder ins Bett bringen, sitze ich in der Hotelbar oder rase über die Autobahn. Und wenn andere Männer und Frauen sich wie jeden Dienstagabend mit Freunden zum Skatspielen treffen, kegele ich mit Leuten, die ich am Morgen noch nicht kannte." Dann ist die Sinnkrise nicht mehr weit. Dann verliert der Trainer oder Berater die Lust an seiner Arbeit, worunter auch deren Qualität leidet. Deshalb sollten Trainer und Berater zum Beispiel für sich Regeln aufstellen, wie:

▶ Ich übernachte maximal 80 Tage pro Jahr außer Haus. Oder:
▶ Ich investiere mindestens 30 Prozent meiner Arbeitszeit in meine persönliche Weiterbildung und die Weiterentwicklung meines Unternehmens.

Solche Fragen sollten sich Trainer und Berater auch stellen, weil sich die Antworten auf ihre Positionierung und die Definition ihres Marktes auswirken. So liegt es zum Beispiel bei einem Trainer, der abends zu Hause übernachten möchte, nahe, dass er seine Kunden im Umkreis seines Wohnorts sucht. Entsprechendes gilt für einen Trainer, der für sich beschließt: Ich möchte mittelfristig ...

▶ maximal 80 Tage pro Jahr trainieren, aber
▶ einen Umsatz von mindestens 160.000 Euro erzielen, damit ich nach Abzug der Steuern
▶ ein Einkommen von 120.000 Euro pro Jahr habe.

Will ich auf eigene Rechnung oder im Auftrag anderer arbeiten?

Er muss sich so positionieren (und die nötigen Marketingaktivitäten entfalten), dass er ausreichend Kunden findet, die ihm 2.000 Euro pro Trainingstag bezahlen. Ganz anders kann sich ein Berufskollege von ihm positionieren, der zwar dasselbe Einkommen erzielen möchte, aber bereit ist, dafür 150 Trainingstage pro Jahr zu absolvieren (vgl. Abbildung unten).

Die Antwort auf die Frage, wie sich ein Trainer/Berater positionieren sollte, hängt folglich auch davon ab, was für ihn „beruflicher Erfolg" bedeutet und was ihm in seinem Leben wichtig ist.

Honorar, Umsatz, Einkommen

	Trainer 1 (arbeitet für andere Institute)	Trainer 2 (hat eigene Kunden)
Tagessatz/Honorar (Trainingstage/Jahr)	750,- (150)	2.000,- (80)
Umsatz	120.000,-	160.000,-
Bürokosten inkl. 1 Bürokraft/Jahr	0,-	20.000,-
Marketingausgaben (Anzeigen, Mailings usw.)/Jahr	0,-	15.000,-
Kosten Produktentwicklung/Jahr	0,-	5.000,-
Zu versteuerndes Jahreseinkommen	120.000,-	120.000,-

4.2.2.

PROfil – Wer sind meine Kunden?

Welche Trainer und Berater kennen Sie? Stellt man Menschen diese Frage, so nennen sie meist dieselben Namen. Welche dies sind, verändert sich zwar im Laufe der Jahre. So verschwand zum Beispiel der Name Tominaga weitgehend in der Versenkung. Auch Namen wie Höller, Ratelband und Schäfer haben nur noch anekdotischen Wert. Andere hingegen, wie Reinhard Sprenger, Ulrich Strunz, Lothar Seiwert, Vera F. Birkenbihl und Fredmund Malik, erfreuen sich schon ein Jahrzehnt und länger einer gewissen Berühmtheit.

Bekannte Persönlich-
keiten ... Analysiert man, warum diese Personen eine so hohe Bekanntheit haben, dann zeigt sich, dass sich jeder dieser „Berühmtheiten" ein Thema zuordnen lässt:

- ▶ Reinhard Sprenger – Motivation
- ▶ Dr. Ulrich Strunz – Gesundheit/Fitness
- ▶ Prof. Lothar J. Seiwert – Zeitmanagement
- ▶ Prof. Fredmund Malik – Management
- ▶ Vera F. Birkenbihl – „Stroh im Kopf", Pardon: gehirngerechtes Lernen

Alle diese Personen zeichnet zudem eine hohe Kontinuität im Handeln aus. Sie bearbeiten zum Beispiel in ihren Büchern nicht mal dieses und mal jenes Thema. Sie halten vielmehr an ihrem Thema fest. Ähnlich ist es bei den Trainings- und Beratungsleistungen, die sie anbieten. Sie stehen in einem unmittelbaren Bezug zu ihrem Kernthema.

Neben diesen „großen" gibt es viele „kleine" Berühmtheiten, die zumindest die Fachöffentlichkeit kennt. Sei es, weil sie wie Hermann Simon immer wieder Artikel oder Bücher zum Thema Marke-

ting publizieren, oder weil ihr Name für bestimmte Methoden oder Beratungsansätze steht. So assoziieren viele Personen mit NLP Thies Stahl. Und wenn das Stichwort Coaching fällt, wird oft der Name Wolfgang Loos genannt.

Daneben gibt es aber zahlreiche erfolgreiche Trainer und Berater (sowie Trainings- und Beratungsunternehmen), die sogar bei ihren Berufskollegen weitgehend unbekannt sind. Dafür sind sie in ihrer Zielgruppe bekannt wie „bunte Hunde". Warum? Sie haben sich zum Beispiel auf eine Berufsgruppe wie Winzer oder Steuerberater spezialisiert. Oder sie bearbeiten Spezialthemen wie Außenhandel und Controlling.

... und „hidden champions".

Diese Trainings- und Beratungsunternehmen arbeiten meist sehr profitabel. Da ihre Zielgruppe sehr homogen ist, können sie dieselbe Leistung hundertfach verkaufen. Folglich haben sie geringe Produktentwicklungskosten. Hinzu kommt: Weil ihre Zielgruppe sehr schmal ist, hat ihre Werbung geringe Streuverluste. Außerdem ist sie sehr effektiv, da die Anbieter alle Werbeaussagen voll auf ihre Zielgruppe zuspitzen können.

Weitere Vorteile der Spezialisierung sind: Da die Anbieter nur für eine scharf umrissene Zielgruppe arbeiten, können sie leicht einen großen Wissensvorsprung vor ihren Mitbewerbern aufbauen. Deshalb können sie hohe Preise verlangen. Außerdem funktionieren die Mechanismen der Weiterempfehlung in der Nische besonders gut.

Wie viele unbekannte, aber erfolgreiche Trainings- und Beratungsunternehmen es gibt, diese Probe kann jeder selbst machen. Hierfür muss man nur samstags den Stellenteil der FAZ studieren. Dort stoßen selbst Branchenkenner in jeder Ausgabe auf mindestens ein halbes Dutzend größerer Beratungsunternehmen, deren Namen sie noch nie gehört haben.

Vorteile einer Spezialisierung

Spezialisierung lohnt sich.

▶ Kernkompetenz ist für potenzielle Kunden sichtbar/griffig
▶ der Markt wird überschaubar
▶ geringe Streuverluste bei Werbung
▶ in der Zielgruppe kann schnell positives Image/hohe Bekanntheit aufgebaut werden
▶ zu (Noch-nicht-)Kunden kann relativ einfach ein intensiver Kontakt aufgebaut werden
▶ Spezialwissen kann auf-/ausgebaut werden
▶ den Kunden kann höherer Nutzen geboten werden
▶ Spezialwissen rechtfertigt höhere Preise
▶ geringe Produktentwicklungskosten
▶ Kompetenzvorsprung führt zu hoher Kundenbindung/vielen Empfehlungen
▶ Kompetenzvorsprung und enger Kontakt zur Zielgruppe bilden eine Marktbarriere für Mitbewerber
▶ durch gezielte Produktentwicklung kann der Marktvorsprung systematisch ausgebaut und die Marktbarriere für Mitbewerber erhöht werden

Doch nicht jeder Trainer und Berater verfügt über das Know-how, um sich zum Beispiel auf die Zielgruppe „Fahrschulen" zu spezialisieren oder sich als „Der Spezialist für das Ver- und Nachfassen von Angeboten" zu profilieren. Trotzdem können auch sie sich den Ruf „Spezialist für …" aufbauen und in ihrem Markt Marktführer werden – sofern sie ihren Markt hartnäckig, ausdauernd und konsequent bearbeiten.

Haben Sie den Mut, anders zu sein.

Wie dies geht, sei am Beispiel Rolf H. Ruhleder erläutert, um den es in den vergangenen Jahren zwar ruhiger wurde, der aber noch immer einer der bekanntesten Rhetoriktrainer Deutschlands ist. Warum? Jahrelang vermarktete er sich als „der härteste Rhetoriktrainer Deutschlands". Er arbeitete gezielt daran, sich das Image des „harten Hundes" aufzubauen. Dadurch gewann er ein „Gesicht" im Markt und hob sich von den Tausenden seiner profillosen Berufskollegen ab, die auch Rhetoriktrainings anboten.

Analysiert man das Vorgehen von Ruhleder und ähnlich erfolgreichen Kollegen, dann zeigt sich: Sie definieren ihren Markt über mehrere Dimensionen. So verknüpft Ruhleder zum Beispiel die beiden Dimensionen Thema (Rhetorik) und Methode (trainerzentriert) miteinander. Doch nicht nur dies. Zudem definiert er seinen Markt über die Unternehmenskultur seiner Kunden. Schließlich ist nicht jedes Unternehmen der Auffassung: Wenn wir unsere Mitarbeiter auf ein Seminar schicken und so viel Geld bezahlen, dann sollen sie wenigstens ordentlich rangenommen werden. Andere Unternehmen denken anders. Doch diese betrachtet Ruhleder nicht als „seine Kunden". Gerade indem er seinen Markt so begrenzt und auf bestimmte Kundengruppen bewusst verzichtet, gewinnt Ruhleder Profil und hebt sich so von seinen Mitbewerbern ab.

Verzichten Sie bewusst auf bestimmte Kunden(-gruppen).

Profil von Rolf H. Ruhleder

... auf der Homepage www.brainguide.com

Deutschlands härtester und teuerster Rhetorik-Trainer

Er verlangt viel. Gilt als „harter Hund" der Branche. Bringt die Redekunst und das Verhandlungsgeschick von Top-Managern, Politikern und Führungskräften auf Vordermann. Mit direkten, vor allem wirksamen Methoden. Er sagt und zeigt, was geht, wie es geht – und wie nicht. Und der Erfolg gibt ihm Recht. Die von ihm trainierten Führungskräfte lernen sich durchzusetzen und schwören auf ihn. Drei von vier seiner Seminarteilnehmer kommen auf die Empfehlung von Teilnehmern, die bei Rolf H. Ruhleder bereits ein Seminar oder ein Training besucht haben.

Rolf H. Ruhleder
Der Geschäftsführer des Management Instituts Ruhleder in Bad Harzburg ist seit 25 Jahren als Trainer aktiv. Betreute bisher in rund 1.500 Seminaren mehr als 100.000 Menschen. Er veröffentlichte 14 Bücher mit einer Gesamtauflage von über 300.000 Exemplaren.

Pressestimmen: „Ruhleder kippt alle gängigen pädagogischen Konzepte." (Wirtschaftswoche)

Machen Sie deutlich, was Sie von der Konkurrenz abhebt.

Ein weiteres Beispiel: Die in Sulzbach/Taunus ansässige VA-Akademie präsentiert sich in ihren Prospekten unter der Überschrift „Training wie überall?" als Spezialist für Führungs- und Verkaufstrainings – wie viele Trainingsinstitute. Doch dann folgen Aussagen wie: „Wenn Sie an wissenschaftlichen Theorien interessiert sind, brauchen Sie die VA nicht. Wenn Sie hingegen Praxisnähe suchen ..." So geht es im Text weiter. Zunehmend wird vor dem Leser ein Bild entrollt, wofür die VA steht (und wofür nicht) und wodurch sich die VA-Trainings von anderen Trainings unterscheiden.

Belegen Sie Unterschiede mit Fakten.

Ein Anbieter, der seine Stärken ebenfalls genau analysiert und definiert hat, ist die Provadis Partner für Bildung und Beratung, Frankfurt am Main, die aus der Aus- und Weiterbildungsabteilung des Hoechst-Konzerns hervorging. Liest man zum Beispiel das Porträt, mit dem sich Provadis in den Seminarmärkten und -kalendern der Weiterbildungsmagazine präsentiert, dann ist sofort klar: Dies ist keine „Ein-Zwei-Mann-Klitsche", sondern ein gestandenes Bildungs- und Beratungsunternehmen; ein Anbieter zudem, der auf Grund seiner Historie, Manpower und (technischen) Infrastruktur auch große (Aus- und Weiter-)Bildungs- und Beratungsprojekte für Unternehmen stemmen kann.

Profil von Provadis

GROSSE HERAUSFORDERUNGEN ERFORDERN STARKE PARTNER

Was uns als ehemalige Aus- und Weiterbildungsabteilung der Hoechst AG von anderen Bildungs- und Beratungsanbietern unterscheidet: Wir haben

- über 30 Jahre Praxiserfahrung in Bildung und Beratung und der Zusammenarbeit mit anderen Unternehmen,
- 160 fest angestellte Mitarbeiter – vom Ausbilder bis zum Hochschulprofessor,
- eine 4.000 qm große Lehrwerkstatt für fast alle technischen Ausbildungsberufe,
- ein Technikum zum Simulieren komplexer Produktionsprozesse,
- hochmoderne Chemie- und Biologielaboratorien,

- eine elektronische Lernplattform,
- eine Hochschule, an der Ihre Mitarbeiter berufsbegleitend Bachelor-Abschlüsse erwerben können.

NUTZEN SIE UNSERE KOMPETENZ UND
(TECHNISCHE) INFRASTRUKTUR FÜR IHREN ERFOLG.

Provadis Partner für Bildung und Beratung GmbH
Industriepark Höchst
Tel.: 069/305-84848; Fax: 069/305-81824
e-Mail: info@provadis.de
Internet: www.provadis.de

Solche Profile fallen nicht vom Himmel. Sie sind das Resultat einer exakten Analyse:

▶ Was kann ich?
▶ Welche Merkmale kennzeichnen meine Kunden? Und:
▶ Was kann ich, bezogen auf meine Kunden, besser als meine Mitbewerber?

Die Ergebnisse dieser Analyse bilden jedoch nur eine Art Stoff-sammlung, in der alle Fähigkeiten und Fertigkeiten sozusagen un-verbunden nebeneinander stehen. Sie sind das „Rohmaterial", aus dem zunächst die Stärken des Anbieters abgeleitet werden und an-schließend sein Profil geformt wird. Denn die einzelnen Fähigkei-ten und Merkmale stellen in der Regel nichts Besonderes dar. Viele andere Anbieter haben sie auch. Erst indem sie gezielt miteinander verknüpft werden, entsteht das unverwechselbare, einzigartige Profil.

Aus Fähigkeiten und Merkmalen entstehen Stärken. Aus Stärken erwachsen Profile.

Folglich lautet die erste Aufgabe beim Formulieren des eigenen Profils, aus der Fülle von Fähigkeiten, Fertigkeiten und Merkma-len, die den Anbieter und seine Kunden auszeichnen, die Kernele-mente herauszufiltern. Danach gilt es die Fragen zu klären:

▷ Bei welchen Personengruppen/Unternehmen hätten wir auf Grund dieser „Merkmale" große Chancen, sie uns als Kunden zu erschließen? Des Weiteren:

▷ Wie müssen wir diese Merkmale miteinander kombinieren, damit hieraus Stärken und wir für unsere Kunden attraktive Partner werden?

Beispiel Machemer International Beim Trainings- und Beratungsunternehmen Machemer International, Denzlingen bei Freiburg, schälten sich bei einer solchen Analyse unter anderem folgende Kernelemente heraus:

▷ Unsere Kunden sind Fach- und Einzelhandelsunternehmen mit einer Filialstruktur.

▷ Ihre Verkäufer sind zumeist angelernte (Teilzeit-)Kräfte, die zwar hoch motiviert, aber nicht hoch qualifiziert sind.

▷ Das brennendste Problem unserer Kunden ist, dass am Ende des Tages/Monats zu wenig Geld in der Kasse klingelt; des Weiteren, dass sie nicht wissen, wo die Ursache des Problems liegt und wie sie es lösen können.

▷ Sie wünschen/benötigen eine handfeste Unterstützung und Begleitung beim Lösen ihrer Probleme.

Darauf aufbauend entwickelte Machemer International den Slogan „Umsatzsteigerung am Point-of-Sales", der seitdem alle Publikationen des Unternehmens ziert und dessen Geschäftsfeld umreißt; außerdem den Slogan „MACHEMER macht's". Er signalisiert den Kunden: Wir sind keine Theoretiker, die nur schlaue Konzepte schreiben, sondern Macher, die die Ärmel hochkrempeln und Ihnen beim Lösen Ihrer Probleme helfen.

Auch Machemer International hat seinen Markt über mehrere Dimensionen definiert:

▷ Zielgruppe: Handelsunternehmen mit Filialstruktur
▷ Problem: zu wenig Umsatz/Ertrag
▷ Geschäftsfeld: Umsatzsteigerung am Point-of-Sales (POS)
▷ Arbeitsweise: anpackend; die Kunden bei der Umsetzung begleitend

Dadurch hat das Unternehmen ein klares Profil. Es weiß außerdem, auf welche potenziellen Kunden es seine Marketingaktivitäten fo-

kussieren sollte. Es weiß aber auch, von welchen es besser seine Finger lässt, da es bei ihnen seine Stärken nicht entfalten kann.

Die Möglichkeiten für Trainer und Berater sich zu positionieren, sind nahezu unendlich. Sie können sich auf Unternehmen mit einer bestimmten Kultur spezialisieren. Zum Beispiel auf Familienbetriebe oder Konzerntöchter. Oder auf autoritär geführte Unternehmen. Sie können sich aber auch auf Betriebe mit einer bestimmten Struktur spezialisieren. Zum Beispiel dezentral strukturierte Unternehmen, die zahlreiche Niederlassungen haben. Oder auf Start-up-Unternehmen. Oder auf ehemalige Staatsbetriebe und Konzernbereiche, die privatisiert oder in selbstständige Unternehmen umgewandelt wurden. All diese Unternehmen haben spezielle Probleme. Also können Trainer und Berater sich auf sie spezialisieren.

Die Möglichkeiten, sich zu positionieren, sind nahezu unendlich.

Trainings- und Beratungsanbieter können ihre Zielgruppe aber auch über den Markt ihrer Kunden bestimmen: Ist dieser zum Beispiel eher schrumpfend oder wachsend? Oder über die Marktposition ihrer Klienten: Sind diese eher Marktführer oder Me-too-Anbieter? Eine Spezialisierung ist auch über die Trainings- und Beratungsmethode möglich: Werden zum Beispiel die Mitarbeiter der Kunden vorwiegend off-the-job oder on-the-job qualifiziert?

Dies ist ein kleine Auswahl der Spezialisierungsmöglichkeiten, die sich Trainings- und Beratungsanbietern eröffnen. Nahezu unendlich wird deren Zahl, wenn die Anbieter mehrere solcher Dimensionen kombinieren. Dabei gilt: Über je mehr Dimensionen ein Anbieter seinen Markt bestimmt, desto schärfer wird sein Profil und desto überschaubarer wird sein Markt. Desto kleiner wird dieser aber auch. Trotzdem sollten sich gerade Trainer und Berater in der Startphase sowie kleinere Anbieter für eine solche Nischenstrategie entscheiden, denn sie bietet ihnen zahlreiche Vorteile. So können die Anbieter zum Beispiel,

Kombinieren Sie mehrere Dimensionen.

▶ weil ihre Zielgruppe recht „überschaubar" ist, sich schnell eine hohe Bekanntheit und ein positives Image in ihr aufbauen,
▶ über ihr Spezialwissen höhere Preise rechtfertigen,
▶ über ihre intime Marktkenntnis und eine darauf aufbauende Produktentwicklung Marktbarrieren für Mitbewerber aufbauen und ihren Marktvorsprung ausbauen.

Hinzu kommt ein weiterer Vorteil: Sie können ihre Marketing- und Werbekosten, weil geringe Streuverluste entstehen, minimieren. Und wer verbietet ihnen, wenn sie ein Marktsegment erobert haben, ihren Markt zu erweitern?

Dimensionen zur Profilschärfung

Nachfrager/Kunden

▶ Branche
(z.B. Automobilindustrie)

▶ Größe
(z.B. mehr als 1.000 Mitarbeiter)

▶ Struktur
(z.B. viele Standorte)

▶ Kultur
(z.B. von Angst geprägt)

▶ Region
(z.B. in Niederbayern ansässig)

▶ Problem
(z.B. zu hohe Fixkosten)

Hierarchie
(z.B. obere Führungskräfte)

▶ Funktion
(z.B. Einkäufer)

▶ Marktposition
(z.B. Marktführer/Me-too-Anbieter)

▶ Strategie
(z.B. expansiv)

Eigenes Unternehmen

▶ Profession
(z.B. Trainer – kein Berater)

▶ Größe
(z.B. Einzeltrainer/„Institut")

▶ Struktur
(z.B. mehrere Standorte)

▶ Kultur
(z.B. Netzwerk/eigentümergeführtes Unternehmen)

▶ Region
(z.B. nur in Bayern aktiv)

▶ Image
(z.B. Macher)

▶ Personal
(z.B. Qualifikation)

▶ Thema/Problemstellung
(z.B. erfolgreich verkaufen)

▶ Preis
(z.B. hochpreisig)

▶ Methodik
(z.B. Training-on-the-job)

Folgende Maximen sollten Bildungs- und Beratungsanbieter aber beim Definieren ihres Marktes beachten: Sofern möglich, sollten sie ihr Geschäftsfeld nicht über eine Trainings-, Beratungs- oder Arbeitsmethode bestimmen, denn Methoden sind Moden.

Sich über Methoden zu profilieren, birgt Risiken!

▶ Wer spricht zum Beispiel heute noch über die „Suggestopädie", die vor rund 15 Jahren unter dem Schlagwort „Superlearning" vermarktet wurde?
▶ Wer besucht heute noch NLP-Seminare?
▶ Welches Unternehmen interessiert sich heute noch für Konzepte wie Kaizen oder 360-Grad-Feedback?
▶ Welche High-Ropes-Anlage hat inzwischen nicht dasselbe Schicksal wie die meisten Sprachlabore ereilt? Sie verrotten allmählich, sofern sie nicht bereits abgebaut wurden.

Deshalb nochmals der Hinweis: Auf Methoden können Trainer und Berater in der Regel kein stabiles Geschäft aufbauen. Entsprechendes gilt für alle verkündeten Trends. Auch auf sie sollten Anbieter nicht bauen. Erfolgversprechender als auf Trends zu setzen, ist es oft, bewusst gegen den Trend zu agieren. Warum? Meist bewegt sich die Masse der Anbieter in Richtung Trend. Entsprechend groß wird das „Gedränge" und der Wettbewerb in diesem Marktsegment.

Ähnliches gilt bezogen auf die Zielgruppen. Auch hier sollten sich Anbieter, nachdem sie ihren Markt und ihre Zielgruppe definiert haben, nochmals fragen: „Versuchen wir genau die Unternehmen/ Personengruppen als Kunden zu gewinnen, die auch die meisten Mitbewerber umwerben?" Denn immer wieder stellt man fest, dass sich fast alle Anbieter auf dieselben Kundengruppen stürzen, während sie andere nicht wahrnehmen. So erhält man zum Beispiel auf die Frage, für welche Branchen sie gerne arbeiten würden, von Trainern fast stets die Antwort: „Für Finanzdienstleister, Energieversorger, Autohersteller und Telekommunikationsanbieter." Und fragt man nach, welche gemeint sind, dann werden ausschließlich im DAX und M-DAX notierte Unternehmen genannt. Entsprechend überschüttet werden sie mit Werbeunterlagen.

Meiden Sie Trends und Trend-Zielgruppen.

Vielleicht wäre es folglich sinnvoll, gerade diese Unternehmen zu meiden – wie zum Beispiel ein Trainings- und Beratungsunternehmen in der Pfalz. Dessen Inhaber fragte sich vor einigen Jahren: Bei welchen Unternehmen erzielen wir bei Anfragen die höchste

Abschlussquote? Seine Antwort: Nicht bei den DAX-Unternehmen und nicht bei Finanzdienstleistern, „denn die tragen die Nase meist ganz oben". Dann fragte er sich weiter: Welche Unternehmen erteilen uns die lukrativsten Aufträge? Seine Antwort: Produktionsunternehmen, bei denen das Zusammenspiel Mensch-Technik eine wichtige Rolle spielt und deren Markt eher schrumpft. Dann fragte er sich, welche Unternehmen dies sind und stieß dabei unter anderem auf Zechen, Papier- und Kunststofffabriken, Großdruckereien sowie chemische Betriebe. Also just solche Unternehmen, die die meisten Trainer als wenig „sexy" empfinden.

Wenig sexy – aber umso erfolgreicher: Der „Spezialist für Dreckschleudern".

Seitdem präsentiert sich der Inhaber des Instituts, wie er selbst gerne lachend sagt, als „Spezialist für Dreckschleudern". Doch inzwischen muss er sein Unternehmen fast nie mehr präsentieren. Denn weil es wenige „Spezialisten für Dreckschleudern" gibt, wird es stets weiterempfohlen. Deshalb ist das Unternehmen mit seinen sieben Trainern und Beratern zwei Jahre im Voraus ausgebucht. Trotzdem stellt sein Inhaber keine weiteren Trainer und Berater ein, denn dann könnte er seine Mannschaft nicht mehr von unterwegs per Handy steuern. Er müsste ein Büro aufbauen. Dies würde seinen Gewinn schmälern. Außerdem müsste er dann eventuell ab und an aktiv Kunden akquirieren. Auch dies würde seine Rendite schmälern. Und außerdem ist der Inhaber des Trainings- und Beratungsunternehmens überzeugt: Je länger Kunden auf unsere Leistung warten müssen, desto mehr sind sie bereit, hierfür zu bezahlen – zumindest dann, wenn sie überzeugt sind: Genau diese Trainer und Berater müssen wir haben.

PROdukt – Was will ich meinen Kunden verkaufen?

Was ist ein Produkt? Fragt man Menschen dies, erhält man meist Antworten wie:

- ▶ Etwas, das man anfassen kann.
- ▶ Etwas, das man kaufen und verkaufen kann.
- ▶ Etwas, von dem man weiß, wozu man es gebrauchen kann.

So wie zum Beispiel einen Hammer. Bei ihm weiß jeder, wozu er „gut" ist. Also sind die Leute, wenn sie einen Hammer brauchen, auch bereit so ein Ding zu kaufen – zumal ein Hammer „nicht die Welt kostet".

Die meisten Marketingexperten mögen andere Produktdefinitionen haben. Doch sie kaufen nicht die Produkte. Entscheidender ist folglich: Welche Erwartungen haben die Kunden an ein Produkt? Unter anderem, dass sie für ihr Geld etwas „Handfestes" bekommen, das ihnen einen erkennbaren Nutzen bietet. Mit dieser Erwartung konfrontieren sie auch Trainer und Berater – sei es im persönlichen Gespräch oder bei der Lektüre ihrer Werbeunterlagen.

Entscheidend ist: Was erwarten die Kunden von einem Produkt?

Wenn potenzielle Kunden Trainer und Berater jedoch fragen „Was bieten Sie mir an?", dann erhalten sie oft nur ausweichende Antworten. Zum Beispiel: „Wir sollten uns zunächst treffen, um zu ermitteln, welchen Bedarf Sie haben. Erst dann kann ich Ihnen ein Angebot unterbreiten." Ähnlich ist es, wenn Kunden fragen „Was kann ich bei Ihnen kaufen?" Dann lautet die Antwort der meisten Trainer und Berater auf den Punkt gebracht: Trainings- und Beratungstage – 1.000 Euro das Stück exklusive Fahrt- und Übernachtungskosten. Doch wer will schon Trainings- und Beratungstage kaufen? Niemand! Fragen die potenziellen Kunden also nach, „Und

„Was habe ich davon, wenn ich Ihre Leistung kaufe?"

was habe ich davon, wenn ich drei Trainingstage kaufe?", dann erhalten sie erneut so vage Antworten wie: „Danach können Ihre Mitarbeiter effektiver kommunizieren." (Da freuen sich die Mitarbeiter aber.)

Viele Trainer und Berater verhalten sich im Kundenkontakt ähnlich wie Verkäufer hochpreisiger Güter, wenn man sie fragt: Was kostet die Sache, die Sie mir anbieten? Dann fangen die Verkäufer an, sich zu winden und geben dem Kunden alle möglichen Antworten. Das Einzige, was sie ihm nicht geben, ist das, was er möchte: eine ungefähre Preisangabe zur schnellen Orientierung „Lohnt es sich, dass ich noch mehr Zeit in das Gespräch investiere?". Entsprechend reagieren die Kunden. Sie fühlen sich nicht ernst genommen und werden misstrauisch. Sie haben das Gefühl, da will einer was verbergen, oder er will mich aushorchen, damit er mir anschließend sein Zeug besser aufschwatzen kann.

Geben Sie Kunden schnell die gewünschte Orientierung.

Ein anderes Gefühl entsteht beim potenziellen Kunden, wenn ein Anbieter zum Beispiel im Telefonkontakt auf die Frage „Was macht ihr?" oder „Was bietet ihr euren Kunden an?" antwortet: „Also, wir sind die Spezialisten für Dreckschleudern." Dann hat der Kunde die gewünschte Orientierung und sein Interesse wird geweckt. Fast unwillkürlich fragt er dann nach: „Was heißt das, Sie sind die Spezialisten für Dreckschleudern?" Damit liefert er dem Anbieter das nötige Stichwort, um sich und seine Leistungspalette zu präsentieren. (vgl. Seite 97)

Ähnlich ist es, wenn Machemer International sagt: „Wir sind die Experten für Umsatzsteigerung am Point-of-Sales". Auch dann folgt fast automatisch die Nachfrage: „Was heißt das?" Und Helmut Machemer kann dem Kunden ausführen: „Wir schauen mit Ihnen erst mal, warum Ihr Umsatz nicht die gewünschte Höhe erreicht. Kommen zu wenig Kunden? Kaufen die Kunden zu wenig? Kommen die Kunden zu selten? Wenn wir die Ursache kennen, entscheiden wir mit Ihnen, ob es sinnvoller ist, Ihr Personal zu schulen oder den Verkaufsbereich Ihres Geschäfts neu zu gestalten oder eine Werbeaktion zu starten, damit Ihr Umsatz steigt." (vgl. Seite 94)

Dies ist ein weiterer Vorteil einer klaren Positionierung. Der Kunde erhält bereits im Erstkontakt eine klare Information: Wofür steht der Anbieter, was bietet er mir an und welchen Nutzen habe ich davon? Folglich entsteht bei ihm nicht das Gefühl, da will mir einer die Katze im Sack oder heiße Luft verkaufen. Dies ist gerade beim Erstkontakt wichtig, wenn der Kunde noch keine Erfahrung mit dem Anbieter gesammelt und folglich noch kein Vertrauen in seine Kompetenz gefasst hat. Dann muss der Anbieter in Sekundenschnelle signalisieren können: Dir steht ein Fachmann gegenüber. Sonst fliegt er entweder sofort aus dem Rennen um den begehrten Auftrag, oder er hat so viel Ballast am Bein, dass er nur noch schwer in die „Poleposition" gelangt. Deshalb ist beim Verkauf von persönlichen Dienstleistungen wie Bildungs- und Beratungsleistungen das Entwickeln eines klaren Profils bereits ein Teil der Produktentwicklung, da Trainer und Berater stets auch sich selbst verkaufen.

Doch ganz gleich wie scharf das Profil eines Anbieters ist, irgendwann sagt der Kunde: „Das klingt ja interessant. Aber was kann ich bei Ihnen kaufen. Fisch oder Käse? Eine dreistündige Karriereberatung oder eine sechsmonatige Umschulung? Und was kostet der Spaß?" Der Interessent signalisiert dem Kunden also: „Genug geschwatzt. Nun tu' mal Butter bei de Fische!"

Hierauf angemessen zu reagieren, fällt den Trainern und Beratern besonders schwer, die ihren Kunden „keine Ware von der Stange", sondern „Maßgeschneidertes" verkaufen möchten. Sie haben oft keine entwickelten Produkte. Sie haben bestenfalls Produktideen. Ideen wollen die Kunden aber nicht kaufen. Es interessiert sie nicht, welch tolles Garn man aus der Wolle spinnen und welch elegantes Tuch man daraus weben könnte, um hieraus letztlich einen Anzug zu nähen. Sie wollen schlicht einen Anzug kaufen. Und selbst, wenn sie einen Maßanzug möchten, so wollen sie zuvor doch sehen, wie dieser aussehen könnte, und sich davon überzeugen, dass der Schneider, sprich Trainer und Berater, mit Nadel und Faden umgehen kann. Deshalb lautet eine Anforderung an Bildungs- und Beratungsanbieter aus ihren (Produkt-)Ideen Dienstleistungen und aus den Dienstleistungen wiederum Produkte zu entwickeln.

Aus Ideen Dienstleistungen und aus Dienstleistungen Produkte entwickeln.

Hieraus ergeben sich folgende Teilaufgaben. Der Anbieter muss

- ▶ Ideen für neue „Produkte" sammeln,
- ▶ aus den Ideen Dienstleistungen entwickeln und
- ▶ dafür sorgen, dass die Dienstleistungen für seine potenziellen Kunden einen Warencharakter haben.

Produktideen sammeln und gezielt entwickeln.

Doch wie gewinnen Anbieter Produktideen? Hierfür gibt es unterschiedliche Wege. Die klassische Antwort lautet: Der Anbieter muss sich mit seinem (potenziellen) Kunden zusammensetzen und ermitteln, wo diesem der Schuh drückt. Stets, wenn der Kunde zum Beispiel sagt,

- ▶ damit haben wir ein Problem ...,
- ▶ damit sind wir unzufrieden ...,
- ▶ da könnten wir noch besser werden ...,
- ▶ da würde ich mir wünschen ...

gibt er dem Trainingsanbieter ein Signal: „Hier könntest du mir ein Produkt/eine Dienstleistung verkaufen."

Ein weiterer Ansatzpunkt zum Entwickeln neuer Produkte für Trainer ist, zu schauen: Wo findet zum Beispiel in den Unternehmen ein selbst organisiertes Lernen statt? Wo stehen deren Mitarbeiter im Alltag vor Herausforderungen, die sie zum Lernen anregen oder zwingen? Zeigt sich dann zum Beispiel, dass alle Vertriebsmitarbeiter eines Unternehmens nach der „Trial and error"-Methode ihr eigenes Verfahren entwickelt haben, Angebote zu schreiben und nachzufassen, dann hat er einen Bereich identifiziert, wo er das bisher selbst organisierte Lernen in ein organisiertes überführen kann – sofern er ein passendes Produkt entwickelt. Ebenso können Beratungsunternehmen zum Beispiel mit System analysieren, wo es in Unternehmen Schnittstellen oder in der Beziehung zwischen Menschen „Knackpunkte" gibt, an denen regelmäßig Probleme auftauchen, um anschließend entsprechende Beratungsangebote zu entwerfen.

Wann fand das erste Führungstraining statt?

Wissen Sie die Antwort? Bei den alten Griechen? Oder bei den
Phöniziern? Oder war's noch früher? Eventuell gar schon bei den
Neandertalern? Keine Ahnung. Nur eines steht fest: Die Fragen,
wie halte ich mein „Rudel" zusammen und wie sorge ich dafür,
dass es tut, was ich möchte, stellten sich schon Anführer in Ur-
zeiten. Und immer wieder mussten die jungen Anführer lernen zu
führen. Lange erfolgte dies nach dem Prinzip „Trial and error"
und indem die Jungen auf die Ratschläge der Alten vertrauten.
Doch dann hatte ein kluger Mensch die Idee: „Wie Führen geht,
das könnte ich den Jungen auch mit System vermitteln." Das
würde ihnen viel Zeit und Ärger ersparen, und mir ein halbes
Wildschwein oder einige Drachmen einbringen. Gesagt, getan.
Das erste Führungstraining war geboren. So war es auch beim
ersten Verkaufs-, Kommunikations- und Projektmanagementtrai-
ning. Mit der Frage „Wie geht das?" befassten sich auch zuvor
Menschen. Doch dann hatte ein kluger Mensch die Idee ...

Ein weiterer Ansatzpunkt für die Produktentwicklung sind Trends
– aber nicht in dem Sinne, dass Anbieter auf sie setzen sollten.
Dies ist unter anderem gefährlich, weil die meisten propagierten
Trends nur Moden sind (selbst wenn ihnen sehr viele Anbieter ge-
treu der Maxime „100 Millionen Fliegen können sich nicht irren"
hinterherlaufen). Hinzu kommt: Ist ein „Trend" erst einmal publik
und bewegt sich die Masse der Anbieter in Richtung Trend, dann
ist es meist zu spät, sich das Image „Spezialist für ..." aufzubauen.
Erfolgversprechender sind deshalb folgende Fragen:

Fragen Sie sich: Was folgt auf die aktuellen Trends?

▶ Welche Probleme resultieren aus dem Trend? Und:
▶ Was kommt nach dem Trend?

Dann hat der Anbieter noch ausreichend Zeit zur Produktentwicklung und Markterschließung und ist, wenn der Markt kippt, seinen
Mitbewerbern einige hundert Meter voraus.

Ein Beispiel: Vor vielen, vielen Jahren (oder waren es fünf, sechs?)
sangen fast alle Strategieberater im Chor das Hohelied der Fusion

und des e-Commerce. Die Folge: Fast alle (Konzern-)Manager stürzten ihre Unternehmen Lemmingen gleich über dieselbe Klippe. Seit einigen Jahren singen die Berater den Kanon „Besinne dich auf deine Kernkompetenz" und den Choral „Outsourcing rette uns". Und erneut stürzen die Lemminge Unternehmensführer ihre Unternehmen über ein- und dieselbe Klippe. Doch allmählich erfolgt die Gegenbewegung. Solche Wellenbewegungen lassen sich im Trainings- und Beratungsmarkt regelmäßig beobachten.

Auf Marktnischen statt auf „Ballungsräume" setzen.

Hinzu kommt: Der Blick auf Trends versperrt oft die Sicht auf lukrative Nischen und Marktsegmente, die gerade dadurch entstehen, dass sich die meisten Anbieter in Richtung Trend bewegen. Ein Beispiel: Jahrelang verkündeten die Fachzeitschriften, künftig seien im Bildungs- und Beratungsmarkt nur noch maßgeschneiderte Produkte gefragt. Ein absoluter Nonsens, denn warum sollten Unternehmen, wenn es um das Vermitteln bestimmter Basis-Skills oder Arbeitstechniken geht, ein teures maßgeschneidertes Seminar statt eines „Angebots von der Stange" kaufen? Trotzdem bewegte sich die Masse der Anbieter in Richtung Trend. Und kein Anbieter wagte es, laut die Gegenthese zu vertreten: „Bei uns bekommt ihr eine gute Konfektionsware zu einem günstigen Preis." Alle gebärdeten sich vielmehr so, als seien sie Top-Managementinstitute.

Anders zum Beispiel der Randstad-Konzern in den Niederlanden. Er ist in unserem Nachbarland einer der größten Trainingsanbieter. Der Konzern hat sich ganz auf die in Deutschland wenig beachtete Zielgruppe „gewöhnliche Mitarbeiter und untere Führungskräfte" spezialisiert. Für diese bietet er ausschließlich „standardisierte Seminare" zu einem „günstigen Preis" an. Denn nur in diesem Segment kann er die gewünschten hohen Teilnehmerzahlen erreichen. In Deutschland hingegen ist dieses Marktsegment weitgehend unbesetzt – zumindest wirbt kein Anbieter damit, „gute Seminare von der Stange zu einem fairen Preis" anzubieten.

Innovationen durch andere Fokussetzung

Doch häufig ist die Produktentwicklung noch einfacher, denn die meisten neuen Trainings- und Beratungsprodukte sind Innovationen. Das heißt, der Anbieter setzt bei einem im Markt bereits angebotenen Produkt den Fokus etwas anders, und schon hat er ein neues Produkt kreiert. Ein Beispiel: Bietet ein Bildungsanbieter ein Seminar „Kommunikation" an, löst er bei keinem Nachfrager Begeisterungsstürme aus. Er ist einer von 1.000 Anbietern. Spitzt er das Seminar aber zu und bietet es unter dem Titel „Mit Laien sprechen – Kommunikationstraining für Vertriebsingenieure" an, hat er ein neues Produkt kreiert. Solche neuen Produktideen zu entwickeln, ist ein Kinderspiel. Einige weitere Beispiele: Seminare zum Thema „Mitarbeiter erfolgreich führen" gibt es viele. Entsprechend wenig Interesse zeigen Personaler, wenn ihnen der 1.000ste Anbieter ein solches Seminar anbietet. Anders ist es, wenn plötzlich die Ankündigung eines Seminars

Beispiele für Interesse weckende Produktideen

▶ „Führen in schlechten Zeiten" oder
▶ „Bereichsleiter führen" oder
▶ „Selbstständige Handelsvertreter führen" oder
▶ „Führungskräfte (ge-)brauchen Macht"

auf ihrem Schreibtisch liegt. Dann schauen einige schon etwas genauer hin.

Noch einige Beispiele: Seminare zum Thema Verhandlungsführung gibt es viele. Entsprechend wenig Interesse zeigen Personaler, wenn ihnen ein solches Seminar angeboten wird. Doch wie sieht es aus, wenn ihnen plötzlich ein Seminar „Wer macht was bis wann – Verhandeln unter Kollegen" offeriert wird? Oder ein Seminar „Mit Arbeitnehmervertretern verhandeln"? Oder wie reagiert der Verkaufsleiter eines Unternehmens, dessen Gewinne wegbrechen und der deshalb kein Geld für Weiterbildung ausgeben möchte, wenn ihm ein Seminar angeboten wird „Preise erhöhen – trotz Flaute"? Oder ein Personaler, dessen Betrieb massiv Personal abbaut, wenn er eine Einladung zu einem Kongress „Personalentwicklung in schrumpfenden Unternehmen" erhält?

Um solche Produktideen zu entwickeln, müssen Trainer und Berater nur die Liste zur Hand nehmen, auf der sie beim Definieren ihrer Stärken und ihres Profils ihre Fähigkeiten und die Merkmale der Unternehmen/Personengruppen, mit denen sie bisher zusammenarbeiteten, aufgelistet haben. Diese können sie dann wie beim Puzzeln miteinander kombinieren. Zum Beispiel ihre Stärke „Fit in Führungsthemen" mit dem Kundenmerkmal „Personalabbau" oder „sinkende Umsätze". Dann ist der Weg zu einem Angebot „Führen in schlechten Zeiten" nicht weit. Oder wenn man die Stärke „Fit in Führungsthemen" mit dem Kundenmerkmal „Freie Handelsvertreter als Außendienstmitarbeiter" kombiniert, dann drängt sich die

Idee zu einem Seminarkonzept „Selbstständige Handelsvertreter führen" nahezu auf.

Darf's ein bisschen mehr sein? – Von der Idee zum Produkt.

Dabei gilt es jedoch zu beachten: Eine Produktidee ist noch keine Dienstleistung oder gar ein Produkt, das man verkaufen kann. Wie aus einer Produktidee eine Dienstleistung und ein Produkt wird, sei an einem Beispiel illustriert: Eine auf den Lebensmittelhandel spezialisierte Trainerin aus Baden-Württemberg registrierte bei ihrer Arbeit, dass es zwar viele auf den Handel spezialisierte Verkaufstrainer gibt, aber keine, die sich auf den Verkauf an der Fleisch- und Wursttheke spezialisiert haben. Dabei ist dies ein sehr sensibler Bereich, wie die gelernte Fleischfachverkäuferin wusste. Nicht nur, weil dort unverpackte Frischware angeboten wird, sondern auch, weil dort die Kunden noch unmittelbar mit den Verkäufern kommunizieren und oft eine Beratung wünschen.

Daraufhin fragte sich die Trainerin, wie eine Qualifizierungsmaßnahme für Verkäufer an der Fleisch- und Wursttheke konzipiert sein müsste. Sie analysierte: Dort arbeiten vorwiegend Teilzeitkräfte – oft Mütter, die nicht zwei, drei Tage auf ein Seminar fahren können. Außerdem ist die Personaldecke der Geschäfte so dünn, dass sie nicht mehrere Mitarbeiter zugleich auf ein Seminar schicken können. Also konzipierte die Trainerin eine Trainingsreihe, bei der die Mitarbeiter während ihrer Arbeitszeit an der Fleisch- und Wursttheke geschult werden. Den einzelnen Trainings gab sie so knackige Titel wie

▶ „Darf's ein bisschen mehr sein – Verkaufen an der Fleisch- und Wursttheke" und
▶ „Schmeckt die Wurst – Warenpräsentation an der Fleisch- und Wursttheke".

Damit hatte die Trainerin nicht nur eine neue Dienstleistung konzipiert, sondern auch mehrere neue Trainingsprodukte mit eigenen, unverwechselbaren Namen und mehreren Produktmerkmalen kreiert, die den Kunden klare Vorteile bieten. Dadurch, dass die Mitarbeiter am Arbeitplatz und während der Ladenöffnungszeiten geschult werden, geht dem Unternehmen keine Arbeitszeit verloren; außerdem hat es keine Mehrkosten für Reisen und Übernachtungen. Auch das Transferproblem stellt sich nicht, weil die Mitarbeiter das Gelernte unmittelbar im Kontakt mit echten Kunden einüben können.

Nicht nur die Trainerin hat folglich Profil, sondern auch ihre Trainings. Sie zeichnen sich durch mehrere Produktmerkmale aus, die potenziellen Kunden signalisieren: Hier wird mir mit an Sicherheit grenzender Wahrscheinlichkeit der gewünschte Nutzen geboten. Deshalb zahlen sie der Trainerin auch bereitwillig ein höheres Honorar als irgendeinem „Feld-Wald-und-Wiesen-Trainer". Die Trainerin wird folglich von einem Lebensmittelsmarkt zum nächsten beziehungsweise einer Fleischerei zur nächsten weitergereicht.

Solche Produkte kann nur entwickeln, wer seine Zielgruppe kennt und weiß, was er kann. Nur der kann auch Seminartitel entwerfen wie „Unter Druck – Reifen mit Profil verkaufen", bei denen auf Anhieb klar ist, wer die Zielgruppe ist und um welches Thema es geht. Dass Seminarankündigungen mit solchen Titeln, sofern sie an die richtigen Personen versandt werden, bei diesen mehr Aufmerksamkeit und Interesse wecken als Titel wie „Erfolgreich verkaufen", bedarf keiner weiteren Erläuterung.

Wer seine Kunden kennt, kann paßgenaue Produkte entwickeln.

Klar sein muss aber jedem Trainer, der so „spitze" Produktnamen kreiert: Diese enthalten – wie jede Spezialisierung – ein Leistungsversprechen. Entsprechendes gilt, wenn Berater sich zum Beispiel als Mittelstands-Spezialisten präsentieren. Dann müssen sie alles daransetzen, um das damit verbundene Leistungsversprechen einzulösen. Denn über nichts ärgert sich ein Kunde mehr, als wenn sich der eingekaufte Spezialist als „Generalist ohne Spezialwissen" (oder Dünnbrettbohrer) entpuppt. Dann fühlt er sich zu Recht verschaukelt und erzählt seinen Kollegen, wie er über den Tisch gezogen wurde. Und sehr schnell hat der „Spezialist" sein Image weg – doch nicht das gewünschte.

Deshalb nochmals: Jede Spezialisierung beinhaltet ein Leistungsversprechen. Dies ist manchen Trainern und Beratern nicht bewusst. So trifft man zum Beispiel immer wieder auf so genannte „Spezialisten für Klein- und Mittelbetriebe", die ihren Kunden völlig unreflektiert abgespeckte Konzepte für Großunternehmen anbieten; Konzepte, die weder zur Kultur noch Struktur von Klein- und Mittelbetrieben passen, und ihnen eher schaden als nützen. Von Klein- und Mittelbetrieben haben diese Berater schlicht keine

Jede Spezialisierung beinhaltet ein Leistungsversprechen.

Ahnung. Zu Recht ärgern sich Kunden über solche „Etiketten-
schwindler".

Entsprechendes gilt, wenn ein Trainer ein Führungskräfteseminar
mit dem Titel „Hilfe, meine Abteilung schrumpft" oder „Führen in
schlechten Zeiten" anbietet. Dann erwarten die Teilnehmer auch
Antworten auf Fragen wie:

▶ Wie teile ich meinen Leuten mit, dass 20 Prozent von ihnen
  entlassen und Sozialleistungen gestrichen werden?
▶ Wie verhalte ich mich gegenüber den „Gekündigten" und den
  „Survivors"?
▶ Wie kann ich meine Mitarbeiter auch in solchen Krisenzeiten
  zu Leistung motivieren?

Erhalten sie hierauf keine Antworten, sind sie zu Recht verärgert.

*Manche „Spezialisten"
sind nur Etiketten-
schwindler.*

Dieser Hinweis ist notwendig, weil immer wieder Trainer und Berater mit einer angeblichen „Spezialisierung" am Markt auftauchen,
bei denen man sich fragt: Was qualifiziert sie hierzu? Dies gilt zum
Beispiel für viele Karrierecoachs. Bei den meisten von ihnen stellt
sich die Frage: Woraus resultiert ihre Kompetenz, andere Personen
in Karrierefragen zu beraten, außer daraus, dass sie selbst längere
Zeit arbeitslos waren und ein, zwei Ratgeber lasen? Und schon
heute ist klar: In ein, zwei Jahren ziert eine andere Berufsbezeich-
nung ihre Visitenkarte. Wie wär's mit Finanz- oder Fitnesscoach?
Oder mit Stil- oder Feng-Shui-Berater?

Entsprechendes gilt für viele Trainer, die ihren Kunden „maßgeschneiderte" Seminarkonzepte anbieten. Die meisten sind „Etiket-
tenschwindler". Mit derselben Berechtigung könnte sich das Unternehmen C & A als „Maßschneider" präsentieren, nur weil es Socken
in unterschiedlichen Farben und Größen verkauft. Bei vielen Trainern beschränkt sich das Maßschneidern nämlich darauf, die Semi-
narbausteine A, B und C mal in der Reihenfolge ABC, dann BCA,
dann CAB zu kombinieren – und fertig ist das maßgeschneiderte
Seminar. Ein seriöses Vorgehen ist dies nicht, und zu Recht verabschieden sich Unternehmen von solchen Trainern.

Dass nicht wenige Trainer und Berater eine Produktentwicklung
nach obigem Schema betreiben, liegt auch daran, dass viele die

Maxime verinnerlicht haben: Unsere Kunden sollen unsere Produktentwicklung bezahlen. Das ist okay. Schließlich fließen auch bei Unternehmen wie BMW die Entwicklungskosten in den Endpreis der Fahrzeuge ein. Problematisch wird das Ganze aber, wenn dieses Credo mit der Maxime verknüpft wird: Wir beginnen mit der Produktentwicklung erst, wenn wir vom Kunden einen entsprechenden Auftrag erhalten. Dann findet nämlich in der Regel keine echte Produktentwicklung mehr statt. Vielmehr wird aus bestehenden Bausteinen und Unterlagen schnell etwas mit heißer Nadel zusammengestrickt; entsprechend ist die Qualität.

Nur wenige Anbieter betreiben hingegen eine systematische Produktentwicklung, unter anderem weil sie wissen: Viele Bildungs- und Beratungsthemen und -produkte haben nur eine begrenzte Lebensdauer. Diese schmerzhafte Erfahrung sammelten in den zurückliegenden Jahren sogar so große Unternehmensberatungen wie McKinsey, Accenture, Boston Consulting, Roland Berger und wie sie alle heißen. Jahrelang hatten sie mit den Themen „Core Competencies", „Mergers & Acquisitions", „e-Business" und „Balanced Scorecard" teilweise sogar mehrere „Cash Cows" (also Milch- oder Melkkühe) im Stall. So bezeichnet der Portfolio-Ansatz Produkte, deren Markt in voller Blüte steht, aber kaum noch Wachstum zeigt. Entsprechend sprudeln die Gewinne. Schließlich ist das Produkt entwickelt und der Markt erschlossen. Entsprechend niedrig sind die Kosten.

Eine systematische Produktentwicklung betreiben nur wenige Anbieter.

Die Portfolio-Matrix

Doch plötzlich, scheinbar über Nacht hatten sie nur noch „Dogs" im Stall. Als „Dog" werden in der Portfolio-Matrix problematische Geschäftseinheiten oder Produktgruppen bezeichnet. Diese haben folgende Kennzeichen:

▶ Ihr Anteil am Gesamtmarkt ist auf ein niedriges Niveau gesunken (oder hat dieses nie überschritten) und
▶ jeder Versuch, dies zu ändern, erfordert einen unverhältnismäßig hohen Einsatz von Ressourcen, weshalb alle Investitionen versanden.

Entsprechend hektisch begannen die Unternehmensberatungen zu suchen, womit sie künftig Geld verdienen können. Und sie fanden (kurzfristig) keine Lösung. Warum? Als ihre „Cash Cows" satte Gewinne einfuhren, investierten sie nicht in Nachfolgeprodukte.

Die Portfolio-Matrix

	hoch	„Question Marks" = Kälbchen	„Stars" = Kälber
Notwendige Investitionen und Wachstumspotenzial ▲	niedrig	„Dogs" = alte Kühe	„Cash Cows" = Milchkühe
		niedrig	hoch

Beitrag zum Unternehmensgewinn ▶

Folglich hatten sie, als aus den „Cash Cows" „Dogs" wurden, keine „Question Marks" und „Stars", sprich „Kälbchen" und „Kälber" im Stall, aus denen in absehbarer Zeit „Milchkühe" werden.

„Question Marks" (Kälbchen) sind Nachwuchsprodukte

▶ mit einem geringen Marktanteil,
▶ die noch viel Geld für Produktentwicklung und Markterschließung verschlingen.

Bei diesen Produkten ist aber schon erkennbar: Sie haben ein großes Potenzial. Unsicher ist nur, ob sie ihr Potenzial entfalten. Entsprechend risikobehaftet sind sie.

Die „Stars" (Kälber) hingegen sind die „Cash Cows" von morgen.

▶ Sie verzeichnen bereits ein überdurchschnittliches Marktwachstum und
▶ werfen schon Erträge, aber kaum Gewinne ab, denn die Erträge werden noch von den Kosten der Markterschließung aufgefressen.

Gelingt es einem Anbieter, sich ein Produktportfolio aufzubauen, das neben den aktuellen „Cash Cows" auch ausreichend „Question Marks" und „Stars" enthält, dann steht sein Unternehmen langfristig stabil im Markt. Eine so systematische Produktentwicklung betreiben aber nur wenige Bildungs- und Beratungsanbieter. Auch deshalb ist der Markt von einem großen Werden und Vergehen geprägt.

4.2.4.

PROzess – Wie arbeite ich effektiv?
Wie produziere ich Qualität?

Die Kunden empfinden beim Kauf von Bildungs- und Beratungsleistungen ein hohes Kaufrisiko. Dies ist vielen Trainern und Beratern nicht ausreichend bewusst. Das beweist die Debatte über das Thema Qualitätsmanagement in den vergangenen Jahren. Stets, wenn die Forderung laut wurde, die Bildungsanbieter sollten für ihre Arbeit verbindliche Qualitätsstandards definieren, erhoben sich sofort kritische Stimmen: „Einen Bildungs- und Beratungsprozess kann man nicht wie die Produktion von Fahrzeugen standardisieren." Schließlich sei Training und Beratung ein Prozess zwischen Menschen.

Damit wurden genau jene Punkte gegen ein systematisches Qualitätsmanagement vorgetragen, die besonders für Bildungs- und Beratungsanbieter nachdenkenswert wären:

▶ Was bedeutet Qualität für meine Kunden,
▶ wie entsteht Qualität und
▶ wie stelle ich sicher, dass Qualität produziert wird.

Diese Debatte hat inzwischen ihre alte Schärfe verloren. Die meisten Anbieter haben erkannt, dass es in einem gesellschaftlichen Umfeld, in dem der Verbraucherschutz und die Produkthaftung kontinuierlich ausgebaut werden, speziell im Bildungsbereich ein Kampf gegen Windmühlen ist, auf das Gegenteil zu pochen. Hierzu trug auch die Forderung der Wirtschaft bei, dass sich die Bildungsausgaben der Unternehmen – wie alle Investitionen – nachweislich rechnen müssen. Ähnlich verhält es sich im staatlichen Bereich. Auch hier wird von den Anbietern zunehmend eine „Garantie" gefordert, dass sich die mit öffentlichen Geldern finanzierten Maßnahmen lohnen. So fordert zum Beispiel der Bericht der Hartz-

Kommission, dass die Kunden ihre Kaufentscheidungen „an eindeutigen Qualitätsstandards" orientieren können; außerdem empfiehlt er eine flächendeckende ISO-Zertifizierung der Bildungsanbieter.

Ob dies sinnvoll wäre, hierüber kann man streiten. Unverkennbar pochen die Kunden aber beim Kauf von Bildungs- und Beratungsleistungen zunehmend auf eine Art „Qualitätsgarantie". Sie lassen sich nicht mehr mit Floskeln wie „Wir arbeiten systemisch" oder „Wir orientieren uns am Bedarf der Kunden" abspeisen. Sie fragen nach:

▶ Was heißt dies?
▶ Worin zeigt sich das? Und:
▶ Wie stellen Sie sicher, dass Ihre Leistung uns den gewünschten Nutzen bringt? Nicht zufällig, sondern mit an Sicherheit grenzender Wahrscheinlichkeit.

Vielen Anbietern fällt das Beantworten dieser Fragen schwer, weil sie sich nicht ausreichend mit den Fragen befasst haben:

▶ Wer sind unsere Kunden?
▶ Welche (Nutzen-)Erwartungen haben sie?
▶ Was bedeutet folglich für uns Qualität? Und:
▶ Welche Qualifikation müssen unsere Mitarbeiter haben und wie müssen unsere Arbeitsprozesse strukturiert sein, damit wir diese Qualität produzieren?

Was Qualität ist, definiert der Kunde.

Das haben inzwischen zahlreiche Bildungs- und Beratungsanbieter erkannt. Deshalb befassen sie sich verstärkt mit der Frage, wie sie die gewünschte Qualität mit System produzieren können. Dabei registrieren viele, dass ihr Qualitätsmanagement Mängel aufweist. Als besonders problematisch erweisen sich meist die Bereiche

▶ Produktentwicklung (diese erfolgt bei vielen Anbietern nach dem Zufallsprinzip),
▶ Marketing/Vertrieb (dieser Kernprozess ist bei vielen Anbietern, ebenso wie die Produktentwicklung, noch kein fester Bestandteil der Alltagsarbeit) und

Schwachstellen vieler Bildungs- und Beratungsanbieter

▶ Qualitätskontrolle/-sicherung (sie beschränkt sich bei vielen Bildungsanbietern noch darauf, nach Seminaren Feedback-Bogen an die Teilnehmer zu verteilen).

Ein wesentliches Problem: Was Kunden unter Qualität verstehen, divergiert.

Als Kernproblem kristallisiert sich aber meist heraus: Die Anbieter haben nicht analysiert, wie die einzelnen „Rädchen", also Funktionen und Teilprozesse, ineinander greifen müssen, damit die vom Kunden gewünschte Qualität produziert wird. Schematisch und in der Theorie lässt sich dies einfach darstellen. Diffizil wird das Ganze aber, wenn man ausgehend von der Zielgruppe eines Anbieters zum Beispiel definieren möchte, welche Qualitätsanforderungen dessen Kunden haben und wie diese erfüllt werden können. Dann zeigt sich nämlich, dass die Anforderungen nicht nur von Anbieter zu Anbieter und Themenfeld zu Themenfeld divergieren, sondern auch, dass die Kunden selbst bezogen auf ein- und dasselbe Produkt oft verschiedene, teils sogar konträre Erwartungen haben.

Ein Beispiel: Eine Volkshochschule bietet einen Kurs „Spanisch für Anfänger" an. Für diesen melden sich neben „einsamen Herzen", die vor allem Kontakt mit anderen „lonely hearts" suchen, auch Personen an, die wirklich Spanisch lernen möchten. Von diesen möchten einige wiederum primär lernen, im nächsten Urlaub ihr Bier zu bestellen, andere benötigen beruflich Spanischkenntnisse. Entsprechend verschieden sind nicht nur ihre inhaltlichen, sondern auch ihre Erwartungen hinsichtlich der Lerngeschwindigkeit sowie der Methodik und Didaktik.

Nicht nur Erwartungen an das Kernprodukt,...

Beim Analysieren, wie die von den Kunden gewünschte Qualität produziert werden kann, zeigt sich in der Regel zudem: Die Erwartungen der Kunden gehen weit über solch nahe liegenden Anforderungen hinaus wie:

▶ Der Trainer soll kompetent sein und einen Draht zu den Teilnehmern finden. Und:
▶ Das Preis-/Leistungsverhältnis muss stimmen.

... Erwartungen auch an das Kommunikations-verhalten

Die Kunden haben, weil alle Bildungs- und Beratungsleistungen letztlich zielorientiert gestaltete Kommunikationsprozesse sind, vielmehr auch Erwartungen an das Kommunikationsverhalten des Anbieters – nicht nur während, sondern auch vor und nach dem Training oder der Beratung. Rufen sie zum Beispiel bei einem An-

bieter an und ihr Gesprächspartner kann ihre Fragen nicht beantworten, so schließen sie hieraus automatisch auf die Kompetenz
des Anbieters. Ähnlich ist es, wenn versprochene Unterlagen erst
nach Wochen eintreffen. Dann zweifeln sie an der Zuverlässigkeit
des Anbieters. Ähnlich ist es, wenn sie dessen Broschüren dreimal
lesen müssen, bevor sie deren Inhalt verstehen. Dann zweifeln sie
zu Recht daran, dass der Anbieter in Seminaren komplexe Inhalte
so einfach und bildhaft darstellen kann, dass die Teilnehmer sie
begreifen.

Der Kunde hat also nicht nur Erwartungen bezüglich der Kernleis-
tung des Anbieters – also zum Beispiel hinsichtlich des Trainie-
rens, Beratens oder Referierens. Seine Erwartungen gehen darüber
hinaus. Und das Erfüllen dieser „verdeckten" Anforderungen ist oft
für den wirtschaftlichen Erfolg entscheidend. Denn wenn der Kunde zum Beispiel auf Grund des schlechten Kommunikationsverhaltens der Mitarbeiter des Trainers oder Beraters zur Überzeugung
gelangt: „Dieser Anbieter ist nicht kompetent!", erhält dieser nie
die Chance, sein Können zu beweisen.

Wie vielfältig und miteinander verwoben die (Qualitäts-)Anforde-
rungen ihrer Kunden sind, wird Trainern und Beratern meist erst
bewusst, wenn sie diese analysieren. Dann wird ihnen klar, dass
das Produzieren von Qualität ein Prozessmanagement erfordert;
des Weiteren, dass dies eine anspruchsvolle Managementaufgabe
ist, weil hierbei stets zwei Ziele zu berücksichtigen sind: Zum einen sollen die (Qualitäts-)Anforderungen der Kunden erfüllt werden, zum anderen sollen die Strukturen in der eigenen Organisation so gestaltet werden, dass ein effizientes und profitables Arbeiten möglich ist.

*Ermöglichen die
Strukturen der eigenen
Organisation ein
wirtschaftliches Arbeiten?*

Diesen beiden Faktoren in gleicher Weise gerecht zu werden, erfordert ein fundiertes Prozesswissen. Deshalb greifen viele Anbieter,
wenn es um das Analysieren und Definieren der Prozesse und der
damit verbundenen Tätigkeiten geht, auf externe Unterstützung
zurück – auch weil es in ihrer Organisation oft einer großen Über-
zeugungsarbeit bedarf, um den Mitarbeitern die Notwendigkeit eines prozessorientierten Qualitätsmanagements zu verdeutlichen.

Einige Fragen an Sie als Unternehmer

Wie stellen Sie (und Ihre Mitarbeiter) sicher, dass ...

- ► sich ausreichend Personen/Unternehmen für die Leistungen Ihres Unternehmens interessieren?
- ► Ihr Unternehmen ausreichend Kunden/Aufträge hat?
- ► Ihr Auftragsvolumen nicht zu sehr schwankt?
- ► Sie die Erwartungen Ihrer Kunden an Ihr Unternehmen und seine Leistungen kennen?
- ► diese Erwartungen in die Produktentwicklung einfließen?
- ► die von Ihren Kunden gewünschte Qualität produziert wird?
- ► Ihnen Ihre heutigen Kunden auch künftig die Treue halten?
- ► Ihr Unternehmen seine mittel-/langfristigen Ziele erreicht?
- ► Ihr Unternehmen in drei, vier, fünf Jahren ausreichend Aufträge hat?

Beim Begleiten solcher Prozesse sammeln Berater oft die Erfahrung: Im Laufe der Beschäftigung mit dem Thema erkennen selbst die eingefleischtesten Gegner eines auf definierten Qualitätsstandards basierenden Qualitätsmanagements dessen Vorzüge. Selbst ihr Argument, Qualität ließe sich im Bildungsbereich nicht mit System produzieren, weil es auch bei einer optimalen Vorbereitung passieren könne, dass zum Beispiel ein Trainer keinen Draht zur Gruppe finde, löst sich dann in Luft auf. Denn eine solche Situation lässt sich zwar nicht ausschließen, aber die Wahrscheinlichkeit, dass sie eintritt, kann minimiert werden. Zum Beispiel, indem die Organisation klare Regeln formuliert,

Ablauf- und Verfahrensregeln

- ► welche Informationen vor einer Bildungsmaßnahme über die Teilnehmer und die Gruppe eingeholt werden müssen,
- ► welche Informationen über die Arbeitsinhalte, -situation und -beziehungen der Teilnehmer vorliegen müssen,
- ► nach welchen Kriterien ausgehend von diesen Infos die Trainerauswahl erfolgen soll, und
- ► wie der Trainer/die Organisation sich in „Konfliktsituationen" verhalten soll.

All diese Punkte können Teil des Qualitätsmanagementsystems sein. Folglich liegen vielen Qualitätsmängeln, die Bildungsanbieter oft mit Aussagen wie „Der Trainer hatte einen schlechten Tag" oder „Die Gruppe war schwierig" entschuldigen, letztlich Defizite beim Qualitätsmanagement zu Grunde. Sie sind ein Zeichen mangelnder Professionalität.

War die Gruppe wirklich „schwierig" oder fehlt ein Qualitätsmanagement?

Ursachen von Qualitätsmängeln

Scheinbare Ursachen von Fehlern/Qualitätsmängeln – Beispiele

▶ Missverständnisse
▶ Unglückliche Zufälle
▶ Menschliches Versagen
▶ Atmosphärische Störungen („Chemie stimmt nicht"; „Kunde arbeitet nicht mit")
▶ Unvorhersehbare Störungen von „außen"

Reale Ursachen von Fehlern/Qualitätsmängeln – Beispiele

▶ „Oberflächliche" Bedarfsermittlung; ungenügende Kommunikation (mit den Kunden) im Vorfeld
▶ falsche Erwartungen geweckt
▶ Ungeklärte Verantwortlichkeiten (Wer ist wofür verantwortlich/zuständig?)
▶ Unklare Abläufe/Verfahren (Was muss bis wann gemacht werden?)
▶ Nicht ausreichend klare Absprachen (z.B. über Ziele/Design einer Veranstaltung)
▶ Fehlende Qualitätskriterien (Woran erkennt man, dass eine Aufgabe adäquat erfüllt ist?)
▶ Mangelndes Qualitätsbewusstsein („Das machen wir immer so"; „Andere Kunden sind damit zufrieden")
▶ Schlampigkeit, Nachlässigkeit, Bequemlichkeit
▶ Mangelnde Professionalität

Wird Bildungs- und Beratungsanbietern dies bewusst, haben sie in der Regel einen qualitativen Sprung vollzogen, denn dann ist ihnen auch klar, wie wichtig es ist, solche Prozesse zu analysieren und zu definieren; denn erst dann wird fassbar:

▶ Was sollten wir tun, um besser zu werden? Und:
▶ Was können wir tun, um besser zu werden? Und:
▶ Wie stellen wir sicher, dass wir kontinuierlich besser im Sinne von professioneller werden – sei es im Bereich Marketing/ Vertrieb, Produktentwicklung oder Qualitätsmanagement/ -sicherung?

Dann können auch die mit dem Ziel „kontinuierliche Verbesserung" verbundenen Aufgaben soweit heruntergebrochen werden, dass sie feste Bestandteile der Alltagsarbeit werden.

Zertifizierungen können sinnvoll sein – für größere Bildungs- und Beratungsanbieter.

Ob dies zum Beispiel im Rahmen einer ISO-Zertifizierung geschieht, ist sekundär. Eine solche Zertifizierung hat aber für größere Bildungs- und Beratungsanbieter folgenden Vorteil: Sie können ihren Kunden dokumentieren, dass sie sich mit dem Thema Qualitätsmanagement befasst haben, und sich dabei an einem international anerkannten Standard orientierten. Des Weiteren, dass in ihrer Organisation ein System existiert, um Qualitätsdefizite und deren Ursachen zu identifizieren und auf Dauer zu beheben. Somit ist die ISO-Zertifizierung für die Kunden ein Indiz dafür, dass der Qualitätsgedanke in ihrer Organisation lebt. Dies kann in einem Markt, in dem Kunden zunehmend auf „Qualitätsgarantien" pochen, ein Wettbewerbsvorteil sein.

PROmotion – Wie komme ich in Kontakt mit meinen Kunden?

Ganz gleich, wie gut die Leistung eines Trainers oder Beraters ist, sie verkauft sich nicht von alleine. Der Anbieter muss vielmehr irgendwann vor die Tür der Kammer treten, in die er sich für die Produktentwicklung zurückzog, und laut verkünden: „Hier bin ich, und ich biete Ihnen diese Leistung an."

Wie viel Zeit und Energie nötig ist, bis potenzielle Kunden registrieren, dass der Anbieter x und die Leistung y existieren, unterschätzen viele Trainer und Berater, die den Schritt in die Selbstständigkeit wagen. Dies gilt insbesondere für solche, die zuvor (als „Subunternehmer") für größere Anbieter arbeiteten, bevor sie beschlossen, ein eigenes Unternehmen mit eigenen Kunden zu gründen – oft weil sich in ihnen das Gefühl verdichtete: Warum sollen meine Auftraggeber ein oder sogar zwei Drittel „meiner Trainings-/ Beratungshonorare" einstreichen? Flugs rechnen sie dann hoch, wie viel sie verdienen würden, wenn sie das volle Honorar bekämen. Schon ist der Weg zur Entscheidung „Ich arbeite künftig alleine" nicht mehr weit.

Diese Trainer und Berater finden meist problemlos erste Kunden unter den Unternehmen, für die sie zuvor schon arbeiteten und die ihre Leistung kennen. Schwierigkeiten bereitet ihnen aber das Akquirieren „echter Neukunden". Deshalb sind sie oft nach ein, zwei Jahren, wenn der Bedarf der „Alt-Kunden" für das Erste befriedigt ist, arbeitslos. Und der Traum vom freien Unternehmertum ist ausgeträumt.

Die größte Hürde in der Startphase: Das Akquirieren „echter" Neukunden.

Hierfür gibt es mehrere Gründe. Viele Trainer und Berater unterschätzen die Bedeutung des Marketings und des Verkaufs für ihren Erfolg; außerdem wie viel Zeit nötig ist, um Kunden zu akquirieren. Sie hoffen insgeheim: Wenn ich „gute" Arbeit leiste, dann kommen die Kunden von alleine. Viele Trainer und Berater sind zudem „geizig". Sie fordern zwar selbst Tagessätze von 500, 1.000 oder gar 2.000 Euro! Aber wehe, eine Zeitschrift will für eine Anzeige 500 Euro! Oder eine Werbeagentur oder ein PR-Berater verlangt einen Tagessatz von 500 oder 600 Euro! Dann klappern ihre Zähne und sie fragen sofort:

- ▶ Warum sind Sie so teuer?
- ▶ Was krieg' ich für mein Geld? Und:
- ▶ Welche Sicherheiten/Garantien bieten Sie mir?

Interessant ist es dann zu beobachten, wie sie reagieren, wenn man antwortet: „Dieselben Sicherheiten/Garantien, die Sie Ihren Kunden bieten! Keine!"

In der Phase des Markteintritts sollten Sie zwei Drittel Ihrer Ressourcen in Marketing und Vertrieb investieren – später „nur noch" 50%.

Trainer und Berater, die sich in der Phase des Markteintritts befinden, sollten zwei Drittel ihrer Ressourcen an Geld und Zeit in ihre Marketing- und Vertriebsaktivitäten investieren – zumindest, wenn man zum Marketing die Produktentwicklung zählt. Bei denen, die weniger investieren, kann man davon ausgehen: Sie haben entweder ein zweites Standbein oder sie „klauten" ihrem alten Auftraggeber Kunden, indem sie diese mittels niedriger Honorare abwarben. Oder sie haben auf Grund alter Kontakte Erstaufträge, die sie abarbeiten. Deshalb laufen ihre Geschäfte zunächst gut. Das „Loch" kommt dann meist nach ein, zwei Jahren.

Ist einem Trainer oder Berater der Marktauftritt gelungen, fressen Marketing und Vertrieb immer noch circa 50 Prozent der Ressourcen an Geld und Zeit. Und ist das Unternehmen im Markt etabliert, dann sollte es ungefähr ein Drittel seiner Ressourcen an Geld und Zeit ins Marketing und den Vertrieb (inklusive Produktentwicklung) investieren – zumindest, wenn es auf Dauer stabil im Markt stehen möchte.

Auch deshalb sind die Tagessätze von Trainern und Beratern so hoch, weil sie viel Geld und Zeit aufwenden müssen, um

- ▶ im Markt überhaupt wahrgenommen zu werden,
- ▶ Aufträge von (Neu-)Kunden zu akquirieren und
- ▶ ihre Produkte und sich selbst weiterzuentwickeln.

Manche Trainer und Berater „ver-konsumieren" ihre Honorare jedoch vollständig, statt einen angemessenen Teil in ihr Marketing und ihre Produktentwicklung zu reinvestieren. Sie gleichen Tagungshoteliers, die nichts mehr für das Instandhalten ihres Hauses tun. Zwei, drei Jahre machen sie bombastische Gewinne, weil sie niedrige Ausgaben haben. Doch dann gehen ihre Umsätze steil nach unten, weil niemand mehr in ihrer „Bruchbude" logieren möchte. Völlig unangebracht ist es dann zu jammern, der Markt sei schwierig. Der Hotelier hat seinen Laden selbst heruntergewirtschaftet. Und die Versäumnisse der Vergangenheit lassen sich nicht innerhalb weniger Wochen mit Hauruck-Aktionen ausbügeln. Das gilt auch für Trainer und Berater.

Weniger „verkonsumieren" – mehr investieren!

Manchen Trainern und Beratern mögen die genannten Prozentsätze fürs Marketing zu hoch erscheinen. Stimmt! Es sind keine exakten Zahlen. Sie sind aber nicht aus der Luft gegriffen. Wie schnell ein so hoher Prozentsatz erreicht ist, sei an einem Beispiel illustriert. Ein Trainer möchte ein Buch auf den Markt bringen, um sich als „Spezialist für ..." zu profilieren. Für das Schreiben dieses Buches kann er, sofern es kein Booklet sein soll, inklusive Verlagssuche vier Arbeitsmonate veranschlagen. Soll der Anlass „Erscheinen des Buchs" nicht wirkungslos verpuffen, muss er zudem in der Zeit zwischen Abgabe des Manuskripts und Erscheinen des Buchs

Zahlenbeispiel Buchprojekt

▶ Presseartikel zum Thema verfassen,
▶ Seminare oder ähnliche Produkte zum Buchthema konzipieren,
▶ Prospekte zum Bewerben dieser Produkte entwickeln
▶ usw.

Für all diese Arbeiten kann er nochmals drei Monate kalkulieren, so dass das Projekt „Buchschreiben" insgesamt sieben Arbeitsmonate verschlingt. Das Projekt entspricht also, wenn man pro Monat ein zu versteuerndes Einkommen von 7.500 Euro zu Grunde legt, einer Investition von 52.500 Euro, die der Trainer entweder

▶ in Form eigener Arbeit tätigt oder
▶ als Honorar an Ghostwriter, PR-Berater, Werbeagenturen usw. zahlt.

Rechnet man hierzu, der Einfachheit halber, nochmals 7.500 Euro, die der Trainer/Berater in das Drucken von Prospekten, das Umgestalten seiner Homepage usw. investiert, dann landet man bei einer Gesamtinvestition von 60.000 Euro. Folglich muss der Trainer/Berater, wenn er einen Tagessatz von 1.000 Euro erhält, auf Grund der Buchpublikation 60 zusätzliche Trainings-/Beratungstage verkaufen, bis sich seine Kosten amortisiert haben.

Diese Zahlen verdeutlichen, dass die Faustregel, selbstständige Trainer/Berater (die nicht als Subunternehmer für größere Anbieter arbeiten) sollten ein Drittel ihrer Einnahmen oder ihrer Arbeitszeit in ihr Marketing und in ihre Produktentwicklung investieren, nicht aus der Luft gegriffen ist. Auch deshalb sollten sich Trainer und Berater überlegen: Fahre ich nicht besser, wenn ich für ein größeres Trainings-/Beratungsunternehmen arbeite, das entweder für mich Aufträge akquiriert oder mir das Akquirieren erleichtert, indem es mir unter anderem einen bekannten Namen, Werbemittel, Referenzprojekte und die nötige Infrastruktur zur Verfügung stellt?

Mit dem Thema „Buchschreiben" befassen sich Trainer/Berater in der Regel erst, wenn sie im Markt Fuß gefasst haben und ihre Bekanntheit steigern oder sich neue Kundengruppen erschließen möchten. Die klassischen Instrumente, mit denen Einzeltrainer und -berater sowie kleinere Trainings- und Beratungsanbieter versuchen, in Kontakt mit neuen Kunden zu kommen, sind Anzeigen und Werbebriefe. Zuweilen bedienen sie sich auch der Pressearbeit. Diese Marketinginstrumente haben alle spezifische Stärken und Schwächen. Ihnen gemeinsam ist aber: Sie erfüllen, wenn es um das kurzfristige Anbahnen von Kundenkontakten und Akquirieren von Aufträgen geht, die in sie gesetzten Erwartungen nicht.

Viele „klassische" Marketinginstrumente eignen sich nicht für das kurzfristige In-Kontakt-treten mit Kunden.

Oft sammeln Trainer und Berater zum Beispiel, wenn eine Anzeige von ihnen in einer Fachzeitschrift erscheint, folgende Erfahrung: Bei ihnen rufen mehr Anzeigenverkäufer von Konkurrenzmedien und Mitarbeiter von Hotelketten, die sie als Tagungsgäste gewinnen möchten, als potenzielle Kunden an. Ähnlich ist es, wenn Pressemitteilungen in Zeitschriften erscheinen. Und bei Mailings? Bei ihnen kann man zwar einen Rücklauf von drei, vier Prozent erzielen, aber nur, wenn die Werbeschreiben fast schon den Charakter persönlicher Briefe haben, weil

▶ die Adressen sehr scharf selektiert wurden,
▶ die Empfänger eine nahezu identische Problem-/Bedürfnislage haben und
▶ der Text haargenau ihren „wunden" Punkt trifft.

Um bei größeren Mailings solche Rücklaufquoten zu erzielen, muss man den Empfängern der Briefe schon versprechen, dass sie, wenn sie reagieren, kostenlos eine aufblasbare Gummipuppe oder einen vergoldeten Füllfederhalter erhalten. Ob die Rücksender dann aber reale Interessenten für die angebotenen Leistungen sind, darf bezweifelt werden.

Die genannten Instrumente eignen sich also nur bedingt zum kurzfristigen In-Kontakt-Treten mit Kunden. Der Grund: Sie alle zielen letztlich darauf ab, dass der potenzielle Kunde selbst aktiv wird und mit dem Anbieter Kontakt aufnimmt, statt dass, bildhaft gesprochen, der Anbieter selbst sich vom Sessel erhebt und auf den Kunden zugeht. Insofern sind Anzeigen und Werbebriefe eigentlich eher Marketinginstrumente für einen Verkäufermarkt, in dem sich die Kunden um die Produkte der Unternehmen reißen, als für einen Käufermarkt, in dem sich die Verkäufer um die Kunden balgen.

Und hier liegt das Kernproblem vieler Trainer und Berater: Sie schrecken davor zurück, ihnen fremde Kunden persönlich anzusprechen – sei es per Telefon oder (persönlichem) Brief oder auf der Straße oder bei einem Kongress. Manche Leser mögen hier mit dem Einwand reagieren: „Aber das bringt doch auch nichts. Wir haben schon oft versucht, Vorstände und Bereichsleiter telefonisch zu kontaktieren, wurden aber stets von deren Sekretariat abgewimmelt." Verständlicherweise, wenn ein No-Name-Trainer versucht, den Vorstandsvorsitzenden der Allianz-Versicherung ans Telefon zu kriegen. Dann kommt er nicht weit. Aber vielleicht, wenn er versucht, den Inhaber des feinmechanischen Betriebs mit 50 Mitarbeitern drei Straßen weiter zu kontaktieren. Mit ihm kann er auf Augenhöhe kommunizieren. Um den Allianz-Vorstandsvorsitzenden an die Strippe zu bekommen, sollte der Berater hingegen schon Roland Berger heißen.

„Guten Tag, hier bin ich!" – Schrecken Sie nicht davor zurück, Ihnen fremde Kunden persönlich anzusprechen.

Die erfolgreichsten Konzepte, um mit Neukunden in Kontakt zu treten, sind diejenigen, die sich an den Maximen „Guten Tag, hier bin ich ..." und „Schuster, bleib' bei deinen Leisten" orientieren. Also solche, die darauf abzielen, unmittelbar einen persönlichen Kontakt zum Kunden herzustellen und bei denen der Anbieter nicht vorgibt etwas zu sein, was er nicht ist.

Hierfür ein profanes Beispiel: Der Inhaber eines Beratungsunternehmens in Nordhessen beschreibt sein Konzept der Neukundenakquise mit den Worten: „Morgens Kaffeetrinken und die Lokalzeitung lesen." Liest der Berater im Wirtschafts- oder Lokalteil der Zeitung dann zum Beispiel, dass das örtliche Textilkaufhaus eine neue Abteilung eröffnet, überlegt er sich, welche Probleme für das Kaufhaus daraus resultieren könnten. Zum Beispiel das Suchen und Integrieren neuer Mitarbeiter, veränderte Abläufe ... Dann ruft er dessen Inhaber oder Geschäftsführer an und sagt zu ihm, er habe gelesen, dass sein Unternehmen eine neue Abteilung eröffne. Damit verbunden seien ja vermutlich folgende Probleme ... Ob der Inhaber interessiert sei, sich mit ihm mal zu treffen. Und wenn der Inhaber nicht zu sprechen ist? Dann bittet er dessen Sekretärin um die e-Mail-Adresse und formuliert sein Anliegen schriftlich. Selbstverständlich verknüpft mit der Ankündigung: „Ich rufe Sie morgen an, um ..." So verfährt er auch, wenn er in der Zeitung liest, dass ein Unternehmen Mitarbeiter einstellt oder entlässt. Oder, dass dessen Umsätze stiegen oder sanken. Jeden Morgen, so der Berater, stünden in seiner Lokalzeitung so viele Anlässe mit Unternehmen Kontakt aufzunehmen, dass er sich genau überlegen müsse: Will ich dieses Unternehmen überhaupt als Kunden haben?

Marketingstrategie: „Kaffeetrinken und Zeitunglesen"

Der Vorteil dieses Vorgehens: Der Berater

▶ braucht keine aufwendigen Werbemittel,
▶ muss sich eigentlich nie gegen Mitbewerber durchsetzen und
▶ kann stets Referenzkunden vorweisen, die in der Region jeder kennt.

Ein weiterer Vorteil: Der Berater kann stets darauf hinweisen, dass sich sein Büro sozusagen „um die Ecke" befindet. Deshalb ist es auch für beide Seiten ein geringer Aufwand, sich mal auf eine Tasse Kaffee zu treffen. Das senkt die Hemmschwelle der Kunden zu sagen: „Dann schauen Sie doch mal vorbei."

Ein weiteres Beispiel: Ein Frankfurter IT-Dienstleister konzentriert sich mit seiner Neukundenakquise ganz auf das Gewerbegebiet Frankfurt-Niederrad, in dem Hunderte von Dienstleistern oder Verbänden ihre Büros haben. Wenn er zwischen zwei Terminen Zeit hat, klappert er gezielt Büro für Büro, Stockwerk für Stockwerk, Bürogebäude für Bürogebäude ab. Er stellt sich, sofern möglich, dem Chef des jeweiligen Unternehmens vor, wenn nicht, plaudert er mit dessen Sekretärin. Er erläutert, was sein Unternehmen macht, und dass er und seine Mitarbeiter, praktisch den ganzen Tag in dem Gebiet unterwegs sind. Deshalb seien sie bei Problemen sofort da. Auch mal für ein, zwei Stunden vorbeizuschauen, um den Mitarbeitern zum Beispiel ein PC-Programm zu erläutern, sei kein Problem. So erschließt sich der IT-Dienstleister Büro für Büro immer neue Kunden, ohne einen Cent in seine Akquise zu investieren. Er investiert aber Zeit.

Marketingstrategie: Büro für Büro, Stockwerk für Stockwerk abklappern

Gemeinsam ist diesen Konzepten: Die Anbieter haben sich für ein Vorgehen entschieden. Sie agieren nicht heute so und morgen so. Sie halten vielmehr an ihrem Verfahren fest. Sie haben zudem klar entschieden: Diese Unternehmen/Personengruppen möchte ich als Kunden gewinnen. Sie akquirieren nicht heute in Hamburg und morgen in Shanghai. Sie haben vielmehr für sich entschieden: Ich knöpfe mir diese oder jene überschaubare Kundengruppe vor. Alle anderen möglichen Kundengruppen, und seien sie noch so lukrativ, lasse ich hingegen links liegen. Ihr Vorgehen zielt zudem stets darauf ab, mit den Kunden persönlich in Kontakt zu treten (und diesen allmählich auszubauen); jedoch nicht, indem sie mit ihnen Golf spielen oder im Kirchenchor singen. Nein! Sie gehen direkt auf ihre potenziellen Kunden zu und sagen: „Hier bin ich, und ich habe etwas, was dir einen Nutzen bietet, und das will ich dir verkaufen." Auch diese Klarheit und Direktheit schafft Vertrauen.

Ein weiteres Beispiel: Ein größerer Trainingsanbieter aus dem Rhein-Main-Gebiet fährt jährlich zweimal mit einer Art Road-Show durchs Land. Er lädt die Entscheider in den Unternehmen unter der Devise „Training live erleben" zu eintägigen Veranstaltungen zum Beispiel in Hamburg, München, Frankfurt, Köln und Berlin ein. Dort erläutern jeweils sechs Trainer parallel in unterschiedlichen Räumen den Anwesenden kurz das Konzept ihrer Trainings. Dann führen sie mit ihnen eine Sequenz dieser Trainings „live" durch und beantworten anschließend ihre Fragen. Nach eineinhalb

Marketingstrategie: Road-Show veranstalten

Stunden beginnt dasselbe Spiel von vorne. So können die Anwesenden im Verlauf des Tages in vier, fünf Trainings „schnuppern". Sie lernen deren Konzept kennen und entwickeln ein Gespür für den Trainer sowie die Trainingsphilosophie des Unternehmens. Entsprechend leicht fällt es ihnen anschließend, diesen einen Auftrag zu erteilen.

Marketingstrategie:
Praxisvorträge halten

Noch ein Beispiel: Das Konzept zur Akquise von Neukunden eines auf Einzelhändler und deren Mitarbeiter spezialisierten Trainingsunternehmens besteht darin, dass dessen Inhaber sich den Werbegemeinschaften und den Einkaufsgenossenschaften, denen die Einzelhändler angehören, als Referent für Vorträge andient. In ihnen erläutert er den Anwesenden anhand zahlreicher praktischer Beispiele – „ohne viel Theorie, aber mit vielen Fotos" – wie es anderen Einzelhändlern gelang, mehr Kunden in ihre Läden zu ziehen und höhere Renditen zu erzielen. Dabei lautet sein Ziel: Ich will von einem renommierten Einzelhändler in dem Ort oder Verbund den Auftrag erhalten, sein Geschäft umzugestalten, sein Personal zu schulen und eine Verkaufsaktion zu fahren. Erzählt dessen Inhaber anschließend seinen Kollegen, dass sein Umsatz um 20 Prozent stieg, dann kommen die anderen fast von alleine.

Viele Wege führen
zum Kunden.

Obige Beispiele zeigen: Es gibt zahllose Wege, wie Trainer und Berater in Kontakt mit ihren Kunden treten können. Es führt aber kein Weg daran vorbei, mit ihnen persönlich Kontakt aufzunehmen. Hierauf verzichten können für eine gewisse Zeit nur etablierte Trainer und Berater, die in ihrer Zielgruppe schon ein sehr positives Image und eine hohe Bekanntheit haben. Diese können sich schon mal auf ihren Lorbeeren ausruhen. Newcomer müssen aber (telefonisch) Klinkenputzen. Dabei sollten sie in konzentrischen Kreisen vorgehen. Das heißt, sie sollten im Vorfeld analysieren:

▶ Mit wem stehen meine Kunden in Kontakt und
▶ wo könnten sie mir als Empfehlung dienen?

Diese Beziehungen können völlig verschieden sein. Hierbei kann es sich wie beim erwähnten IT-Dienstleister um die Unternehmen handeln, die im selben Stadtteil angesiedelt sind. Der IT-Dienstleister hätte aber auch, wenn unter seinen Kunden zum Beispiel zwei, drei Architekturbüros gewesen wären, entscheiden können: „Ich versuche möglichst viele Architekturbüros in Frankfurt und

Umgebung als Kunden zu gewinnen." Oder: „Ich lege den Fokus darauf, die Unternehmen, mit denen die Architekturbüros eine Kunden- oder Lieferantenbeziehung haben, als Kunden zu gewinnen."

Wofür sich der IT-Dienstleister entschieden hätte, wäre vermutlich sekundär gewesen. Er hätte stets Erfolg gehabt, da er eine Strategie verfolgt hätte. Seine Neukundenakquise wäre folglich mit System und nicht nach dem Zufallsprinzip erfolgt. Und was mindestens ebenso wichtig ist: Die Neukundenakquise wäre stets ein fester Bestandteil seiner Alltagsarbeit gewesen. Er hätte sich nicht nur dann auf die Suche nach neuen Kunden begeben, wenn „Löcher" in seinem Auftragsbuch klaffen. Und er hätte nicht zu Hause gesessen und gewartet, bis potenzielle Kunden bei ihm anrufen.

Fast alles wirkt – sofern Sie eine Strategie haben.

4.2.6.

PROfit – Wie erziele ich die gewünschten Erträge?

Es heißt: „Viele Trainer und Berater können nicht rechnen." Diese Aussage stimmt natürlich so nicht. Nur wenige kalkulieren aber ihre Kosten und Preise sauber. Müssten sie wie die Manager von Handelsunternehmen, deren Gewinnspanne nur zwei, drei Prozent beträgt, beim Kalkulieren auf Zehntel Cent achten, wären die meisten nach kurzer Zeit pleite.

In der Regel kalkulieren Trainer und Berater ihre Preise „Pi mal Daumen". Warum sie so hoch sind, wie sie sind, und nicht zehn Prozent höher oder niedriger, können nur wenige begründen. „So viel will oder muss ich halt haben" oder „So viel gibt der Markt halt her", lautet meist ihre Antwort auf diese Frage.

Wirtschaftsprinzip:
Pi mal Daumen

Eine solche Betriebsführung nach dem Prinzip „Pi mal Daumen" macht wenig Arbeit. Sie ist in Zeiten, in denen die Betriebe gerne damit kokettieren, wie viel Geld sie in die Human Resources investieren, auch kein Problem. Denn dann ist die Nachfrage so groß, dass für jeden Anbieter ausreichend große Kuchenstücke abfallen. Außerdem geht es dann bei der Frage, ob ein Trainings- oder Beratungstag 1.000 oder 1.200 Euro kostet, nach Auffassung vieler Entscheider in den Unternehmen um „Peanuts". Denn sie sind überzeugt: Die eigentlichen Kosten entstehen woanders. Geradezu kleinkariert würde es folglich wirken, wenn sie als Personaler mit Trainern/Beratern um 100 oder 200 Euro niedrigere Tagessätze feilschen würden.

Anders ist dies in Zeiten, in denen viele Unternehmensführer ihre Mitarbeiter vorrangig als Kostenfaktor betrachten und die Frage nicht mehr lautet, ob, sondern wann ihre Arbeitsplätze in Billiglohnländer verlagert werden. Dann bläst auch den Personalverant-

wortlichen in den Betrieben ein kalter Wind ins Gesicht. Sie stehen unter einem hohen Kosten- und Rechtfertigungsdruck und diesen geben sie an ihre Zulieferer wie Trainer und Berater weiter. Dann wird eine Finanzkalkulation „Pi mal Daumen" und ein Finanzcontrolling nach der Maxime „Mein Bauch sagt mir ..." auch für Trainings- und Beratungsunternehmen schnell zum Problem. Denn dann haben sie, wenn die Erträge sinken, nur folgende Möglichkeiten zu reagieren:

▶ die Preise erhöhen oder
▶ die Zahl der verkauften Trainings-/Beratungstage steigern oder
▶ die Fixkosten senken (z.B. durch die Entlassung von Mitarbeitern) oder
▶ die variablen Kosten senken (z.B. durch ein Kürzen der Budgets fürs Marketing und die Produktentwicklung).

„Die Preise erhöhen" scheidet meist schnell aus, weil diese sich in der Regel nur bei Neukunden nennenswert erhöhen lassen. Die Zahl der verkauften Trainings-/Beratungstage lässt sich auch selten aus dem Stand heraus steigern; dafür dauert der Verkaufsprozess bei Bildungs- und Beratungsleistungen zu lange. Und die Fixkosten senken durch ein Entlassen von Mitarbeitern? Das ist zumindest bei Trainern und Beratern, die Einzelkämpfer sind, schwer möglich, denn wen sollen sie entlassen? Also bleiben als Einsparposten: die Ausgaben fürs Marketing und für die Produktentwicklung. Diese werden, wenn die Erträge von Trainings- und Beratungsanbietern sinken, meist als Erstes gestrichen – und zwar radikal und blind.

Im Kopf vieler Bildungs- und Beratungsanbieter beginnt sich, wenn sich ihre Zahlen verschlechtern, folgende Gedankenspirale zu drehen: „Jährlich investiere ich so und so viel Geld ins Marketing und trotzdem geht es uns schlecht. Folglich kann ich darauf verzichten." Also kürzen sie ihr Marketingbudget, sofern sie es nicht ganz streichen, radikal. Dies erfolgt jedoch nicht gezielt, sondern nach dem Rasenmäherprinzip. Gezielt kürzen können sie in der Regel nicht, weil sie zum Beispiel nicht wissen:

Wie radikal kürzen Sie Ihr Marketingbudget, wenn es mal nicht so läuft?

▶ Was kostet es mich, mit einem potenziellen Neukunden in Kontakt zu kommen, wenn ich Anzeigen schalte, Mailings versende oder telefonische Kaltakquise betreibe?

▶ Wie viel Geld muss ich investieren, damit mich ein Kunde zur Präsentation einlädt? Wie viel Geld geht folglich verloren, wenn ich nach der Präsentation keinen Auftrag erhalte?

▶ Was kostet mich ein Kunde, bis ich von ihm den ersten Auftrag erhalte? Wie viel Mindestumsatz muss ich also mit ihm machen, damit sich die Investition rechnet?

▶ Bei welchen Kunden/Produkten erziele ich die höchste Rendite? Auf welche Kunden und Produkte sollte ich folglich meine Marketingaktivitäten fokussieren?

Da die meisten Trainer und Berater sich solche Fragen nicht stellen, wissen sie auch nicht, wo sie den Hebel ansetzen können, wenn es darum geht, die Marketinggelder effektiver einzusetzen und mit einem schmalen Budget eine möglichst große Wirkung zu erzielen.

Aber auch die Mitarbeiter der Trainings- und Beratungsanbieter kennen die Antworten auf diese Fragen nicht. Folglich ist ihnen auch nicht klar, dass zum Beispiel jede Präsentation bei einem Kunden oft „10.000 Euro und mehr" wert ist – nämlich den Betrag an Geld und Zeit, den der Anbieter bereits in den Kunden investierte, um überhaupt zur Präsentation eingeladen zu werden. Wäre ihnen (und ihren Chefs) dies bewusst, würden sie mehr Mühe auf das Vorbereiten, Durchführen und Nachbereiten der Präsentationen verwenden. Dann würden sie sich auch bei Präsentationen nicht so verhalten, als seien dies Kaffeekränzchen. Schließlich geht es bei ihnen oft um die Entscheidung: Verliert das Unternehmen die 1.000 (oder 10.000) Euro, die es schon in den Kunden investierte, oder gewinnt es 10.000 (oder gar 100.000) Euro?

Definieren Sie den
Verkaufsprozess.

Das Erste, was Bildungs- und Beratungsunternehmen folglich tun sollten, um die gewünschten Erträge einzufahren, ist, den Verkaufsprozess zu definieren:

▶ Wie wecken wir die Aufmerksamkeit (**A**ttention) der potenziellen Kunden?
▶ Wie wecken wir ihr Kaufinteresse (**I**nterest)?
▶ Wie wecken wir bei ihnen den Kaufwunsch (**D**esire)?
▶ Wie führen wir sie zur Kaufentscheidung (**A**ction)?

Und: Wie sorgen wir dafür, dass auf die erste Kaufentscheidung viele weitere folgen? Denn die lukrativste Kundengattung sind Stammkunden.

Außerdem sollten die Anbieter definieren, welche Instrumente sie einsetzen, um

Defninieren Sie, welche Instrumente Sie einsetzen.

▶ die Aufmerksamkeit der Kunden zu wecken und
▶ sie anschließend zur jeweils nächsthöheren Stufe der Kaufentscheidung zu führen sowie
▶ sicherzustellen, dass der Kontakt zu ihnen nicht abreißt.

In einem weiteren Schritt sollten sie analysieren:

▶ Bei wie vielen Kunden wecken wir die Aufmerksamkeit, so dass sie uns zum Beispiel bitten, ihnen nähere Infos zu schicken?
▶ Bei wie viel Prozent von ihnen gelingt es uns wiederum, ein so starkes Interesse zu erzeugen, dass sie uns zum Beispiel zu einer Präsentation einladen?
▶ Bei wie viel Prozent hiervon können wir wiederum den Kaufwunsch wecken, so dass sie uns um ein Angebot bitten?
▶ Und wie viel Prozent hiervon erteilen uns letztlich einen Auftrag?

Definieren Sie die Erfolgsparameter.

Führt ein Anbieter hierüber Buch, dann wird schnell klar, wo die Schwachstellen innerhalb seines Marketingprozesses liegen und wo er künftig eventuell einen anderen Kurs fahren sollte. Analysiert er dann noch, bei welchen Kundengruppen er die meisten Kunden vom Erstkontakt zum Vertragsabschluss führen kann, dann weiß er auch, auf welche Marktsegmente er sein Marketing fokussieren sollte.

Die Antworten auf diese Fragen werden bei jedem Bildungs- und Beratungsanbieter abhängig von seiner Positionierung im Markt verschieden ausfallen. Deutlich wird aber in den meisten Fällen werden: Am profitabelsten agieren nicht die Anbieter, bei denen die meisten potenziellen Kunden anrufen und sagen: „Schicken Sie uns mal nähere Infos." Dies sind in der Regel lediglich die bekanntesten Anbieter. Am profitabelsten arbeiten hingegen die Anbieter, denen es gelingt, die meisten Interessenten zum Vertragsabschluss

Nicht die Kundenkontakte, sondern die Vertragsabschlüsse sind entscheidend.

zu führen. Dies gilt zumindest für die Anbieter offener Seminare sowie von Aus- und Weiterbildungen für Privatpersonen.

Beim Großkundengeschäft zählt die Zahl der Folgeaufträge.

Etwas anders sieht es bei den Unternehmensberatungen und den Managementinstituten aus, die oft nur von den (Groß-)Aufträgen eines Dutzends oder gar halben Dutzends Unternehmen leben. Bei ihnen gilt: Nicht diejenigen arbeiten am profitabelsten, denen die meisten Kunden einen Erstauftrag erteilen, sondern diejenigen, die mit ihren Kunden die meisten Folgegeschäfte generieren.

Hierfür gibt es folgende Gründe: Die Erstaufträge sind oft recht klein und die Anbieter müssen in ihre Akquise so viel investieren, dass diese Aufträge sich isoliert betrachtet nicht lohnen. Lukrativ wird die Beziehung erst, wenn der Kunde

▶ mit dem Anbieter mehrere Jahre zusammenarbeitet und
▶ ihm Folgeaufträge erteilt.

Deshalb sollte der Fokus ihrer (Marketing-)Aktivitäten darauf liegen, bei den vorhandenen Kunden die höchstmögliche Zufriedenheit zu erzeugen. Dies klingt banal. Ist es aber nicht. Oft investieren Bildungs- und Beratungsanbieter zwar viel Zeit und Geld ins Akquirieren von Neukunden, hat der Kunde aber angebissen, verlieren sie das Interesse an ihm. Dann wird zwar in der Folge noch der Job erledigt, aber nicht mehr die Beziehung zum Kunden gepflegt. Dann meldet sich der Inhaber des Instituts, der zuvor zweimal pro Woche anrief, nur noch einmal im Jahr. Und zwar im Herbst, wenn die neuen Budgets verteilt werden. Ansonsten schauen nur seine Mitarbeiter vorbei. Dies registriert auch der Kunde.

Oder plötzlich erweist sich der Anbieter, der in der Akquisephase alles für seinen potenziellen Kunden tat, als extrem geizig. Jede zusätzliche Handbewegung wird separat berechnet, obwohl der Kunde bei einem Tagessatz von 1.000 oder gar 2.000 Euro zu Recht erwartet, dass ein gewisser Service im Preis enthalten ist. Diese Veränderungen registriert der Kunde, weshalb er irgendwann, selbst wenn der Trainings- oder Beratungsauftrag solide erledigt wird, zur Einschätzung gelangt: „Eigentlich hatte ich etwas anderes (etwas mehr!) erwartet." Dann dauert es, wenn der Kunde (beziehungsweise der „Einkäufer") ein attraktives Angebot von einem

Mitbewerber erhält, nicht mehr lange, bis er auf dessen Kundenliste steht. Und der bisherige Trainer/Berater ist überrascht: „Aber alles war doch okay. Wir haben doch einen prima Job gemacht." Stimmt, aber leider nicht den Entscheidern die nötige Wertschätzung entgegengebracht und ihre persönlichen Bedürfnisse hinreichend ernst genommen. Der Maxime „Geiz ist geil!" können Trainer und Berater in ihrer Freizeit frönen. In ihrem Berufsleben sollten sie sich eher an der Maxime „Großzügigkeit siegt!" orientieren.

Großzügigkeit siegt! – Geben Sie Ihren Kunden stets etwas mehr als erwartet.

Trainer und Berater sollten bei ihren Kunden auch nie Erwartungen wecken, die sie nicht erfüllen können, denn so produzieren sie unzufriedene Kunden. Klüger ist es, weniger als möglich zu versprechen, denn dann hat der Anbieter bei Bedarf noch ein Ass im Ärmel, um den Kunden positiv zu überraschen.

Zufriedene oder unzufriedene Kunden produzieren?

Ein Kunde ruft hektisch bei einem Berater an und sagt: „Ich brauche dringend den Projektentwurf. Bis wann können Sie den fertig stellen?" Der Berater denkt, dem zeige ich, was für ein guter Dienstleister ich bin. Er überschlägt im Kopf, wie lange es dauert, wenn alles glatt läuft, und kommt zum Ergebnis: zwei Tage. Also sagt er zum Kunden: „In zwei Tagen maile ich ihnen den Entwurf." Doch dann läuft etwas schief. Der Entwurf liegt erst nach drei Tagen auf dem Tisch des Kunden. Dieser ist verärgert und denkt: Die sind aber unzuverlässig.

Ein anderer Berater bekommt dieselbe Anfrage. Auch er kalkuliert: Wenn alles glatt läuft, dauert es zwei Tage. Doch dann denkt er: Wer weiß, was wieder dazwischen kommt. Also sagt er zum Kunden: „In vier Tagen maile ich Ihnen den Entwurf." Der Kunde murrt etwas, doch dann gibt er sich mit der Information zufrieden. Und wie sollte es anders sein. Auch bei diesem Berater läuft nicht alles glatt. Auch bei ihm vergehen drei Tage, bis der Entwurf beim Kunden ist. Trotzdem ist der Kunde nicht verärgert, sondern positiv überrascht und bedankt sich bei dem Berater, dass er ihm den Entwurf früher als vereinbart sandte.

4.2.7.

PROgression – Wie sichere ich die Zukunft meines Unternehmens?

Manchmal ist guter Rat teuer. Zum Beispiel, wenn ein Selbstständiger plötzlich, weil sein Unternehmen wuchs, einen kompetenten
und zuverlässigen Netzwerk-Administrator braucht. Woher den Experten nehmen? Einfach einen beliebigen IT-Spezialisten aus dem
Telefonbuch anrufen? Das kann für Unternehmen, bei denen die
meisten Arbeitsprozesse computergestützt ablaufen, teuer werden.
Nicht nur weil viele IT-Dienstleister ihr Geschäft nach der Maxime
„Komm' ich heute nicht, komm' ich vielleicht morgen" betreiben,
sondern auch weil die von ihnen installierten Systeme oft nur so
lange „laufen", wie ihr Herr und Meister neben ihnen steht. Was
macht also ein Selbstständiger, der nur weiß, wie man mit einem
PC Briefe schreibt, wenn er einen Netzwerkspezialisten braucht? Er
fragt einen Freund oder Bekannten um Rat, dessen PCs seit Jahren
vernetzt sind. Sammelte er mit seinem Administrator gute Erfahrungen, kann man diesen ohne Bedenken engagieren.

*Das Geschäft mit den
Empfehlungen*

In einer ähnlichen Situation wie der Selbstständige befinden sich
oft die Geschäftsführer oder Personalleiter von Unternehmen, die
Bildungs- und Beratungsleistungen einkaufen möchten. Also kontaktieren sie Kollegen und fragen bei ihnen nach: „Wen kannst du
mir empfehlen?" Antworten diese „den Anbieter xy", so hat jener
den Auftrag mit 80-prozentiger Sicherheit in der Tasche. Entsprechend gering sind die Akquisekosten, und entsprechend lukrativ
sind solche Aufträge.

*Im Small Talk zwischen
den Kunden gut
abschneiden*

Viele Trainer und Berater unterschätzen, welche Rolle Empfehlungen bei der Kaufentscheidung ihrer potenziellen Kunden spielen.
Dabei betonen zum Beispiel Personaler regelmäßig, wenn man sie
fragt, über welche Kanäle sie sich über mögliche Trainings-/Bera-
tungspartner informieren: über Berufskollegen. Woher sie diese

kennen, ist sekundär. Hierbei kann es sich um Studienkollegen oder Bekannte von Kongressen handeln. Oft fragen sie aber auch Kollegen aus anderen Unternehmen, die demselben Konzern angehören, um Rat. Nicht unterschätzen sollten Trainer und Berater zudem die Bedeutung der Erfahrungsaustauschsgruppen, in denen sich Personaler treffen. Schneidet ein Anbieter in den dortigen Gesprächen schlecht ab, hat er wenig Chancen, empfohlen zu werden. Schnell erweist sich deshalb ein Flop bei einem Unternehmen als Knockout für eine ganze Branche oder Region.

Die Grundvoraussetzung für eine Empfehlung ist und bleibt gute Arbeit. Wer gute Arbeit abliefert, wird empfohlen. So einfach und banal ist das! Dabei erwarten Kunden von einem Trainingsanbieter aber nicht nur, dass dieser erstklassige Trainings durchführt. Sie wollen zum Beispiel auch mit ihren persönlichen Bedürfnissen wahrgenommen werden. Diese schmerzhafte Erfahrung sammelte vor einiger Zeit ein größeres Trainingsinstitut. Jahrelang schulte es die Verkäufer eines Konzerns. Jährliches Auftragsvolumen: 600.000 Euro. Doch plötzlich, als der Chef des Instituts seinen jährlichen Rundruf „Wie sieht es nächstes Jahr aus?" startete, lautete die Antwort: „Wir wollen mal was Neues probieren und arbeiten mit einem anderen Anbieter zusammen." Der Institutschef fiel aus allen Wolken. Schließlich hatten die Teilnehmer die Seminare stets mit „gut" bis „sehr gut" bewertet. Also dachte er, den Folgeauftrag habe er in der Tasche. Trotzdem entschied sich der Personaler anders. Warum? Der Institutsinhaber hatte den Kontakt mit dem Personaler nicht gepflegt. Deshalb fühlte sich dieser irgendwann nur noch als „Cash Cow". In diese Kommunikationslücke stieß der Mitbewerber.

Grundvoraussetzung für Empfehlungen ist gute Arbeit!

Bei vielen Anbietern stellt man fest, dass sie viel Zeit in die Kommunikation mit Neukunden investieren. Diese schreiben und rufen sie regelmäßig an. Bei ihnen sorgen sie mit einem Wiedervorlagesystem dafür, dass zwischen den Kontakten nicht zu viel Zeit vergeht. Ihnen versuchen sie mit System das Gefühl zu vermitteln: „Wenn du Probleme hast, bin ich jederzeit für dich da." Doch kaum ist der Vertrag unter Dach und Fach, schwindet ihr Interesse. Plötzlich wird die Kommunikation mit dem Kunden weitgehend dem Zufall überlassen und statt eines persönlichen Anrufs des Firmeninhabers erhält er nur noch standardisierte Newsletter. Das registriert der Kunde. Folglich wächst zwischen ihm und dem Anbie-

Pflegen Sie Ihre Stammkunden.

ter keine persönliche Beziehung, kein Vertrauen. Entsprechend gering ist seine Bereitschaft, den Anbieter zu empfehlen.

Anders ist dies, wenn der Kunde oder die Kontaktperson spürt, der Anbieter bringt nicht nur eine gute Leistung. Er hilft mir auch, meine Arbeit erfolgreicher zu machen (und beruflich einige Schritte voranzukommen). Dann ist er bereit, ihn zu empfehlen; dann fühlt er sich auch nicht genötigt, wenn der Anbieter ihn bittet, ihn zu empfehlen. Freiwillig! Das muss betont werden. Schließlich geht jede Person, die einen Trainer oder Berater empfiehlt, ein Risiko ein. Denn ist der Kollege, Freund oder Verwandte mit dessen Leistung unzufrieden, fällt dies auf den Empfehlungsgeber zurück. Dann fragt sich die betreffende Person: Wie konnte der mir so eine Niete empfehlen? Dies wirkt sich auch auf ihre Beziehung zum Empfehlungsgeber aus.

Empfehlungen sind Vertrauensbeweise.

Deshalb zögern viele Personen mit dem Aussprechen von Empfehlungen. Oft sagen zum Beispiel Personaler im persönlichen Gespräch mit Trainern zwar eine Empfehlung zu, sind sie aber wieder allein, beginnen sie zu zweifeln. Völlig unangebracht ist es dann, die Person zu einer Empfehlung zu drängen. Das zerstört die Beziehung. Vielmehr sollte sich der Anbieter fragen: „Was stimmt an meiner Leistung nicht, dass der Kunde zögert?"

Für Empfehlungen gilt: Sie sind nur dann nützlich, wenn zwischen dem Empfehlungsgeber und der Person, die als Kunde gewonnen werden soll, eine Beziehung besteht. Diese muss nicht aus einem persönlichen Kontakt resultieren. Sie kann auch darauf basieren, dass die Personen im selben Konzern, aber in unterschiedlichen Bereichen arbeiten. Hier setzen viele Anbieter zu selten den Hebel an. Oft schöpfen sie die Möglichkeiten, die sich daraus ergeben, dass sie bereits für ein Unternehmen arbeiten, nicht aus. Sie fragen sich nicht: „Welchen anderen Unternehmensbereichen könnte ich ebenfalls meine Leistungen anbieten?" Dabei sind gerade hier die Akquisechancen sehr hoch.

Mit Spezialisierung steigt die Chance einer Empfehlung.

Generell gilt: Die Wahrscheinlichkeit einer Empfehlung steigt mit dem Grad der Spezialisierung – egal ist hierbei, ob es sich um eine Spezialisierung auf bestimmte Branchen oder Problemlösungen handelt. Entscheidend ist, dass der Anbieter in seiner Zielgruppe einen Ruf als „Spezialist für ..." hat. Umso wahrscheinlicher fällt sein Name, wenn ein „Fachmann für ..." gesucht wird. Umso wahrscheinlicher sind auch Anrufe wie: „Ich habe gehört, dass Sie ... Könnten Sie ...?"

Einmal und nie wieder!

Beratungsalltag: Der Autor dieses Buches wird vom Inhaber eines Trainingsinstituts gefragt, ob er ihm eine Werbeagentur empfehlen könne. Der Autor empfiehlt ihm, entgegen seinen Gepflogenheiten, einen Werbegrafiker, von dem er weiß, dass er für einen „Trainer-Guru" sehr gute Prospekte entwickelt hat. Ein Treffen zwischen dem Institutsinhaber und dem Werber zum Kennenlernen wird vereinbart. Zuvor ruft der Autor, weil er bereits Bedenken hegt, ob der Robert-de-Niro-Verschnitt mit Pferdeschwanz und der gestandene Unternehmer mit ergrauten Schläfen harmonieren, bei dem Grafiker an und sagt ihm: „Es geht bei dem Treffen nur um das Gestalten des Trainingskatalogs für das kommende Jahr und dieser muss in zwei Monaten gedruckt sein. Alles andere, was man eventuell besser machen könnte, kann zu einem späteren Zeitpunkt besprochen werden."

Dann findet das Treffen statt, bei dem auch der Autor anwesend ist. Sofort ergreift der Werbefachmann das Wort und startet einen Monolog darüber, wie wichtig ein „Branding" sei und dass die Unternehmen wie ihre Kunden denken müssten. Der Einzige, der leider nie zu Wort kommt, ist der Inhaber des Instituts. Dafür hält der Werber ihm einen langen Vortrag, was er beim Marketing alles falsch mache, wobei pausenlos Begriffe wie „Teaser", „Key Visual" und „Integrierte Kommunikation" durch den Raum fliegen. Der Autor versinkt immer tiefer im Sessel und denkt sich: „Wie konntest du so einen selbstverliebten Lackaffen empfehlen?" „Woher nimmt dieser Einzelkämpfer die Frechheit, einem 20 Jahre älteren Unternehmer, für den zwei Dutzend fest angestellte Trainer arbeiten und für die er Tagessätze zwischen 2.000 und 3.000 Euro durchsetzt, zu sagen: Junge, du macht alles falsch?" Ähnlich empfindet dies offensichtlich der Institutsinhaber, weshalb er den Werber, nachdem sein Monolog beendet ist, freundlich, aber bestimmt verabschiedet. Und der Autor denkt: Einmal und nie wieder!

Auch die Konzentration auf eine Region erhöht die Empfehlungschance.

Auch eine Konzentration auf eine Region steigert die Empfehlungschancen. Umso wahrscheinlicher ist, dass die potenziellen Kunden sich persönlich kennen. Umso größer ist folglich auch die Chance, dass in einem Gespräch zwischen ihnen mal der Name des Anbieters fällt: „Rufen Sie doch mal …" „Geh' doch mal …" Ein weiterer Vorteil der Konzentration auf eine Region ist: Man kann bei (potenziellen) Kunden ohne großen Aufwand einmal vorbeischauen – zum Beispiel, um den persönlichen Kontakt zu pflegen. Auch dies stärkt das Vertrauen und erhöht die Empfehlungschance.

Mit Empfehlungen verkaufen – sieben Tipps

1. Nur wenn Kunden mit Ihrer Leistung 100-prozentig zufrieden sind, empfehlen sie Sie. Tun Sie deshalb alles, um diese Zufriedenheit bei Ihren Kunden zu erzeugen.
2. Beachten Sie: Ihre Kunden haben nicht nur Erwartungen hinsichtlich Ihrer Trainings- und Beratungsleistung. Sie erwarten von Ihnen auch eine angemessene Betreuung.
3. Jede Empfehlung ist ein Vertrauensbeweis, denn mit jeder Empfehlung geht Ihr Kunde ein Risiko ein – das Risiko, dass Sie die Erwartungen seines Bekannten, Freundes oder Kollegen nicht erfüllen. Deshalb ist jede Empfehlung eine Verpflichtung für Sie.
4. Wenn Sie einen Kunden um eine schriftliche Empfehlung bitten, sagen Sie ihm stets, wo und wie Sie diese einsetzen werden.
5. Drängen Sie einen Kunden nie zu einer Empfehlung. Wenn eine versprochene Empfehlung nicht erfolgt, nageln Sie Ihren Kunden nicht auf das Versprechen fest. Fragen Sie sich vielmehr: Warum zögert er, mir eine Empfehlung zu geben?
6. Empfehlungen wirken nur, wenn zwischen dem Empfehlungsgeber und der Person, die Sie als Kunde gewinnen möchten, eine „Beziehung" besteht. Diese „Beziehung" kann sehr unterschiedlich sein – persönliche Bekanntschaft, Mitarbeiter im selben Konzern, im selben Gewerbegebiet ansässig.
7. Jede persönliche Empfehlung ist Gold wert. Sie erspart Ihnen hohe Akquisekosten. Zeigen Sie sich entsprechend dankbar gegenüber dem Empfehlungsgeber.

Jede Empfehlung ist eine Verpflichtung, denn jedes Versagen fällt auch auf den Empfehlungsgeber zurück. Deshalb enthält jede Bitte um eine Empfehlung das (unausgesprochene) Versprechen: „Ich tue alles, damit das Unternehmen (oder die Person), bei dem (oder bei der) ich empfohlen werde, absolut zufrieden ist." Wird dieses Versprechen nicht eingelöst, wird eine Empfehlung schnell zum Bumerang. Dann kündigt nicht nur der Neukunde irgendwann die Arbeitsbeziehung, sondern auch der Kunde, der die Empfehlung gab. Zu Recht, denn sein Vertrauen wurde missbraucht.

Mit Empfehlungen allein können Trainings- und Beratungsunternehmen aber selten ausreichend Aufträge an Land ziehen – zumindest, wenn ihr Ziel Wachstum lautet und sie nicht jede Person oder jedes Unternehmen, die oder das zufällig bei ihnen anruft, als Kunden haben möchten. Mit Empfehlungen allein können sie zudem nicht sicherstellen, dass ihr Auftragsvolumen relativ stabil ist.

Mit Empfehlungen alleine kann man nicht wachsen.

Speziell bei Anbietern, die vorwiegend im Projektgeschäft aktiv sind, schwankt das Auftragsvolumen oft gewaltig. Beträgt ihr Umsatz im einen Jahr zum Beispiel vier Millionen Euro, so sinkt er im nächsten Jahr oft auf zwei, um im übernächsten wieder auf fünf Millionen Euro hochzuschießen. Dies wissen die Anbieter. Deshalb gestalten sie ihre Strukturen meist recht flexibel. Zum Beispiel, indem sie fast ausschließlich mit freien Trainern oder Beratern arbeiten, denen sie schnell den Laufpass geben können. Schwieriger können sie aber in der Regel ihr Backoffice der veränderten Situation anpassen. Folglich bleibt hier, wenn ihr Auftragsvolumen sinkt, ein relativ hoher Kostenblock bestehen.

Die Hauptursache für die großen Schwankungen ist, dass viele Bildungs- und Beratungsanbieter 80 oder gar 90 Prozent ihres Umsatzes mit einer Hand voll Kunden erzielen. Kommen ein, zwei Großkunden hinzu, schnellt ihr Umsatz nach oben. Brechen zwei, drei Kunden weg, ist ihre Existenz bedroht. Diese Schwankungen lassen sich bei kleineren und mittleren Unternehmensberatungen meist nur begrenzt vermeiden. Deshalb müssen gerade sie ihre Strukturen möglichst flexibel gestalten. Zum Beispiel indem sie bei Großaufträgen mit anderen Anbietern kooperieren, statt selbst alle erforderlichen Ressourcen aufzubauen. Ihre Inhaber sollten für ihre Unternehmen aber auch Regeln definieren, wie: „Wir erzielen mit keinem Kunden mehr als 20 Prozent unseres Umsatzes." Und gegebenenfalls sollten sie sogar (Teil-)Aufträge ablehnen, um nicht von Kunden abhängig zu werden. Alternativ können sie diese (gegen Provision) an andere Anbieter weiterleiten.

Stark schwankendes Auftragsvolumen verhindert organisches Unternehmenswachstum.

Solche Regeln sind auch sinnvoll, weil bei einem stark schwankenden Auftragsvolumen kein organisches Unternehmenswachstum möglich ist. Dann ist das Unternehmen stets mit dem Auf- und Abbau von Kapazitäten beschäftigt. Außerdem herrscht in ihm entweder ein Klima totaler Überlastung oder der Angst, dass demnächst wegen Auftragsmangel wieder Kündigungen anstehen. Was eine Ausnahmesituation sein sollte, wird zum Normalzustand. In einem solchen Umfeld arbeitet kein guter Mitarbeiter auf Dauer – insbesondere wenn die Ursachen für die Umsatz- und Ertragsschwankungen hausgemacht sind. Dies ist zum Beispiel bei allen Anbietern der Fall, bei denen Marketing und Vertrieb keine festen Teile der Alltagsarbeit sind, sondern als Sonderaufgaben betrachtet werden. Sie beschäftigen sich mit dem Thema Marketing (und Vertrieb) nur, wenn

▶ in ihren Auftragsbüchern große Lücken klaffen oder
▶ sie gerade nichts anderes zu tun haben.

Der Marketing- und Verkaufsprozess dauert aber zumindest bei allen komplexeren Bildungs- und Beratungsleistungen meist Monate, wenn nicht gar Jahre. Also können Auftragslücken nicht kurzfristig gestopft werden. Deshalb darf das Marketing keine Sonderaufgabe sein, die von Tag zu Tag, von Woche zu Woche, von Monat zu Monat verschoben werden kann. Marketing und Vertrieb müssen vielmehr in die Alltagsarbeit integriert und die damit verbundenen Aufgaben so weit operationalisiert sein, dass sie Tag für Tag, Woche für Woche und Monat für Monat erledigt werden. Und sie müssen so selbstverständlich erledigt werden wie das Erstellen der Seminarmappen, das Dokumentieren von Projekten, das Erstellen der Umsatzsteuervoranmeldungen. Hierfür müssen die einzelnen Aufgaben definiert sein. Zum Beispiel:

Konsequent „dranbleiben"

▶ Jeden Monat sollen 30 neue Adressen von Unternehmen generiert werden, die auf Grund ihrer Struktur und Größe lukrative Kunden werden könnten.
▶ Alle zwei Monate wird ein Werbebrief nebst Faxantwort-Formular an alle potenziellen Kunden versandt, die ein hohes

Umsatzpotenzial haben, mit denen aber noch keine Umsätze erzielt werden.

▶ Alle zwei Monate kontaktiert der Institutsinhaber die Entscheider in den Unternehmen, in denen zurzeit Erstaufträge durchgeführt werden.

▶ Mindestens alle drei Monate schaut der „Chef" persönlich bei allen Unternehmen vorbei, in denen Großaufträge laufen.

▶ Aus jedem firmeninternen Seminar muss jeder Trainer mindestens einen Vorschlag mitbringen, was man dem Kunden noch anbieten bzw. verkaufen könnte.

▶ Aus jedem offenen Seminar muss der Trainer mindestens die Adresse eines Unternehmens mitbringen, bei dem eventuell Bedarf für ein internes Beratungsprojekt besteht.

Sind die mit dem Marketing verbundenen Aufgaben so operationalisiert, können sie in den Arbeitsalltag integriert werden. Dann ist auch ein Controlling möglich, und es bleibt nicht dem Zufall überlassen, wann und wie das Unternehmen mit seinen (potenziellen) Kunden kommuniziert. Die Beziehung mit ihnen wird vielmehr mit System auf- und ausgebaut und (Folge-)Aufträge werden mit System akquiriert.

Integrieren Sie die Marketingaufgaben in Ihren Arbeitsalltag.

Eine weitere Ursache für die starken Umsatzschwankungen vieler Trainings- und Beratungsanbieter ist: Sie beachten nicht, dass viele Bildungs- und Beratungsthemen und -produkte eine begrenzte Lebensdauer haben. Und selbst wenn sich Themen nicht ändern, so wandelt sich doch das Licht, in dem sie betrachtet werden. Hierfür ein Beispiel: Noch vor zwei, drei Jahren war in Verkaufsseminaren oft das Thema „Beziehungsmanagement" zentral. Und stets wurde den Verkäufern vermittelt, sie müssten eine „Win-win-Beziehung" zum Kunden herstellen. Verkündet heute ein Trainer diese Botschaft im Seminar, schreit die Masse der Teilnehmer innerlich laut: „Ich kann dieses Geplapper nicht mehr hören!" Dies heißt nicht, dass die Inhalte heute nicht mehr relevant wären. Sie müssen aber neu verpackt werden. Ähnlich ist es, wenn heute ein Trainer in einem Seminar verkündet: Die Mitarbeiter der Unternehmen müssen unternehmerisch denken und handeln. Auch dann schalten die Teilnehmer auf Durchzug.

Das heißt, selbst wenn die Trainings- und Beratungsthemen und -inhalte konstant bleiben, müssen sie stets neu aufgearbeitet und verpackt werden, so dass scheinbar neue Produkte entstehen. Ansonsten hat der Anbieter irgendwann statt „Cash Cows" (siehe S. 110) nur noch „Dogs", sprich Ladenhüter, im Stall. Eine solch systematische und kontinuierliche Produktweiterentwicklung betreiben wenige Anbieter. Auch deshalb schwankt ihr Auftragsvolumen stark.

Neue Kundengruppen erschließen, heißt investieren.

Hinzu kommt, dass viele Unternehmen nicht wissen, wie sie sich neue Ziel-/Kundengruppen erschließen können, wenn zum Beispiel der Bedarf bei ihren bisherigen Zielgruppen sinkt oder zu gering für ihre Wachstumsziele ist. Oft erweitern sie dann ihr Geschäftsfeld um Tätigkeitsfelder, die in keinem originären Zusammenhang zu ihrer bisherigen Tätigkeit stehen und in denen sie folglich in den Augen ihrer Kunden nur eine geringe Kompetenz haben. Also müssen sie enorme Summen investieren, um in dem neuen Marktsegment Fuß zu fassen. Meist scheitern solche Versuche.

Ein Beispiel: Vor einigen Jahren versuchte ein großes Management-Institut, das seine Umsätze weitgehend mit Führungskräfte- und Führungsnachwuchskräfte-Trainings erzielt, sich auch als Spezialist für Management- und Führungskräfte-Audits zu profilieren. Es entwickelte ein eigenes Auditverfahren und -instrument, stellte zwei Experten für Eignungsdiagnostik ein, druckte entsprechende Prospekte. Der Erfolg nach zwei Jahren: gleich null. Warum? Für seine Kunden war und blieb das Institut ein Trainingsanbieter. Wenn es um das Thema Potenzialanalyse ging, wandten sie sich weiterhin an Personalberatungen. Danach versuchte das Institut, sich als Outsourcing-Partner im Personalbereich zu profilieren. Erneut wurden Prospekte gedruckt, Projektmanager eingestellt usw. Der einzige Erfolg: Nach zwei Jahren hatte der Anbieter erneut einige hunderttausend Euro in den Sand gesetzt. Einen Outsourcing-Auftrag hatte er jedoch nicht erhalten. Warum? Die Kunden trauten dem Unternehmen zwar zu, Trainingsreihen für Führungskräfte zu organisieren. Sie trauten ihm aber nicht zu, die Ausbildung oder die Weiterbildung im fachlichen und technischen Bereich zu organisieren. Hierfür fehlte dem Institut in den Augen der potenziellen Outsourcing-Kunden die nötige Kompetenz und Infrastruktur.

Ähnliche Erfahrungen sammelt man mit Einzeltrainern und -beratern. Geradezu amüsant ist es, zuweilen zu beobachten, in welchen Geschäftsfeldern sie sich tummeln. Bei einem Münchner Trainer beispielsweise wuchs in den vergangenen zehn Jahren die Zahl der „Berufsbezeichnungen" auf seinen Visitenkarten kontinuierlich. Zunächst stand auf ihnen nur „Dipl.-Pädagoge & Trainer". Dann kam die Bezeichnung Berater hinzu. Dann Supervisor. Dann Coach. Und zurzeit absolviert er eine Mediatoren-Ausbildung. Seine Umsätze stiegen im zurückliegenden Jahrzehnt aber nicht. Er ist heute wie vor zehn Jahren mit dem Markteintritt beschäftigt.

Notorische „Trendhopper" sind stets aufs Neue mit ihrem Markteintritt beschäftigt.

Für Unternehmen, die ihren Markt klar definiert haben, ist es meist einfach, ihr Geschäftsfeld zu erweitern. Hierfür ein Beispiel: Ein Unternehmen verstand sich bisher als „Der Spezialist für Führungstrainings in mittelständischen Produktionsunternehmen". Möchte es seinen Markt erweitern, muss es im Prinzip nur ein Element aus seiner bisherigen Selbstdefinition streichen. Zum Beispiel „mittelständisch". Und schon hat es seinen Markt neu definiert. Oder den Begriff Produktion. Auch dann hat es seinen Markt erweitert.

Wer seinen Markt klar definiert hat, kann sein Geschäftsfeld leicht erweitern.

Doch es geht auch anders: Vor einigen Jahren stellte ein in Süddeutschland ansässiges Trainingsunternehmen, das sich weitgehend auf den Fotohandel spezialisiert hatte, fest: „In diesem Marktsegment können wir mittelfristig unsere Umsatz- und Wachstumsziele nicht mehr realisieren." Warum? Auf Grund des absehbaren Siegeszugs der digitalen Fotografie werden in den kommenden Jahren viele Fotogeschäfte vom Markt verschwinden. Also stand das Unternehmen vor der Frage: „Welche anderen Kundengruppen können wir uns mit einem möglichst geringen Aufwand an Geld und Zeit erschließen?" Um diese Frage zu beantworten, analysierten die Verantwortlichen zunächst: „Welche Merkmale kennzeichnen unsere bisherigen Kunden, also die Fotogeschäfte?" Dabei stießen sie unter anderem auf folgende Merkmale:

► Einzelhändler
► meist durch Eigentümer/Franchise-Nehmer geführt
► Filialbetriebe mit meist weniger als einem Dutzend (Teilzeit-) Mitarbeitern
► Mitarbeiter haben geringe verkäuferische Kompetenz
► starker Wettbewerbsdruck.

Nachdem diese Merkmale ermittelt waren, fragten sich die Verantwortlichen: „Auf welche anderen Unternehmensgruppen treffen
diese Merkmale zu?" Das Ergebnis war: eigentlich alle Fach- und
Einzelhandelsunternehmen wie Schuhhändler, Drogerien, Autohändler, aber auch bei Filialbanken und Apotheken. Anschließend
überlegten sich die Verantwortlichen: „Bei welchen Unternehmen
haben wir als „Neueinsteiger" die größten Erfolgschancen und mit
welchem Produkt dringen wir in das neue Marktsegment ein?" Damit stand die neue Positionierung und Strategie des Trainingsunternehmens.

Greifen Sie auf Ihr
Fundament an
bestehenden Erfahrungen
zurück.

Der Vorteil eines solchen Vorgehens: Weil die neuen Zielgruppen
(weitgehend) dieselben Merkmale wie die bisherigen aufweisen,
lassen sich viele Erfahrungen übertragen. Außerdem können viele
der bisher genutzten Instrumente mit geringen Modifikationen bei
den neuen Zielgruppen eingesetzt werden. Dies senkt die Kosten
und erhöht die Erfolgschancen bei Neukundenakquise, weil das
Unternehmen schon etwas vorzuweisen hat.

Praxisbeispiel – In meiner Nische bin ich der Star

Vor fünf Jahren standen Heike Wiebel und Kai Hübel (Namen geändert) vor einer folgenschweren Entscheidung: Seit Jahren arbeiteten sie als freie Trainer für Sprachinstitute. In deren Auftrag brachten sie „ausländischen Fach- und Führungskräften", die in Deutschland arbeiten, die deutsche Sprache bei. Dabei merkten sie zunehmend: „Diese Arbeit bietet uns auf Dauer keine Perspektive." Nicht nur, weil die Institute schlecht bezahlen. Entscheidender war für die beiden, dass sie zunehmend den Eindruck hatten: „Letztlich sind wir nur der Speckgürtel dieser Institute. Wenn sich morgen deren Auftragslage verschlechtert, stehen wir übermorgen auf der Straße." Deshalb fragten sie sich immer häufiger: „Wollen wir Honorarkräfte bleiben oder echte Unternehmer werden?" Nach einigem Überlegen entschied das Team: „Wir wollen Unternehmer mit eigenen Kunden werden." Also gründeten Wiebel und Hübel das Sprachinstitut ABC; ein Institut, das sich – wie sollte es anders sein – darauf spezialisiert hat, „ausländischen Fach- und Führungskräften, die in Deutschland arbeiten, die deutsche Sprache zu vermitteln".

Erste Kunden fanden die Jungunternehmer auf Grund ihrer Kontakte aus den vorangegangenen Tätigkeiten schnell. Probleme bereitete ihnen aber die Neukundenakquise. Hier sahen sie sich einer übermächtigen Konkurrenz in Form der großen, zum Teil weltweit operierenden Sprachschulen wie Berlitz und Inlingua gegenüber. Deshalb setzten sich die beiden (Jung-)Unternehmer, nachdem sie zunächst drei Jahre versucht hatten, das Problem alleine zu lösen, mit einem externen Berater zusammen. Gemeinsam mit ihm dachten sie darüber nach: „Wie können wir unser Institut neu positionieren?"

Die Geschäftsgrundlage bilden bestehende Kontakte.

Ziele definieren Unterstützt von dem Berater analysierten Wiebel und Hübel hierfür zunächst ihre Ziele. Sie stellten fest:

▶ Wir wollen kein möglichst großes Unternehmen aufbauen; wir möchten auch künftig nur regional tätig sein.
▶ Wir möchten aber eine Unternehmensgröße erreichen, die es uns einerseits ermöglicht, uns zeitweilig für Planungsprozesse zurückzuziehen, bei der wir andererseits aber weiterhin als Trainer arbeiten können. Eine reine Managementfunktion reizt uns nicht.

Markt analysieren und Nachdem die Trainer so ihre persönlichen Ziele definiert hatten,
Stärken ableiten begannen sie ihren Markt und ihre Mitbewerber zu analysieren. Dabei registrierten sie: Die meisten großen Sprachschulen beschäftigen fast nur Honorarkräfte als Trainer. Diesen zahlen sie relativ niedrige Stunden-/Tagessätze. Deshalb ist die Mitarbeiterfluktuation hoch, weshalb Kunden häufig über eine geringe Kontinuität in der „Lehrer-Lerner-Beziehung" und Qualitätsschwankungen klagen. Außerdem stellten sie fest: Die meisten Mitbewerber arbeiten auf Grund ihrer Größe und des hohen Personalwechsels fast ausschließlich mit standardisierten Trainingskonzepten, weshalb viele Kunden eine ungenügende Orientierung an ihrem Bedarf beklagen. Daraus leiteten die Institutsinhaber zwei Stärken für ihr Unternehmen ab:

▶ Wir arbeiten nur mit fest angestelltem, studiertem Personal mit mindestens fünf Jahren Berufserfahrung. Dadurch garantieren wir unseren Kunden Kontinuität in der „Lehrer-Lerner-Beziehung" und eine gleich bleibende Qualität auf hohem Niveau.
▶ Wir arbeiten ohne standardisierte Trainingskonzepte und -unterlagen. Wir entwickeln sie stets entsprechend dem Bedarf des Kunden.

Kundenstruktur In einem weiteren Schritt analysierten Heike Wiebel und Kai Hübel
analysieren ihre Kundenstruktur. Dabei entdeckten sie: Mehr als 90 Prozent unserer Kunden

▶ kommen aus dem Dienstleistungssektor (u.a. Versicherungen, Banken, Werbeagenturen, Reisebüros) und/oder

▶ nehmen in ihren Unternehmen eine Funktion wahr, bei der die Kommunikation ein wesentliches Element der Leistungserstellung ist (z.B. Verkäufer, Serviceberater).

Deshalb lag die Frage nahe: Warum sollen wir uns nicht als Spezialist für diese Zielgruppen präsentieren? Kunden verlieren wir hierdurch nicht. Gesagt, getan. Fortan, beschlossen Heike Wiebel und Kai Hübel, präsentieren wir unser Institut nach außen als „Spezialist für beratungsintensive Branchen und Berufe".

Über die Analyse ihres Unternehmens und dessen Umfeld entwickelten die Institutsinhaber so ein Unternehmensprofil, das sich von dem anderer Sprachschulen unterscheidet; ein Profil, das ihnen, so Wiebel, „Sicherheit im Verkauf und im Umgang mit potenziellen Kunden bietet". Warum? Sie weiß jetzt zum einen, auf welche Zielgruppen sie ihr Marketing konzentrieren sollten, zum anderen können sie im Gespräch mit Neukunden klar die Stärken ihres Unternehmens und den damit verbundenen Kundennutzen benennen. Hierüber können sie sogar höhere Preise rechtfertigen. Wiebel und Hübel wissen auf Grund der Analyse aber auch, welche Interessenten sie besser an andere Sprachinstitute verweisen. Diese erleben sie ohnehin nicht mehr als Mitbewerber, denn sie wissen: Diese operieren in einem anderen Marktsegment.

Begeistert ist Wiebel auch heute noch von dem schlichten „Marketingkonzept", das sie und ihr Kollege gemeinsam mit dem Berater entwickelt haben. Warum? „Früher schalteten wir mal eine Anzeige, dann lancierten wir mal einen Presseartikel, dann versuchten wir es mal mit telefonischer Akquise, doch ein Marketingsystem hatten wir nicht. Auch an unseren Werbebriefen feilten wir stets so lange, dass sie letztlich nie unser Büro verließen." Deshalb war die erste Grundentscheidung, die Wiebel und Hübel mit dem Berater trafen: „Wir müssen unser Marketing institutionalisieren, und zwar so, dass es ein Teil unserer Alltagsarbeit ist, diese aber nicht lahmlegt."

*Marketingkonzept
entwickeln*

Mit dem Berater erarbeiteten sie daraufhin folgendes Konzept: Zunächst erstellten Wiebel und Hübel einen personifizierten Adresspool mit den Adressen der 300 Unternehmen, bei denen sie die größten Erfolgsaussichten sahen. „300 Adressen und keine Adresse mehr." Dann vereinbarten sie: „Mit diesen potenziellen

Kunden wollen wir alle drei Monate möglichst individuell kommunizieren." Um dies zu ermöglichen, unterteilten sie die 300 Adressen in Teilzielgruppen, die auf Grund ihrer Größe, Branche, Marktposition usw. eine ähnliche Problemstruktur aufwiesen. Dann bündelten sie die so sortierten Adressen in Gruppen von stets circa 25 Adressen.

Marketinginstrumente einsetzen

Seitdem schnappt sich Hübel jeden Montagmorgen eine solche Adressgruppe und sendet diesen Unternehmen einen auf ihren Bedarf zugeschnittenen Werbebrief. Haben nach drei Monaten alle Adressgruppen einen Werbebrief erhalten, beginnt er wieder mit der ersten Gruppe. So ist sichergestellt, dass das Marketing Teil der Alltagsarbeit ist und nicht auf den Sankt-Nimmerleinstag verschoben wird. Außerdem ist dadurch, dass stets nur 25 Briefe versandt werden, gewährleistet, dass eventuelle Resonanzen sofort individuell bearbeiten werden können.

Einen weiteren Clou ließen sich die Institutsbesitzer einfallen. Jedem ihrer Werbebriefe legen sie eine Fax-Antwortkarte bei. Dort kann der Empfänger ankreuzen, ob er zum Beispiel weitere Infos oder einen Anruf wünscht. Nur wenn ein Empfänger so von sich aus aktiv wurde, greifen Wiebel oder Hübel zum Telefonhörer, um den potenziellen Kunden anzurufen. Dann haben sie nämlich einen konkreten Gesprächsaufhänger und fühlen sich nicht, wie früher häufig, als „telefonische Klinkenputzer".

Ohne Marketing
kein Markt

 # Schnellfinder

Nicht das Instrument, das System ist entscheidend

Dienstagmorgen. Im Tagungsraum eines Seminarhotels sitzen zwölf Fotofachhändler. Sie sollen während des zweitägigen Seminars lernen, Verkaufsgespräche sicher zum Abschluss zu führen. Ausführlich trainieren sie die einzelnen Gesprächsphasen – von der Begrüßung, über die Bedarfsermittlung und Einwandbehandlung bis hin zum Abschluss. Regelmäßig interveniert der Trainer. „Erkundigen Sie sich erst nach dem Bedarf des Kunden, statt ihm gleich einen 100- oder 200-ASA-Film anzubieten", sagt er. „Aber wie soll ich mich danach erkundigen?" „Indem Sie ihn zum Beispiel fragen, was und wo er fotografieren möchte." So geht es weiter. Immer wieder gibt der Trainer den Händlern Tipps, wie sie ihre Gespräche optimieren können. Zum Beispiel, indem sie mehrere Sinneskanäle bei den Kunden ansprechen. Deshalb sollen die Verkäufer ihnen Muster der verschiedenen Bildformate und Bildausarbeitungsqualitäten in die Hand geben, statt ihnen nur Zahlen wie 9 x 13 oder Begriffe wie „Standard-" und „Premium-Ausarbeitung" an den Kopf zu hauen. „Ihre Kunden müssen die Unterschiede sehen und begreifen", betont der Trainer.

Die Teilnehmer sind begeistert. So plastisch führte ihnen noch niemand vor Augen, was Kundenorientierung im Verkaufsalltag bedeutet. Umso erstaunlicher ist ein Blick in die Werbeunterlagen des Trainers. Bei deren Gestaltung hat er offensichtlich alles vergessen, was er in seinen Seminaren seinen Kunden vermittelt. Von einer Ansprache des Kunden über mehrere Sinneskanäle keine Spur. Fotos und Grafiken fehlen ganz. Auch die Sprache ist wenig kundenorientiert. Aussagen wie „Wir sind ..." und „Wir machen ..." dominieren. Zudem wird der Leser mit dem gewohnten Trainerkauderwelsch – angefangen von „systemisch" bis „maßgeschneidert" – traktiert.

Solche Erfahrungen sammelt man bei vielen Trainern und Beratern. Sie können das Know-how, das sie ihren Kunden vermitteln, nicht auf ihre eigenen Marketing- und Verkaufsinstrumente übertragen. Auch ihren Marketing- und Verkaufsprozess zielorientiert zu gestalten, fällt ihnen schwer. Dies liegt unter anderem daran, dass bei Bildungs- und Beratungsleistungen – speziell bei hochpreisigen und komplexen – zwischen dem Erstkontakt mit dem Kunden und dem Vertragsabschluss oft Monate, teils sogar Jahre verstreichen.

Viele Anbieter haben ihren Marketing- und Verkaufsprozess nie analysiert und definiert.

Entscheidender ist aber: Viele Anbieter haben ihren Marketing- und Verkaufsprozess nie analysiert und definiert. Folglich besteht bei ihnen und ihren Mitarbeitern Unklarheit darüber, was es zu tun gilt, um potenzielle Kunden Schritt für Schritt zum großen Ziel „Vertragsabschluss" zu führen. Und nirgends ist in ihrer Organisation, ausgehend von den vier Bewusstseinsstufen, die jeder Kunde bei der Kaufentscheidung durchläuft, schriftlich fixiert:

▶ Wer tut bei uns was wann, um bei potenziellen Kunden das Bewusstsein zu wecken, dass unser Unternehmen existiert,
▶ wer tut bei uns was wann, um bei ihnen das Bewusstsein zu erzeugen, dass wir ihnen eventuell einen Nutzen bieten könnten (Konjunktiv),
▶ wer tut bei uns was wann, um bei unseren potenziellen Kunden die Überzeugung zu schaffen, dass wir ihnen einen Nutzen bieten (Indikativ), und
▶ wer tut bei uns was wann, um sie davon zu überzeugen, dass der Nutzen größer ist als die Investition, so dass sie sich zum Kauf entschließen?

Entsprechend willkürlich ist das Marketing-verhalten.

Entsprechend willkürlich sind die Marketing- und Verkaufsaktivitäten vieler Anbieter. Und schon gar nicht bauen sie so aufeinander auf, dass sie den Kunden gezielt von einer Stufe der Kaufentscheidung zur jeweils nächsthöheren führen. Entsprechend gering ist der Erfolg ihrer Marketingaktivitäten. Dies liegt auch daran, dass viele Anbieter ein geringes Know-how über die einzelnen Marketing- und Verkaufsinstrumente haben. Sie wissen weder, wo deren Stärken und Schwächen liegen, noch was sie mit ihnen erreichen beziehungsweise nicht erreichen können. Folglich können sie die Instrumente weder zielorientiert gestalten noch gezielt einsetzen. Eher von Zufällen hängt es oft ab, ob ein Anbieter beispielsweise zum Wecken des Interesses potenzieller Kunden eher auf Anzeigen, Mailings oder Pressearbeit setzt. Nur selten ist dies das Resultat einer bewussten Entscheidung.

Hinzu kommt: Oft setzen Trainer und Berater in die einzelnen Marketing- und Verkaufsinstrumente zu hohe Erwartungen. Sie gehen zum Beispiel davon aus, dass sich, wenn sie eine pfiffige Anzeige schalten, anschließend die Anfragen auf ihrem Schreibtisch stapeln. Oder sie hoffen: „Wenn wir unseren Kunden einen 1a-Prospekt schicken, dann erteilen sie uns Aufträge." Endlos feilen sie dann auch an der Gestaltung dieser Instrumente. Dabei können diese nur (Teil-)Funktionen im Marketing- und Verkaufsprozess übernehmen. So kann zum Beispiel mit Anzeigen und Mailings maximal das Kaufinteresse der Kunden geweckt werden. Mehr nicht.

Anbieter setzen zu hohe Erwartungen in die Wirkung einzelner Instrumente.

Ebenso verhält es sich bei komplexen und hochpreisigen Bildungs- und Beratungsleistungen mit Prospekten. Sie können nur das Kaufinteresse, maximal den Kaufwunsch beim Kunden wecken. Um den Kunden so weit zu bringen, dass er den Vertrag unterschreibt, sind andere Instrumente nötig. Fehlen diese oder ist der Einsatz der Instrumente nicht koordiniert, sind oft alle Marketingausgaben Fehlinvestitionen.

Bleiben die erhofften Erfolge aus, gelangen Trainingsinstitute häufig zur Überzeugung: „Wir benutzen die falschen Marketinginstrumente." Ganz gleich, ob es sich hierbei um Anzeigen, Mailings oder Tontauben mit Ringelschwänzchen handelt. Also stürzen sie sich aufs nächste Marketinginstrument: zum Beispiel das Internet. Stets in der Hoffnung: „Nun wird alles besser." Meist nicht. Denn auch dieses Werkzeug entfaltet die gewünschte Wirkung nur, wenn es professionell eingesetzt wird – und zwar im Rahmen einer umfassenden Marketing- und Verkaufsstrategie.

Viel wichtiger als die Marketinginstrumente zu optimieren, ist es, das Marketingsystem zu optimieren. Deshalb sollten Trainer und Berater, bevor sie sich für den Einsatz bestimmter Marketinginstrumente entscheiden und mit deren Entwicklung beginnen, folgende Vorarbeiten erledigen:

Fünf Schritte zum Optimieren Ihres Marketingsystems

1. Schritt:
Analysieren Sie, wie der Marketing- und Verkaufsprozess in Ihrem Unternehmen strukturiert sein sollte, damit zunächst

- die Aufmerksamkeit der potenziellen Kunden (Botschaft: Anbieter/Produkt existiert),
- dann deren Kaufinteresse (Botschaft: Anbieter/Produkt *könnte* mir einen Nutzen bieten) und
- dann der Kaufwunsch bei ihnen (Botschaft: Anbieter/Produkt *bietet* mir einen Nutzen)

gewecktwird, und Letzterer schließlich in eine Kaufaktion überführt wird.

2. Schritt:

Analysieren Sie, welche Informationen Sie den (potenziellen) Kunden in den einzelnen Phasen ihrer Kaufentscheidung geben müssen, damit sie auf die jeweils nächsthöhere Stufe geführt werden. Dies ist wichtig, weil sich die (Informations-)Bedürfnisse der Kunden im Verlauf des Kaufentscheidungsprozesses wandeln. Geben sie sich beim Erstkontakt – sei es via Mailing, Anzeigen oder Telefon – noch mit relativ allgemeinen Infos, die weitgehend einen Schlagwortcharakter haben, zufrieden, so müssen diese – je weiter die Kaufentscheidung fortgeschritten ist – umso stärker auf ihren individuellen Bedarf zugespitzt sein. Sonst erlahmt ihr Interesse.

3. Schritt:

Definieren Sie, welche Marketinginstrumente Sie auf den einzelnen Stufen des Kaufentscheidungsprozesses einsetzen möchten, um die Kunden auf die jeweils nächsthöhere Stufe zu führen. Zum Beispiel Anzeigen, um die Kunden auf Ihr Unternehmen/Ihre Leistungen aufmerksam zu machen. Dann branchenbezogene Prospekte, um das Interesse der Kunden zu wecken. Anschließend ...

4. Schritt:

Überlegen Sie, wie die Marketing-/Verkaufsinstrumente konzipiert sein sollten und welche Informationen sie enthalten sollten, damit sie ihre Funktion auf der jeweiligen Stufe des Verkaufsprozesses erfüllen können.

5. Schritt:

Definieren Sie, wann Sie welche Impulse setzen (und wer dafür verantwortlich ist), damit das zarte Pflänzchen Kontakt gedeiht und aus dem Kontakt allmählich eine Beziehung wird. Zum Beispiel: „Wann rufen wir bei einem Kunden, der von uns einen Prospekt erhielt, an, um mit ihm einen Präsentationstermin zu verein-

baren? Wann schicken wir einem Kunden nach einer Präsentation eine Projektbeschreibung über ein ähnliches Projekt bei einem anderen Kunden, um bei ihm in Erinnerung zu bleiben?" Eine solche (Zeit-)Planung ist nicht nur nötig, um beim Kunden das Gefühl „Ich werde genötigt" zu vermeiden, sondern auch damit keine Kommunikationslücken entstehen und der warme Kontakt erkaltet.

Das AIDA-Prinzip

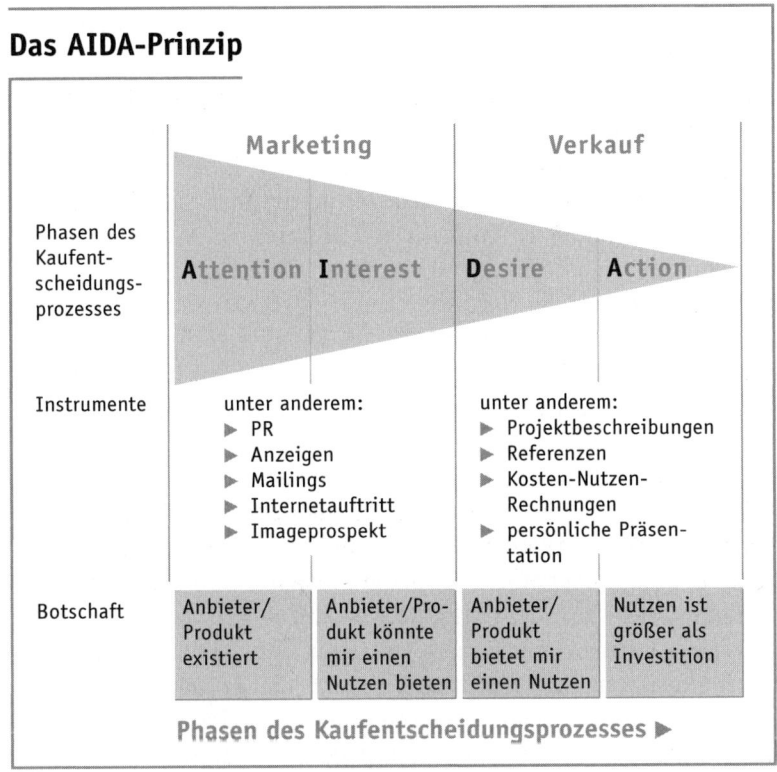

Erst nach diesen Vorarbeiten sollten Bildungs- und Beratungsanbieter die einzelnen Marketing- und Verkaufsinstrumente planen und gestalten. Erst dann sollten sie auch, sofern sie hierbei zum Beispiel mit einer Werbeagentur zusammenarbeiten möchten, mit dieser Kontakt aufnehmen. Sonst ist das Chaos vorprogrammiert.

Erst den Prozess definieren, dann die Instrumente wählen.

Die meisten Werbeagenturen geben sich heute nämlich nicht mehr damit zufrieden, die Werbebotschaft ihrer Kunden in ein optisch ansprechendes Gewand zu kleiden. Sie verstehen sich als Berater in Sachen „Strategische Kommunikation". Also stellen sie zunächst

Vorsicht bei der Zusammenarbeit mit Werbeagenturen.

alles infrage, was zwar nicht optimal war, womit der Anbieter aber bisher mit einigem Erfolg arbeitete. Angefangen von der Positionierung über die Werbemittelgestaltung bis hin zum Logo. Sie traktieren ihre Kunden so lange mit Vokabeln wie „Branding", „Teaser", „Claim", „Corporate Design" und „integrierte Kommunikation", bis diese überzeugt sind: „Bisher habe ich alles falsch gemacht." Die Folge: Die Bildungs- und Beratungsanbieter sind völlig verunsichert und stellen plötzlich alles infrage. Und dies, obwohl sie anfangs oft nur einen Prospekt für ihre Jahresakquise wollten oder ein Faltblatt, das sie Kunden, die sich für ein Seminar interessieren, senden können. Ihr ursprüngliches Ziel verlieren sie völlig aus den Augen.

Die Folge: Meist brechen ihre Marketingaktivitäten über Monate zusammen. Denn oft ist Trainern und Beratern zu Beginn ihrer Zusammenarbeit mit Werbeagenturen nicht ausreichend bewusst, dass nicht nur mit der Neudefinition des Geschäftsfeldes, sondern auch mit dem Formulieren eines „Claims" strategische Entscheidungen verbunden sind. Schließlich signalisiert ein Institut seinen Kunden ein anderes Selbstverständnis, wenn auf allen Geschäftsunterlagen plötzlich der Spruch „Umsatz erzielen" statt „Können trainieren" steht. Solche Entscheidungen lassen sich nicht im Hauruck-Verfahren treffen, da sie ein „Ja" und „Nein" zu bestimmten Kundengruppen enthalten. Folglich dauern diese Entscheidungsprozesse meist nicht Wochen, sondern Monate. Und dem Anbieter fehlen in dieser Zeit die nötigen Werbemittel. Also bricht sein Marketing zusammen. Über Monate verlassen keine Mailings sein Haus. Monatelang hat er keinen Prospekt, den er, wenn potenzielle Kunden anrufen, schnell eintüten und versenden kann. Über Monate präsentiert sich seine Homepage als Baustelle, weil der Anbieter – verführt durch die Agentur – versucht, aus dem Stand von 0 auf 100 durchzustarten.

Deshalb sollten Trainer und Berater beim Kontakt mit Werbeagenturen stets daran denken: Logo und Slogan sind zwar wichtige Elemente im Erscheinungsbild eines Anbieters. Aber nur, weil das Logo rund statt eckig ist und der Slogan nun „Erfolge schaffen" statt „Erfolg trainieren" lautet, entscheidet sich kein Kunde für einen Anbieter. Deshalb sollte man ihre Bedeutung nicht überbewerten. Sie sind Instrumente – nicht mehr und nicht weniger. Ebenso verhält es sich mit Werbebriefen und Prospekten. Auch sie sind nur Instrumente im Verkaufsprozess. Weil ein Anbieter einen Top-Prospekt hat, gibt ihm kein Kunde einen 10.000- oder gar 100.000-Euro-Auftrag. Entsprechendes gilt für Werbebriefe. Viel wichtiger als monatelang am Prospekt oder an Werbebriefen zu feilen, um die 100-Prozent-Lösung zu erreichen, ist es, darauf zu achten, dass der Marketing- und Verkaufsprozess nicht zusammenbricht. Denn was nutzt der beste Werbebrief, wenn dem Anbieter anschließend ein Prospekt fehlt, das er dem Kunden, wenn er anruft, senden kann? Was nutzt der beste Prospekt, wenn er im Schreibtisch verstaubt? Ohnehin gilt: Jeder für Werbebriefe und Prospekte investierte Euro ist rausgeschmissen, wenn der Anbieter kein überzeugendes Produkt hat und Kunden nicht vom Nutzen seiner Leistung überzeugen kann. Deshalb nochmals: Wichtiger als die Marketinginstrumente zu optimieren, ist es, das Marketingsystem zu optimieren.

Dieser Hinweis ist auch wichtig, weil man im Kontakt mit Anbietern, die mit Werbeagenturen zusammenarbeiten, immer wieder registriert: Nach einigen Monaten haben sie zwar einen „echt tollen" neuen Slogan und Imageprospekt, doch leider haben sie kein Geld mehr, um ihre Homepage so zu gestalten, dass diese mit dem „tollen Prospekt" harmoniert. Auch dann war – salopp formuliert – alles für die Katz'. Was nutzt es einem Anbieter, wenn er einen 1a-Prospekt hat, aber kein Geld mehr für Mailing- oder Anzeigenaktionen, um neue Kunden zu generieren, denen er diesen Prospekt auch schicken kann? Oder was soll ein Kunde, der von einem Anbieter einen Spitzen-Prospekt erhielt, von diesem denken, wenn er beim Blick auf dessen Homepage den Eindruck gewinnt „Ich bin auf der Homepage eines anderen Anbieters gelandet"?

Deshalb nochmals der Tipp: Haben Sie beim Gestalten Ihrer Marketinginstrumente und Ihrer Entscheidung, wie viel Geld Sie wofür ausgeben, stets den Marketing- und Verkaufsprozess als Ganzen vor Augen. Sonst haben Sie am Schluss zwar einen 1a-Prospekt oder ein tolles Logo, aber sonst nichts. Und vermitteln Sie Ihrer Werbeagentur: Es ist keine Kunst, mit einem nahezu unbeschränkten Budget die tollsten Werbemittel zu produzieren. Die wahre Kunst besteht darin, mit einem schmalen Budget das Optimum zu erreichen.

Die Kunst, das Optimum mit einem schmalen Budget zu erreichen

Geben Sie sich ruhig mit einer 80-Prozent-Lösung zufrieden.

Sie sollten beim Gestalten Ihrer Werbemittel auch nicht stets die 100-Prozent-Lösung anstreben. Geben Sie sich auch mal mit der 80- oder gar 70-Prozent-Lösung zufrieden, denn Anzeigen, Presse-mitteilungen, Werbebriefe, Prospekte, Projektbeschreibungen, Homepages usw. sind nur Werkzeuge innerhalb des Marketingprozes-ses. Und die Praxis zeigt immer wieder: Auch Anbieter mit zweit-, teils sogar drittklassig gestalteten Werbemitteln sind oft sehr er-folgreich. Unter einer Voraussetzung: Sie setzen diese gezielt ein.

Heute den Erfolg von morgen sichern

Der Inhaber eines bayerischen Trainings- und Beratungsunterneh-mens erzielt mit seinen sechs Beratern und Trainern und zwei Bü-roarbeitern seit Jahren circa zwei Millionen Euro Umsatz jährlich. Und dies, obwohl er abgesehen von einigen Projektbeschreibun-gen über keine Werbemittel verfügt. Auch Anzeigen schaltet er nie, selbst Mailings versendet er nie. Der Grund: Der Institutsin-haber ist nicht nur ein Topberater, sondern auch ein Topverkäu-fer. Außerdem leistet das auf die Vertriebssteuerung in der Inves-titionsgüterindustrie spezialisierte Team eine so gute Arbeit, dass es, wenn es erst einmal einen Kleinstauftrag in einem Unterneh-men ausführt, stets größere Folgeauftrag erhält und von seinen Kunden, stimuliert vom Institutsinhaber, weiterempfohlen wird. Erfolgt eine solche Empfehlung, dann benötigt das Institut, so das Credo seines Inhabers, keine Prospekte mehr. Dann muss es seine Kompetenz zeigen. Das heißt, sein Inhaber trifft sich mit den Entscheidern in dem Unternehmen und erörtert mit ihnen, wo der Schuh drückt. Danach entwirft er für den Kunden ein maß-geschneidertes Konzept, wie das Problem gelöst werden könnte. Dieses überlässt er seinen Kunden aber nur unter der Bedingung, dass sie sich mit ihm nochmals treffen, um mit ihm dessen Vorzü-ge und Nachteile zu erörtern. So gelingt es dem Inhaber, fast alle Anfragen in Aufträge umzuwandeln und eine Traumrendite zu er-zielen, da den Umsätzen keine Werbekosten gegenüberstehen.

Trotzdem beschloss der Institutsinhaber im vergangenen Jahr, künftig Geld in die eigene Werbung zu investieren (und so kurz-fristig die Rendite zu schmälern). Aus folgenden Gründen: Er er-

kannte als Schwachstelle seines Unternehmens, dass dieses weitgehend von den Groß- und Folgeaufträgen von circa einem halben
Dutzend Großkunden lebt. Brechen von diesen zwei, drei weg,
und sei es nur wegen eines Vorstandswechsels, sacken seine Umsätze steil nach unten. Also möchte er stets einige potenzielle
Neukunden in der Pipeline haben. Außerdem erkannte der Inhaber: „Zu den Kunden eine solche Beziehung aufzubauen, dass sie
in mir weniger den Berater als vielmehr einen Coach und strategi-
schen Partner sehen, gelingt nur mir. Deshalb akquiriere ich
letztlich alle Großaufträge. Entsprechend stark hängt der Unternehmenserfolg von meiner Person ab. Also muss ich parallel andere (Akquise-)Wege aufbauen, die es auch meinen Mitarbeitern ermöglichen, neue Aufträge an Land zu ziehen." Hinzu kommt ein
weiterer Punkt: Der Inhaber möchte nicht ewig der Frontmann
seines Unternehmens sein. Nicht heute oder morgen, aber vielleicht in zehn oder fünfzehn Jahren möchte der heute 45-Jährige
sein Unternehmen verkaufen, um sich vom Verkaufserlös einen
schönen Lebensabend zu gestalten. Dies kann er aber nicht, wenn
das Institut nicht ohne ihn (über-)lebensfähig ist. Deshalb beginnt er bereits heute damit, die entsprechenden Strukturen in
seinem Unternehmen aufzubauen. Zudem weiß der Inhaber: „Die
Höhe des Verkaufspreises wird auch davon abhängen, wie bekannt
mein Institut ist." Deshalb arbeitet er bereits heute unter anderem mittels PR und Werbung daraufhin, den Namen seines Unternehmens als Marke zu etablieren.

5.2.

Die neun wichtigsten Marketinginstrumente

Es gibt viele Marketingwerkzeuge. Doch für Anzeigen, Prospekte und Newsletter gilt ebenso wie für Hämmer, Kneifzangen und Bohrmaschinen: Sie eignen sich nur für bestimmte Zwecke, für andere nicht. Und ebenso wie man mit einem Hammer allein kein Haus bauen kann, kann man mit Anzeigen oder Prospekten allein nicht alle Marketing- und Verkaufsaufgaben erfüllen. Deshalb sollten Trainer und Berater wissen, wo die Stärken und Schwächen der einzelnen Marketinginstrumente liegen, damit sie diese gezielt auswählen und einsetzen können.

Dies ist auch wichtig, weil der Einsatz sämtlicher Marketinginstrumente stets mit hohen Kosten verbunden ist – entweder an Geld oder Zeit, wobei sich die Waagschale abhängig vom Instrument mal eher in die Richtung „viel Geld" oder „viel Zeit" neigt. Entsprechend hoch sind die „Fehlinvestitionen", wenn die Instrumente unprofessionell eingesetzt werden.

Hinzu kommt: Alle Marketinginstrumente sind nur Werkzeuge – wie Hammer und Kneifzange. Also können sie Ihnen als Trainer und Berater maximal das Vermarkten und Verkaufen Ihrer Leistungen erleichtern. Sie nehmen Ihnen diese Aufgaben nicht ab. Dies sollten Sie bei der Arbeit mit ihnen stets vor Augen haben. Sonst ist Enttäuschung vorprogrammiert.

Welche Rolle die einzelnen Instrumente in Ihrem Marketingsystem spielen sollten, hängt nicht nur von Ihrer Positionierung, Ihren Zielen, Ihrer Produktpalette und Ihren Ressourcen an Geld und Zeit ab, sondern auch von Ihrer Persönlichkeit. Wenn es Ihnen zum Beispiel leicht fällt, fremde Menschen anzurufen und Ihnen Ihre Leistungen anzupreisen, dann sollte in Ihrem Marketingkonzept das Telefonieren eine zentrale Rolle spielen. Verfügen Sie aber über andere Stärken, dann sollte auch Ihr Konzept ein anderes sein.

Auch weil die Trainer- und Beraterpersönlichkeiten verschieden sind, gilt deshalb: Das 1a-Marketingkonzept, die 1a-Marketingstrategie gibt es nicht. Spitze ist das, was zu Ihnen und Ihrem Unternehmen passt.

5.2.1.

Anzeigen

Monotonie überwiegt

Woran erkennt man die Anzeige eines Seminarveranstalters? Oben stehen Name und Logo des Anbieters oder ein mehr oder weniger sinniger Spruch. Darunter werden die Seminarthemen und -termine aufgelistet. Und unten steht die Adresse des Anbieters zum Anfordern weiterer Infos. Fast schon spektakulär ist es angesichts dieser Monotonie in schwarz und weiß, wenn plötzlich – wie in einer Anzeige von Moderatio BusinessModeration, Pörnbach – der rote Kopf einer Nadel erscheint. Oder wenn – wie in einer Anzeige der ibo Beratung und Training GmbH, Wettenberg – das Foto mehrerer Hände, die an einem Seil ziehen, als Blickfang dient – selbst wenn das Motiv inzwischen so abgenutzt ist, dass sich sofort der Gedanke aufdrängt: Von welcher Clip-Art-CD stammt dieses Bild?

Noch dröger sind die so genannten Seminarmärkte, die inzwischen die letzten Seiten aller Weiterbildungsmagazine zieren. Hier kann der Betrachter fast bildhaft sehen, wie der Anbieter sich qualvoll müht, noch die letzte „wichtige" Aussage über sein Unternehmen in das „Anbieterporträt" zu pressen. Hier muss noch ein Satz gestrichen, dort noch eine Formulierung geändert werden, damit der Text ins vorgegebene Format passt.

Für manche Leser klingen diese Aussagen vielleicht zynisch. So sind sie aber nicht gemeint. Als ehemaliger Objektleiter der Zeitschrift „wirtschaft & weiterbildung" war der Autor federführend daran beteiligt, als dieses Magazin 1992 seinen so genannten SeminarMarkt einführte. Das Motiv hierfür war: Im Kontakt mit Trainern und Beratern zeigte sich immer wieder, dass die meisten ein sehr schmales Werbebudget haben. Deshalb möchten sie keine Formatanzeigen im redaktionellen Teil des Magazins schalten. Außerdem scheuen sie den Gang zu einer Werbeagentur. Das verursacht weitere Kosten. Also stellte sich die Frage: „Wie kommen wir trotzdem an die Geldbeutel dieser Kunden?" Des Rätsels Lösung war der SeminarMarkt. Schließlich müssen die Anbieter für eine Anzeige in dieser Rubrik nur ein Formular ausfüllen und ein Stück Papier mit ihrem Logo hinzufügen und schon kann der Auftrag zum Verlag geschickt werden.

Dasselbe Motiv steht hinter allen Seminarkalendern; weshalb die Möglichkeit, Seminartermine zu veröffentlichen, oft mit der Auflage verknüpft ist, ein Unternehmensporträt zu veröffentlichen. Dies ist keine Kritik an den Verlagen. Schließlich sind sie Wirtschaftsunternehmen, und mit dem Verkauf ihrer Zeitschriften können sie meist nicht einmal deren Druckkosten decken. Entsprechend wichtig sind für die Verlage Anzeigen.

Fraglich ist aber, ob die Anzeigen (im Seminarkalender und im redaktionellen Teil der Magazine) die Erwartungen der Inserenten erfüllen. Oft nicht. Aus mehreren Gründen: Ein wesentlicher liegt darin, wie die Anbieter ihre Anzeigen konzipieren. Das sei am Beispiel der oben beschriebenen Anzeigen von Anbietern offener Seminare illustriert. Nur wenige Kunden buchen spontan ein Seminar, nur weil sie dessen Ankündigung gelesen haben. Vielmehr rufen sie zunächst beim Anbieter an und fordern weitere Infos an. Erst wenn diese sie überzeugen, melden sie sich an. Ähnlich verhält es sich bei Beratungsleistungen. Auch die kauft niemand, nur weil er die Anzeige eines Beraters las.

Eine Anzeige weckt zwar die Aufmerksamkeit von Kunden, nur wenige buchen aber wegen der Ankündigung ein Seminar.

Eine Anzeige kann also bestenfalls die Aufmerksamkeit und das (Kauf-)Interesse potenzieller Kunden wecken. Dass aus dem Interesse die Entscheidung „Ich nehme am Seminar teil" erwächst, dafür müssen andere Instrumente (Prospekt, Seminarbeschreibung, telefonisches Nachfassen usw.) sorgen. Deshalb sollten Anzeigen so konzipiert sein, dass sie das Interesse potenzieller Kunden wecken und sie zu einer Kontaktaufnahme animieren. Das eigentliche Verkaufen findet später statt.

Überflüssig sind deshalb in einer Anzeige solche Informationen wie der Preis. Es sei denn, der Anbieter möchte, dass nur die Personen bei ihm anrufen, die spontan bereit sind, den Preis zu bezahlen. Dann verschenkt er aber die Chance, potenzielle Kunden, die sich für das Seminar interessieren, aber denken „Das ist mir zu teuer", am Telefon davon zu überzeugen, dass der Preis angemessen ist. Dasselbe gilt für die Seminartermine. Auch sie können Interessenten im Prospekt oder per Telefon mitgeteilt werden; außer der Anbieter möchte wirklich, dass sich nur Leute bei ihm melden, die genau zu diesem Termin Zeit haben – zum Beispiel, weil die Veranstaltung nur einmal stattfindet. Ansonsten vergibt auch er die Chance, mit potenziellen Kunden in direkten Kontakt zu kommen und sie eventuell, sofern sie keine Zeit haben, auf einen anderen Termin umzuleiten.

Tipp:
Die Postanschrift ist
Platzverschwendung.

Auch dass fast alle Anbieter ihre komplette Postadresse in ihre Anzeigen schreiben, ist Platzverschwendung. Schließlich findet heute die Businesskommunikation weitgehend per Telefon und e-Mail statt. Warum also nicht die Postanschrift streichen? Und schon wieder ist Platz gewonnen für eine grafische Gestaltung, die den Blick des Lesers auf die Anzeige lenkt. Zum Beispiel mit Hilfe eines knalligen oder ausgefallenen Fotos, wobei die Betonung auf „knallig" oder „ausgefallen" liegt. Oft sind die verwendeten Motive so verbraucht, dass sie dem Betrachter bestenfalls ein Gähnen entlocken. Dies gilt zum Beispiel für das Motiv der in einer Reihe aufgestellten und nacheinander umfallenden Dominosteine; ebenso für das Motiv mehrerer Hände, die ineinander greifen. Dies gilt aber auch für alle Fotos, die mehrere geschniegelte Männer und Frauen im Businessdress zeigen, die sich zum Beispiel über ein Chart beugen. Das mag zwar professionell aussehen, ist aber langweilig. Hier sollten die Bildungs- und Beratungsanbieter mehr Mut beweisen – wie zum Beispiel Gückel Coaching & Kommunikation.

Blickfang: Bild

Eine Anzeige des in Reutlingen ansässigen Unternehmens zeigt auf der linken Seite einen sich räkelnden, griesgrämig dreinschauenden Buddha, und rechts ist ein Bild desselben Buddha, der jedoch zufrieden lacht. Mit diesen Motiven stellt das Unternehmen sicher, dass das Auge des Betrachters an der Anzeige hängen bleibt. Das heißt: Sie wird wahrgenommen. Würde Gückel Coaching & Kommunikation zudem im Anzeigentext noch klar formulieren, wofür das Unternehmen Spezialist ist, statt alle möglichen Themenfelder aufzulisten (und hätte es nicht bei den Farben gespart), dann würde es gewiss noch mehr Erfolg versprechende Resonanzen erzielen.

Aufmerksamkeitsstarke Bilder nutzen

www.gueckel-coaching.de

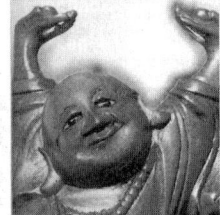

- Beförderung
- Change-Management
- Führungsberatung
- Karriereberatung
- Konfliktmanagement
- Krisenmanagement
- Motivationsverbesserung
- Outplacementberatung
- Rhetorik und Auftreten
- Stellenwechsel
- Stressmanagement

Gückel
Coaching & Kommunikation

Sehr selten nutzen Trainer und Berater auch Karikaturen und Cartoons zum Gestalten ihrer Anzeigen. Dabei fesseln sie Betrachter mindestens ebenso wie „gute Fotos". Ein weiterer Vorteil von Karikaturen und Cartoons: In ihnen können Kernaussagen bewusst überzeichnet werden, so dass der Betrachter entweder schmunzelt oder sich bei ihm ein leichter Widerspruch regt. Beides animiert ihn zum Weiterlesen.

Blickfang: Slogan

Auch Sprüche können als Blickfang dienen. Sie müssen aber bildhafter, frecher und fantasievoller sein als die Slogans, mit denen Trainer und Berater gewöhnlich versuchen, die Aufmerksamkeit potenzieller Kunden zu wecken. Wie gleichförmig und spröde die Slogans meist sind, sei am Beispiel einiger Headlines von Anzeigen, die in einer Ausgabe der Zeitschrift managerSeminare mit dem Schwerpunktthema Coaching erschienen, dargestellt:

▶ „Coaching zur Entwicklung Ihres Erfolgs!",
▶ „Fit für das Coaching",
▶ „Coaching – Kompetenzen erweitern",
▶ „Wir machen kompetente Coaches",
▶ „Professions- und Persönlichkeits-Coaching",
▶ „Coaching, das hilft",
▶ „Individuelles Coaching".

Stellen Sie sich vor, Sie wären einer der Spitzenmanager, die diese Anbieter als Kunden gewinnen möchten, oder ein Personalentwickler, der für die oberen Führungskräfte seines Unternehmens potenzielle Coachs sucht. Hand aufs Herz: Welche Headline würde Sie dann zum Weiterlesen animieren? Vermutlich keine. Anders sähe dies vermutlich aus, wenn über einer Anzeige stünde: „Ganz oben ist man manchmal einsam." Dann würden Sie, sofern Sie zur avisierten Zielgruppe zählen, wahrscheinlich weiterlesen. Warum? Dieser Slogan suggeriert Ihnen „Die verstehen mein Problem" und streichelt Ihr Ego, weil er Sie als „lonely hero" darstellt.

Blickfang:
Gestellte Fragen

Gute Headlines sind oft auch Fragen wie: „Heute schon gelacht?" Oder: „Personalabbau macht Spaß. Oder?" Oder: „Controller oder Erbsenzähler?" Auch sie wecken, insbesondere wenn sie mit einem passenden Bild hinterlegt sind, die Aufmerksamkeit des Lesers und sein Interesse weiterzulesen, allein schon aus Neugier, was ist denn das. Gelingt es dem Anbieter dann, dem Leser mit wenigen treffsicheren Worten das Gefühl zu vermitteln: „Das könnte ein Anbieter beziehungsweise ein Produkt sein, das mir einen Nutzen bietet", ist die Chance groß, dass er zum Telefonhörer greift.

Das Reduzieren des Texts sollte aber nicht so weit gehen, dass in der Anzeige nur noch die Internetadresse und die Aussage „Menschen machen Qualität" steht (gesehen in der Anzeige eines Beratungsunternehmens). Diese Aussage ist zu vage. Aus ihr geht weder hervor, dass das Unternehmen Beratungsleistungen verkauft, noch wo dessen Kompetenz liegt. Warum sollte ein Leser folglich zum PC eilen und die Internetseite des Anbieters aufrufen? Nur um dieses Rätsel zu lösen?

Wie wenig zielführend Anzeigen oft konzipiert sind, lässt sich gut am Beispiel eines anderen Anbieters darstellen, der sich auf Unternehmen mit einem Strukturvertrieb spezialisiert hat. Dass der Anbieter mit dieser Zielgruppe viel Erfahrung gesammelt hat, erfährt man aber erst beim genauen Lesen seiner Anzeige. Ins Auge stechen zunächst das „Passbild" des Beraters, sein Logo und die Begriffe Unternehmensberatung und Seminare. Dies hebt ihn nicht von der Masse seiner Mitbewerber ab. Also entsteht auch kein Reiz zum Lesen, weil der erste Eindruck beim Betrachten der Anzeige ist: Noch einer, der Vertriebstrainings anbietet.

Anders wäre dies, wenn der Berater mit einem dicken, fetten Slogan unmittelbar auf seine Spezialisierung hinweisen würde. Und sei es mit einem dummen Spruch wie: „Verkäufer oder Klinkenputzer?" Oder: „Wie fit ist Ihre Drückerkolonne?" Dann würden zumindest die Augen der Personalverantwortlichen von Unternehmen mit einem Strukturvertrieb an der Anzeige hängen bleiben. Und wenn ihnen der weitere Text das Gefühl vermitteln würde: „Der Mann kennt unsere Probleme", dann wäre die Chance groß, dass sie bei ihm anrufen. Schließlich sind Trainer und Berater, die sich auf Unternehmen mit einem Strukturvertrieb spezialisiert haben, rar.

Bei einem Anbieter mit einer so klaren Spezialisierung stellt sich ohnehin die Frage: Sollte er überhaupt eine Anzeige in einer personalwirtschaftlichen Zeitschrift schalten? Wäre sie nicht besser in der Fachzeitschrift einer Branche platziert, in der viele Unternehmen mit Strukturvertrieb beheimatet sind, wie zum Beispiel einem finanzwirtschaftlichen Magazin? Dies hätte folgende Vorteile: Er wäre vermutlich einer von ganz wenigen Trainern und Beratern, die sich dort präsentieren. Entsprechend groß wäre die Chance, wahrgenommen zu werden. Außerdem wären vermutlich die Streuverluste geringer, denn Verkaufs-/Vertriebstrainings werden meist direkt von den Vertriebsbereichen gebucht. Verkaufs- und Vertriebsleiter lesen aber nur selten Weiterbildungsmagazine.

Anzeigen schalten: Ja, aber wo?

Die Frage, wäre es nicht besser, sich in Branchenzeitschriften zu präsentieren, sollten sich alle Trainer und Berater stellen, deren Kernzielgruppen genau definierte Branchen sind. Denn dort sind nicht nur die Streuverluste geringer, sie können sich auch schneller mittels Anzeigen eine hohe Bekanntheit in ihrer Zielgruppe aufbauen. Entsprechendes gilt selbstverständlich umgekehrt für alle Anbieter, deren Leistungen primär von den Personalbereichen der Unternehmen gekauft werden. Sie sollten beim Anzeigenschalten den personalwirtschaftlichen Medien und Weiterbildungsfachzeitschriften den Vorzug geben. Dies gilt insbesondere für Anbieter, die sich im Marktsegment Weiterbildungen für Personaler, Trainer und Berater tummeln – ganz gleich, ob sie Coaching-, Organisationsentwickler-, Mediatoren- oder NLP-Ausbildungen anbieten.

Dabei sollte den Anbietern jedoch bewusst sein, dass gerade für das Anzeigenschalten gilt: Einmal ist keinmal. Warum? Anzeigen

Seien Sie für Ihre Zielgruppe konstant präsent.

haben gegenüber der PR oder gegenüber Mailings just den Vorteil, dass die Anbieter mit ihnen regelmäßig in den Medien präsent sein können, die von (vielen Mitgliedern) ihrer Kernzielgruppe gelesen werden. Regelmäßig in bestimmten Medien präsent zu sein ist insbesondere dann wichtig, wenn ein Anbieter seine Bekanntheit in seiner Zielgruppe steigern möchte. Eine weitere Stärke von Anzeigen ist: Mit ihnen können Anbieter relativ einfach mit Zielgruppen kommunizieren, die nur schwer zu fassen sind.

Hierfür ein Beispiel: Ein Anbieter hat sich auf das Thema „Führen mit Zielen" oder „Projektmanagement" oder „Präsentieren" spezialisiert. Für all diese Themen gilt: Letztlich könnte jedes Unternehmen ein Kunde des Anbieters sein. Und die Einkäufer können mal die Inhaber der Unternehmen, mal deren Personalleiter, mal deren Verkaufsleiter, mal die Leiter irgendwelcher Fachabteilungen sein. Entsprechend schwer ist es, in einer solch diffusen Zielgruppe mit Mailings die gewünschte Bekanntheit aufzubauen. Denn wen soll der Anbieter anschreiben, sofern er seine Zielgruppe außer über das Thema nicht noch über weitere Merkmale definiert hat? Dies ist, angesichts der großen Zahl potenzieller Kunden, reine Willkür. Somit liegt die Wahl eines anderen Instruments, um mit potenziellen Neukunden in Kontakt zu kommen, nahe. Zum Beispiel die Pressearbeit. Diese hat aber folgende Nachteile: Über sie kann der Anbieter zwar mal in der Zeitschrift x, mal in der Zeitschrift y und mal in der Zeitschrift z einen Artikel platzieren, doch deren Leserschaft ist nicht identisch. Also stoßen die Leser nicht regelmäßig auf den Namen des Anbieters. Folglich verankert sich in ihrem Kopf auch nicht: „Hans Maier ist Spezialist für ...", so dass sie, wenn sie einen entsprechenden Bedarf haben, bei ihm anrufen und sagen: „Sie sind doch ..."

Das Ziel, sich in den Köpfen ihrer potenziellen Kunden zu verankern, können Anbieter mit Hilfe der Pressearbeit nur erreichen, wenn in denselben Medien immer wieder Presseberichte von ihnen oder über sie erscheinen. Dies ist in der Praxis aber kaum möglich. Denn hat ein Anbieter erst einmal einen Artikel beispielsweise zum Thema „Präsentieren" in einer Zeitschrift publiziert, sagt deren Redaktion, wenn der Anbieter erneut anruft und ihr einen Artikel zum selben Themenkomplex anbietet, fast immer: „Nein. Das Thema beziehungsweise ein ähnliches hatten wir gerade in unserem Heft. Melden Sie sich übernächstes Jahr wieder." Wenn es darum geht, regelmäßig in denselben Medien präsent zu sein, sind die Grenzen der PR-Arbeit also schnell erreicht. Anders ist dies bei Anzeigen. Bei ihnen entscheiden stets Sie als der Kunde, wann wo was über Sie erscheint. Bei der Pressearbeit hingegen entscheiden die Redakteure, wann wo was erscheint.

Ein weiterer Vorteil von Anzeigen ist: Mit ihnen kann zumindest der Teil des Marketingprozesses, bei dem es darum geht, die Aufmerksamkeit und das Interesse potenzieller (Neu-)Kunden zu wecken, weitgehend standardisiert werden. Der Anbieter muss nur einmal seine Anzeigen konzipieren und die nötigen Anzeigenaufträge verschicken und schon erscheinen die gewünschten Informationen zum gewünschten Zeitpunkt in den gewünschten Medien. Dies ist insbesondere bei Veranstaltungen wie Kongressen oder Ausbildungen wichtig, die zu einem bestimmten Termin stattfinden oder beginnen. Bei der Pressearbeit hingegen hängt das Erscheinen der Informationen stets vom Wohlwollen der Redakteure ab. Und auch sonst gibt es Restriktionen. So können zum Beispiel vom Anbieter verfasste Artikel oft nur in einer Zeitschrift, die von der Zielgruppe gelesen wird, platziert werden, denn ist ein Artikel erst einmal erschienen, möchte ihn kein Konkurrenzblatt mehr haben.

Vorteil: Mit Anzeigen können Sie einen Teil des Marketingprozesses standardisieren.

Deshalb sollten Anzeigen in den Marketingkonzepten von Anbietern eine zentrale Rolle spielen,

Anzeigen sind vorteilhaft für...

▶ deren Zielgruppen sich eher über bestimmte Themen/ Problemstellungen als über Branchen definieren oder
▶ die sich in ihrer Zielgruppe den Ruf „Spezialist für ..." aufbauen möchten, weshalb sie regelmäßig mit denselben Themen in denselben Medien präsent sein möchten oder
▶ deren Angebote (zum Beispiel Fortbildungen) termingebunden sind.

Die Pressearbeit hingegen kann eine unterstützende und verstärkende Funktion übernehmen. Und Mailings? Sie sind zum Beispiel ein geeignetes Instrument, um mit Personen und Unternehmen den Kontakt zu halten, mit denen bereits einmal ein Kontakt bestand.

Anzeigen, Beilagen, Beihefter

Formatanzeigen

(stehen im
redaktionellen Teil
des Magazins)

Vorteile

- ▶ können frei gestaltet werden
- ▶ Inserenten können (meist) Platzierung beeinflussen
- ▶ stehen im redaktionellen Umfeld (hohe Aufmerksamkeit)
- ▶ fördern Image, steigern Bekanntheit

Nachteile

- ▶ recht teuer
- ▶ grafische Gestaltung wichtig, um Aufmerksamkeit zu wecken
- ▶ (in überregionalen Medien) große Streuverluste für regionale Anbieter

Beilagen

(Prospekte/Werbeschreiben, die ins
fertige Heft gelegt
werden)

Vorteile

- ▶ können frei gestaltet werden
- ▶ auch einzelne PLZ-Bereiche können belegt werden
- ▶ fördern Image, steigern Bekanntheit
- ▶ fallen auf

Nachteile

- ▶ recht teuer (wegen Postgebühr)
- ▶ fallen aus dem Magazin
- ▶ Anbieter benötigt „Prospekt" (in relativ hoher Auflage)

Anzeigen, Beilagen, Beihefter

Beihefter

(Prospekte, die fest ins Heft integriert werden)

Vorteile

- ▶ können frei gestaltet werden
- ▶ Anbieter hat begrenzten Einfluss auf Platzierung
- ▶ befindet sich im redaktionellen Umfeld
- ▶ fallen auf (insbesondere, wenn stärkeres Papier als im Magazin verwendet wird)
- ▶ in Relation (meist) billiger als großformatige Anzeigen

Nachteile

- ▶ nur Gesamtauflage belegbar
- ▶ muss gedruckt angeliefert werden (Druckkosten)
- ▶ 2-seitige Beihefter sind nur in geleimten Magazinen möglich

Seminarmärkte/ -kalender

Vorteile

- ▶ sind relativ günstig
- ▶ grafisches Know-how wird nicht benötigt
- ▶ Seminare können angekündigt werden

Nachteile

- ▶ „Bleiwüste", in die nur Personen/ Unternehmen mit konkretem Bedarf schauen
- ▶ wenig Möglichkeiten, eigenes Profil zu zeigen
- ▶ kein Imagegewinn

11 Tipps, die Sie beim Konzipieren und Schalten von Anzeigen beachten sollten:

1. Anzeigen haben drei Vorzüge:
   a. Sie entscheiden (und nicht der Redakteur), wann wo was erscheint.
   b. Sie können mit Anzeigen regelmäßig in ein- und demselben Medium präsent sein. Und:
   c. Sie können mit Anzeigen Teile Ihres Marketing- und Verkaufsprozesses standardisieren.

2. Mit Anzeigen können Sie nur die Aufmerksamkeit und das Kaufinteresse potenzieller Kunden wecken. Um die Kunden zur Kaufentscheidung zu führen, sind andere Instrumente nötig.

3. Konzipieren Sie Ihre Anzeigen so, dass sie die Aufmerksamkeit potenzieller Kunden wecken – zum Beispiel, indem Sie in die Anzeigen ein ausgefallenes Foto, eine provokante Karikatur oder einen kecken Spruch integrieren.

4. Streichen Sie aus dem Anzeigentext alle (Detail-)Infos, die Sie Interessenten noch geben können, wenn diese mit Ihnen Kontakt aufgenommen haben – zum Beispiel: Seminartermin und -preis sowie Ihre Postadresse.

5. Bevorzugen Sie, sofern möglich, beim Anzeigenschalten Medien, in denen sich nicht die Masse Ihrer Mitbewerber präsentiert.

6. Schalten Sie lieber sechs Mal im Jahr eine die Aufmerksamkeit weckende Anzeige, als zwölf Mal eine Anzeige, die kaum registriert wird.

7. Berücksichtigen Sie bei Ihrer Entscheidung, ob Sie beim Marketing eher auf Anzeigen, Pressearbeit oder Mailings setzen, auch die Arbeitszeit, die Sie sparen, indem Sie beim Anzeigenschalten Teile Ihres Marketingprozesses standardisieren können und nicht stets neue Artikel

(-varianten) erstellen und einen großen Adresspool aufbauen und pflegen müssen.

8. Die Mediadaten der Zeitschriften sind (Anzeigen-)Verkaufsinstrumente der Verlage. Entsprechend „geschönt" sind sie. Dies gilt insbesondere für die in ihnen publizierten Leseranalysen.

9. Orientieren Sie sich bei Ihrer Entscheidung für ein Medium primär am Kriterium: Welchen Stellenwert hat dieses Magazin in Ihrer Zielgruppe und wie intensiv wird dieses von ihr gelesen? Ein Indikator hierfür ist der Anteil der abonnierten Exemplare an der verbreiteten (nicht gedruckten) Auflage.

10. Überlegen Sie speziell als regionaler Anbieter, ob es nicht günstiger und effektiver wäre, einem Magazin in bestimmten Postleitzahlbereichen einen Prospekt beizulegen als eine Anzeige zu schalten.

11. Unterschätzen Sie als lokaler Anbieter nicht die Werbewirksamkeit der lokalen Anzeigenblätter. In ihnen können Sie oft mit Kleinstanzeigen eine hohe Wirkung erzielen – selbst wenn die Leute sie nur auf der Toilette lesen.

5.2.2.

Presse- und Öffentlichkeitsarbeit

Alltag in der Redaktion. Vor dem Redakteur türmt sich ein Stapel Pressemitteilungen. Hastig schweift sein Blick über die Papierbogen, bevor er einige Mitteilungen in den Papierkorb, andere in die redaktionelle Wiedervorlage legt. „Ein Seminar ‚Verkaufen aber richtig' führt das Institut xy vom 14. bis 16. Oktober in Buxtehude durch", heißt es in einer Pressemitteilung. Und einige Zeilen weiter: „Das Seminar findet zum 50sten Mal statt." Deutlich spürt man: Der Anbieter ist stolz, wie oft er sein Seminar schon vermarktet hat. Trotzdem – nein, gerade deshalb – wandert sein Schreiben in den Papierkorb. Im Akquisegespräch mit Verkaufsleitern oder Personalentwicklern mag der Hinweis, dass das Seminar schon 49 Mal stattfand, ein Verkaufsargument sein. Zeitungen und Zeitschriften wollen ihre Leser aber über Neuigkeiten informieren. Deshalb ist ein Seminar, das zum 50sten Mal stattfindet, für sie eine „olle Kamelle". Also, ab in den Papierkorb!

Korrigieren Sie Ihr PR-Verständnis.

Vielen Trainern und Beratern sind solche Zusammenhänge nicht bewusst. Diese Erfahrung sammeln PR-Experten oft im Kontakt mit Bildungs- und Beratungsanbietern. Meist wird dann schnell deutlich: Die Trainer und Berater haben ein falsches PR-Verständnis, außerdem überzogene Vorstellungen davon, was mit PR erreichbar ist. Fragt der PR-Fachmann zum Beispiel, in welchen Publikationen Artikel über die Arbeit des Trainers/Beraters erscheinen sollen, dann antworten mindestens zwei Drittel der Anbieter: „in der Wirtschaftswoche", „im managermagazin". Ein schöner Wunsch! Aber meist unrealistisch.

In den meisten Artikeln der genannten Medien kommen fast ausschließlich Vorstände und Geschäftsführer von (Groß-)Unternehmen zu Wort. Sie äußern sich über die Strategie oder den Ertrag ihres Unternehmens. Nur ein, zwei Artikel befassen sich mit Personalthemen. Und bei ihnen liegt der Fokus meist darauf: Wie kann ein junger „High Potential" schnell Karriere machen? Wo sollte er studieren? Wo sollte er sich bewerben? Bei welchen Projekten sollte er mitarbeiten? Und: Wann sollte er wieder die Koffer packen?

Entsprechend gering ist die Chance für Trainer/Berater, dort erwähnt zu werden. Insbesondere wenn sie „beinharte Organisationsentwickler" oder gar „Prozessoptimierer" sind. Denn das Thema Organisationsentwicklung interessiert diese Medien wenig. Es wird in ihnen bestenfalls in Nebensätzen abgehandelt – zum Beispiel solchen wie, dass die Fusion der Unternehmen Daimler und Chyrsler nicht die gewünschten Früchte zeigt, weshalb der Vorstand x voraussichtlich seinen Hut nehmen muss.

Die Chance, in die großen Magazine zu kommen, ist gering.

Viele Trainer und Berater erwidern, wenn man ihnen dies erläutert: „Aber Reinhard Sprenger ist auch in allen Managementmagazinen präsent." Stimmt, doch Reinhard Sprenger hatte sich zur rechten Zeit als Querdenker profiliert, indem er provokante Thesen fomulierte und diese auch mit schlagkräftigen Argumenten stützen konnte. Auf diese Weise gab Sprenger der Managementdiskussion eine neue Richtung. Eine entsprechende Publizität wurde ihm zuteil, und von der „lebt" er noch heute. Solch „revolutionäre" Gedanken haben wenige Anbieter – zumindest publizieren sie diese nicht in Büchern. Meist entpuppt sich das, was Trainer und Berater als „innovativ" beschreiben und mit Kunstworten wie „Power-Selling" oder „Performance Improvement" bekleben, als solides Handwerk. Auch hierauf ließe sich eine „solide Pressearbeit" aufbauen. Diese scheitert aber oft am ambivalenten Verhältnis, das viele Trainer und Berater zu den Medien haben. Einerseits messen sie ihnen eine zu große Bedeutung bei, andererseits nehmen sie diese nicht ernst.

Ein Beispiel: Oft rufen Bildungsanbieter bei einem Managementmagazin an und fragen den zuständigen Redakteur: „Wir haben ein neues PE-Konzept entwickelt. Sind Sie an einem Artikel interessiert?" Sagt der Redakteur „Nein", sind sie enttäuscht, zuweilen sogar beleidigt. Die Trainer und Berater reagieren somit auf das „Nein" des Redakteurs anders als wenn ein Personalentwickler sagt: „Ich habe kein Interesse an ihrer Leistung." Dann fragen sie sich: „Liegt es an meinem Produkt oder an meiner Art, mein Pro-

Seien Sie nicht enttäuscht, wenn der Redakteur „Nein" sagt.

dukt zu präsentieren?" Oder hatte der Personalentwickler schlicht keinen Bedarf? Reagiert ein Redakteur ebenso, tun sie dies nicht.

Betrachten Sie den Redakteur als „Kunden".

Das zeigt: Viele Trainer und Berater begreifen die Pressearbeit nicht als einen Verkaufsprozess. In diesem Prozess sind die Bildungs- und Beratungsanbieter die Verkäufer. Ihr Produkt heißt Information. Die Redakteure sind die Kunden. Sie bezahlen zwar nicht mit Geld, aber mit der Währung „Publizität". Nähert man sich so der Pressearbeit, hat dies Konsequenzen. Die Kernfrage lautet dann stets:

▶ Welchen Bedarf hat der „Kunde Redakteur"? Zum Beispiel Neuigkeiten, knackige Aussagen, für seine Leser spannende Themen. Außerdem:
▶ Welchen Nutzen kann ich ihm bieten? Zum Beispiel Einblick in die Firmenpraxis.

Außerdem stellt sich die Frage neu, wie ich mit dem Kunden Redakteur umgehe.

Lassen Sie Kürzungen und Textänderungen zu.

Oft verhalten sich Trainer und Berater in diesem Kontakt ungeschickt. Zum Beispiel reagieren sie pikiert, wenn Redakteure ihre Texte umschreiben, kürzen oder mit anderen Headlines versehen. Dabei würden sie jedem anderen Kunden zugestehen, dass dieser ihre Leistung entsprechend seinem Bedarf nutzt. Oft sind sie in der Zusammenarbeit mit Redakteuren zudem kleinkariert. Auch hierfür ein Beispiel: Faxt ihnen ein Redakteur ein Manuskript zu, in dem sie zitiert sind, haben sie oft viele Änderungswünsche. Ein Grund: Viele können sich nicht mit der pointierten Sprache der Journalisten identifizieren. Deshalb wandeln sie zum Beispiel das knackige Zitat, das der Medienvertreter braucht, wieder in eine nach links und rechts abgesicherte Aussage um, in der alle „Wenns" und „Abers" ausgeleuchtet werden. Das ist meist ein Fehler – nicht nur, weil die Leser der Magazine solche „verwissenschaftlichten" (beziehungsweise „wachsweichen") Aussagen nicht interessieren. Entscheidender ist: Viele Redakteure, zumindest von Fachzeitschriften, nehmen im konkreten Fall zwar die gewünschten Änderungen am Text vor; beim nächsten Mal machen sie aber um den Anbieter einen weiten Bogen.

Dass viele Trainer und Berater einzelnen Formulierungen eine so große Bedeutung beimessen, zeigt: Sie überschätzen die Wirkung des publizierten Worts. In der Praxis machen die Zitierten meist folgende Erfahrung: Kunden sprechen sie zwar an „Ich habe einen Artikel über Sie gelesen", fragen die Anbieter dann aber nach, in welcher Zeitschrift, wissen ihre Gesprächspartner dies nicht. Ebenso ist es bei der Nachfrage, welches Thema im Artikel behandelt wurde? Dann lautet die Antwort oft: „Irgendetwas mit Personalentwicklung." Das liegt bei einem Bildungsanbieter nahe.

Überschätzen Sie nicht die Wirkung des publizierten Wortes.

Bleibt die Frage: Welchen Nutzen hat die Pressearbeit, wenn die Leser die Artikel so oberflächlich lesen und das Gelesene so schnell vergessen? Direkte Verkaufserfolge lassen sich über Presseveröffentlichungen selten erzielen; bei Beratungsprojekten sogar nie. Hierfür ist die PR nicht das richtige Instrument. Sie kann maximal beim Leser das Gefühl erzeugen „Dieses Produkt/dieser Anbieter könnte mir einen Nutzen bieten", so dass er beim Anbieter anruft und sagt: „Bitte schicken Sie mir nähere Infos." PR verkauft also nichts. Sie kann maximal das Verkaufen erleichtern – und dies auch nur, wenn die „angepriesene Leistung" den Bedarf des Unternehmens trifft. Trotzdem ist Pressearbeit wichtig, denn mit ihr können sich Anbieter allmählich eine Bekanntheit in ihrer Zielgruppe aufbauen. Dann haben die potenziellen Kunden, wenn bei ihnen ein Bedarf entsteht, den Namen des Anbieters im Kopf gespeichert und können ihn kontaktieren.

Pressearbeit verkauft nichts – sie erhöht die Bekanntheit in der Zielgruppe.

Ob dieses Sich-bekannt-Machen über Pressemitteilungen und -artikel oder Anzeigen und Mailings erfolgt, ist sekundär. Diese Entscheidung muss, je nachdem welches Ziel der Anbieter verfolgt und welche Leistungen er anbietet, stets neu beantwortet werden. Denn alle Marketinginstrumente haben ihre Stärken und Schwächen. So haben zum Beispiel Anzeigen den Vorzug, dass bei ihnen stets der Anbieter selbst entscheidet, wann und in welcher Zeitung „seine Anzeige" erscheint. Bei Pressemitteilungen und -artikeln ist es umgekehrt: Hier entscheidet der Redakteur, ob, wann und in welcher Form er den Text publiziert. Deshalb ist zum Beispiel jeder Versuch, ein Seminar, das zu einem bestimmten Zeitpunkt stattfindet, rein über PR zu vermarkten, zum Scheitern verurteilt.

Trotzdem sollte das Element Pressearbeit im Marketingmix der meisten Anbieter nicht fehlen. Der Grund: Erschienene Artikel sind selbst Marketinginstrumente. Der Anbieter kann sie – im Gegensatz zu Anzeigen – nach ihrem Erscheinen oft jahrelang für sein Marketing nutzen. Zum Beispiel, indem er

Mehrfachverwertung von Pressetexten

▶ die Artikel ins Internet stellt oder
▶ Fotokopien der Artikel an (potenzielle) Kunden schickt oder
▶ sie bei Anfragen seinen Werbeunterlagen beilegt oder
▶ die Artikel gebunden und mit einem Deckblatt versehen bei Präsentationen potenziellen Kunden überreicht.

Voraussetzung hierfür ist jedoch, dass man sich zuvor das Einverständnis der betreffenden Verlage einholt, um keine Urheberrechte zu verletzen. Dies gilt insbesondere dann, wenn man einen kompletten Beitrag zitieren möchte. In der Praxis reicht für die Zustimmung nicht selten bereits eine kurze Anfrage per e-Mail aus, mit dem Versprechen, stets die genaue Quelle zu benennen.

Erst wenn Anbieter erschienene Artikel so aktiv nutzen, entfalten sie in der Regel ihre positive Wirkung. Hierfür gibt es mehrere Gründe: Nicht nur Trainer und Berater schreiben dem gedruckten Wort oft eine zu hohe Bedeutung zu, ähnlich ergeht es ihren Kunden. Sendet ihnen ein Trainer, den sie eventuell für ein Seminar „Preisverhandlungen erfolgreich führen" engagieren möchten, mehrere Artikel, die er entweder selbst verfasste oder in denen er zitiert wurde, so setzt sich im Kopf der Kunden fast automatisch folgende Assoziationskette in Gang: „Wenn der Trainer so viele Artikel zum Thema verfasst hat oder ihn Zeitungen so oft zitieren, dann muss er ein Experte sein." Und schon hat der Anbieter gegenüber seinen Mitbewerbern ein paar Pluspunkte gesammelt, zumal die firmeninternen Personalentwickler mittels der Artikel auch gegenüber ihren Vorgesetzten begründen können, warum sie sich genau für diesen Anbieter entschieden haben. Dies gilt insbesondere für Projektbeschreibungen, die in Zeitungen erschienen sind und schildern, wie der Anbieter ein ähnliches Problem bei einem anderen Unternehmen löste. Solche Artikel können eine ähnliche Wirkung wie Referenzen und Empfehlungen entfalten. Schließlich ist die Tatsache, dass der Kunde mit der Veröffentlichung eines Berichts über das Projekt einverstanden war, ein Indiz dafür, dass dieses zu seiner Zufriedenheit verlief. Treten dann noch zum Beispiel der Personalleiter und der externe Berater gemeinsam als Autoren auf, ist die Werbewirksamkeit am größten.

Das heißt aber nicht, dass nach Erscheinen des Artikels das Telefon des Anbieters pausenlos klingelt. Meist ist das Gegenteil der Fall. Der Anbieter fiebert dem Erscheinen des Artikels entgegen, weil er sich hiervon einen Push für sein Geschäft erhofft. Doch dann passiert nichts. „Kein Schwein ruft ihn an." Anders ist dies, wenn er den Artikel kopiert und zum Beispiel mit einem Fax-Antwort-Formular, in dem er weitere Infos anbietet, den (potenziellen) Kunden sendet. Dann trudeln oft die ersten Reaktionen ein. Warum? Die Tatsache, dass ein Artikel erschienen ist, bedeutet noch nicht, dass die potenziellen Kunden des Anbieters ihn auch lesen – selbst wenn sie die Zeitschrift abonniert haben. Schließlich geht es den firmeninternen Entscheidern meist ebenso wie vielen Trainern und Beratern. Ihnen fehlt im Arbeitsalltag die Zeit zum Lesen der Fachzeitschriften. Also liegen sie zunächst einige Tage auf ihrem Schreibtisch, bevor sie ungelesen ins Archiv wandern. Anders reagieren Firmeninterne jedoch oft, wenn derselbe Artikel plötzlich in der täglichen Post liegt. Dann schauen sie kurz: „Was ist denn das?" Und trifft der Artikel eines ihrer akuten Themen, dann reagieren sie zuweilen darauf. Vielleicht nicht sofort, aber wenn sie zum dritten oder vierten Mal einen Brief von dem Anbieter bekommen, in dem dieser ihnen mal einen Prospekt, mal einen Artikel, mal eine Checkliste zum selben Thema sendet. Dann verdichtet sich in ihrem Kopf das Bild „Der Anbieter xy ist Spezialist für ..." und sie nehmen mit ihm Kontakt auf, wenn bei ihnen ein Bedarf entsteht.

Entscheidend ist folglich oft nicht, in welcher Zeitschrift ein Artikel erscheint, sondern wie der Anbieter ihn anschließend nutzt, genauer: wie er das Instrument „Artikel" in seinen Marketing- und Verkaufsprozess integriert. Exakt hier liegen die Vorzüge der Pressearbeit gegenüber der Anzeige. Die Anbieter können sich mit Hilfe der Pressearbeit das Image „Spezialist für ..." aufbauen. Außerdem können sie die erschienenen Artikel nutzen, um den Verkaufsentscheidungsprozess bei Kunden voranzutreiben und den Kontakt mit ihnen zu halten.

Trainer und Berater sollten sich aber nicht der Illusion hingeben, dass Pressearbeit günstiger sei als das Schalten von Anzeigen. Sie erscheint zwar oft günstiger, aber nur, weil die Trainer und Berater meist nicht ihre Arbeitszeit einkalkulieren. Berücksichtigt man diese, dann sind mit der Pressearbeit ähnlich hohe Kosten wie mit

Auch Pressearbeit ist teuer.

Eine kleine
Kostenkalkulation

dem Anzeigenschalten verbunden. Hierfür ein Beispiel: Ein Berater möchte einen Bericht über ein Organisations- oder Personalentwicklungsprojekt, das er in einem Unternehmen durchführte, einer Zeitschrift anbieten. Für das Schreiben eines solchen Artikels, der den Ansprüchen einer Redaktion genügt, kann der Berater zwei Tage kalkulieren. Einen weiteren Arbeitstag kann er dafür einplanen, von seinem Kunden zunächst das „grüne Licht" einzuholen, dass ein solcher Artikel publiziert werden darf, das Manuskript mit seinem Kunden abzustimmen, dessen Änderungswünsche ins Manuskript zu integrieren usw. Einen weiteren Arbeitstag kann der Trainer dafür einkalkulieren, das Manuskript einer Zeitschrift zu „verkaufen" und sicherzustellen, dass es erscheint. Insgesamt kann der Berater für so ein Projekt locker eine Arbeitswoche veranschlagen. Legt man pro Arbeitstag also nur ein Honorar von 500 Euro zu Grunde, so kommt man inklusive Fremdkosten schnell auf einen Betrag von 3.000 Euro und mehr, den solch ein Bericht kostet – unabhängig davon, ob der Anbieter den Artikel selbst verfasst oder eine PR-Agentur hiermit beauftragt. Und dies alles nur dafür, dass ein Artikel über die Arbeit des Trainers/Beraters in einer Fachzeitschrift erscheint – mit allen Unwägbarkeiten, die damit verbunden sind. Zum Beispiel, dass die Redaktion

▶ wenn das Manuskript vorliegt, sagt: „Das gefällt uns nicht" oder
▶ das Manuskript aus der Warte des Trainers/Beraters „stümperhaft" kürzt oder
▶ mit Überschriften versieht, die dem Anliegen des Trainers/ Beraters zuwider laufen.

Hierauf hat der Anbieter in der Regel keinen Einfluss, denn der „Kunde Redakteur" kann mit dem „gekauften" Manuskript machen, was er will. Deshalb sollten sich Trainer und Berater genau überlegen:

▶ Welche Funktion kann die Pressearbeit in meinem Marketing- und Verkaufssystem übernehmen,
▶ welche Ziele will ich mit ihr erreichen und
▶ über welche alternativen Wege könnte ich sie ebenfalls erreichen?

Erst wenn sich dann zeigt, dass für eine Profilierung als „Spezialist
für ..." kein Weg an der Pressearbeit vorbeiführt, sollten sie auf
dieses Instrument setzen und hierfür die nötigen Ressourcen be-
reitstellen. Ansonsten ist die Enttäuschung vorprogrammiert.

Die Wissenschaft hat festgestellt ...

*Eine kritische
Wirtschaftsfachpresse
hat Seltenheitswert.*

„Bei 80 Prozent aller Projekte werden die Ziele nicht oder nur
teilweise erreicht. Zu diesem Ergebnis kommt eine Studie ..."
Oder: „70 Prozent aller Mitarbeiter verspüren nur eine geringe
Bindung an ihren Arbeitgeber. Das zeigt eine Umfrage ..." Solche Aussagen liest man in fast jeder Ausgabe der Wirtschafts-
und Weiterbildungsmagazine. Fast blind publizieren viele die Ergebnisse so genannter Studien, (Online-)Befragungen und Un-
tersuchungen, insbesondere in ihren Meldungsteilen – selbst
wenn für sie nur die Teilnehmer eines Seminars befragt wurden
(und deren Zahl anschließend – aus Versehen – verzehn- oder
gar verhundertfacht wurde).

Wen wundert's, dass in den zurückliegenden Jahren eine wach-
sende Zahl von Bildungs- und Beratungsanbietern „Studien" als
PR- und Marketinginstrumente erkannt haben. Entsprechend
skurril wird es oft, wenn man bei deren Herausgebern die Studi-
en beziehen möchte. Dann zeigt sich eigentlich stets: Hinter der
Studie steckt ein Anbieter, der (welch Wunder!) just Leistungen
in dem Bereich anbietet, in dem er ein Defizit bei den Unternehmen konstatierte. Und die Studie? Sie ist leider nur in den Köpfen der Institutsmitarbeiter gespeichert. Mehr als den Wisch, auf
dem die „Studienergebnisse" publiziert wurden, gibt es leider
nicht. Das sagt selbstverständlich kein „Studienverfasser" offen.
Vielmehr lautet die Sprachregelung: „Die Studie ist vergriffen.
Deshalb kann ich Ihnen leider kein Exemplar mehr senden ...
Gerne schicken wir Ihnen aber Prospektmaterial."

Fragen sollten sich die Anbieter auch: Kann ich überhaupt Pressemitteilungen oder Artikel schreiben? Sonst ist die Gefahr groß,
dass ihre Pressemitteilungen verkappte Werbebriefe und ihre Arti-

*Ein Pressetext ist kein
Werbebrief und keine
Diplomarbeit.*

kel abgespeckte Diplomarbeiten sind, die ausnahmslos im Papierkorb der Redaktionen landen. Dies ist oft der Fall, denn die meisten Trainer und Berater können nicht journalistisch schreiben. Nicht nur, weil sie die Regeln des journalistischen Schreibens nicht beherrschen, sondern auch, weil sie als „Spezialisten für ..." oft nicht das Wesentliche vom Unwesentlichen trennen und dieses mit einfachen Worten ausdrücken können. Entsprechend verschroben und von Hunderten „Wenns und Abers" geprägt sind oft ihre Manuskripte.

Schaffen Sie „neue" Themen.

Hinzu kommt: Fast alle Fachzeitschriften haben über die Themen, die ihnen Trainer und Berater als Artikelthemen anbieten, schon Dutzende von Artikeln publiziert. Entsprechend uninteressant sind für sie oft deren Themenvorschläge. Außer der Trainer oder Berater setzt bei einem „Standardthema" den Fokus neu. Zum Beispiel, indem er den Redakteuren statt eines allgemeinen Artikels zum Thema „Führung" einen Artikel zum Thema „Führung und Macht" oder „Führen in Zeiten von Personalabbau" anbietet. In diesem Fall wird der Redakteur am anderen Ende der Strippe, dem der Artikel verkauft werden soll, (vielleicht) wach. Doch auch dieses Schaffen von „neuen Themen" will gelernt sein.

Die folgende Übersichtstabelle fasst zusammen, welche PR-Instrumente sich wofür eignen – und wofür nicht.

Instrument	Voraussetzungen	Stärken	Schwächen
Presse-mitteilung	▶ Adresspool ▶ Neuigkeit	▶ große Reichweite ▶ relativ geringer Arbeitsaufwand ▶ gut geeignet für regelmäßige Kontakte mit Presse	▶ Neuigkeit muss zum Teil gezielt produziert werden
Namens-/ Fachartikel	▶ Thema, das Bedarf der Leser/des Redakteurs trifft	▶ relativ große Reichweite ▶ unterstreicht Kompetenz des Anbieters ▶ erschienener Artikel kann als Marketinginstrument (z.B. für Mailing) genutzt werden	▶ Thema muss dem Redakteur „aktiv" verkauft werden ▶ Artikel kann oft nur einer (Fach-)Zeitschrift z.B. aus dem Personalbereich „verkauft" werden (Konkurrenzausschluss) ▶ relativer hoher Zeitaufwand
Praxisbericht über PE-/OE-Projekt	▶ interessantes, zur Berichterstattung reifes Projekt ▶ Kunde, der bereit ist, über Projekt zu berichten und „Knackpunkte" zu benennen	▶ siehe Namens-/ Fachartikel ▶ hohe Werbewirksamkeit, da das Ja des Kunden zum Publizieren eines Berichts über das gemeinsame Projekt, die Seriosität des Anbieters unterstreicht (Testimonialcharakter)	▶ siehe Namens-/Fachartikel – aber sehr hoher Zeitaufwand, da der Text mit dem Kunden abgestimmt werden muss

Instrument	Voraussetzungen	Stärken	Schwächen
Pressekonfe-renz	▶ Adresspool ▶ interessanter Anlass ▶ (wenn überregional) attraktiver Rahmen	▶ wer kommt, berichtet meist ▶ zwischen Anbieter und Redakteur entsteht persönlicher Kontakt, der auch bei anderen Anlässen nützlich ist ▶ bei Erfolg große Verbreitung	▶ im Bildungs-/Beratungsbereich nur selten geeignete Anlässe ▶ zeit- und kostenintensiv
Presseseminar	▶ Adresspool ▶ interessanter Inhalt ▶ attraktives Programm	▶ wer kommt, berichtet ▶ Beziehung zwischen Anbieter und Redakteur entsteht, die auch später nützlich ist ▶ bei Erfolg große Verbreitung ▶ Redakteure erhalten Einblick in die Arbeit des Anbieters	▶ größere Resonanz nur bei griffigen Inhalten (z.B. Fitness), die Fach- und Publikumspresse ansprechen ▶ sehr zeit- und kostenintensiv
Rundfunk-interview	▶ für „Consumer" interessantes Thema (z.B. Gesundheit, Karriere)	▶ geringer Zeitaufwand ▶ relativ große Reichweite	▶ hohe Streuverluste ▶ schnelles „Verfallsdatum"; kann nicht fürs weitere Marketing genutzt werden
Fernsehbeitrag	▶ für „Consumer" interessantes Thema (z.B. Gesundheit, Karriere)	▶ große Reichweite	▶ siehe Rundfunkinterview ▶ Tenor der Berichterstattung ist schwer steuerbar

11 Tipps, die Sie bei Ihrer Pressearbeit beherzigen sollten:

1. Betrachten Sie die Redakteure der Zeitungen und Zeitschriften als Kunden. Schließlich wollen Sie ihnen etwas „verkaufen" – Ihren Text, Ihre Neuigkeit. Gehen Sie entsprechend mit ihnen um.

2. Liefern Sie ihnen das, was sie benötigen: zum Beispiel Neuigkeiten, Einblick in die Firmenpraxis, „knackige" Zitate.

3. Kommunizieren Sie mit der Presse „mäßig, aber regelmäßig", damit sich auch in den Köpfen der Redakteure allmählich verankert: „Der Anbieter xy existiert. Er ist Spezialist für ..."

4. Überschütten Sie die Presse nicht mit allem möglichen Nonsens – zum Beispiel der Nachricht, dass Ihr Institut Geburtstag hatte. Schicken Sie den Medien nur Infos, die Ihre Kompetenz als „Spezialist für ..." unterstreichen.

5. Überschätzen Sie nicht die Wirkung des publizierten Worts. Seien Sie deshalb „großzügig" beim Gegenlesen von Texten, in denen Sie zitiert sind.

6. Denken Sie stets daran: Der Redakteur ist Ihr Kunde. Er bezahlt Sie zwar nicht mit Geld, aber mit Seiten(anteilen) in seinem Magazin. Deshalb darf er mit dem „gekauften" Artikel machen, was er möchte. Seien Sie also nicht sauer, wenn er Ihr Manuskript kürzt oder – aus Ihrer Warte – „stümperhaft" bearbeitet.

7. Haben Sie keine Angst vor der Fach-/Wirtschaftspresse. Eine wirklich kritische Wirtschaftsfachpresse gibt es nicht mehr, seit – wie Ferdinand Lasalle im 19. Jahrhundert schon schrieb – „das Anzeigenwesen erfunden wurde".

8. Seien Sie aber vorsichtig im Umgang mit allen Medien, die sich an die Endkonsumenten wenden, die zu Hause auf dem Sofa sitzen und Chips essen. Bei ihnen bekommen Berichte schnell den Touch: „Schaut, wie blöd die Wirtschaftsvertreter und ihre Lakaien sind."

9. Pressearbeit ist kein „billiger" Anzeigenersatz. Sie ist ein Marketinginstrument unter vielen – mit eigenen Vorzügen und Schwächen.

10. Geben Sie sich zum Beispiel nie der Illusion hin, Sie könnten ein offenes Seminar oder einen Kongress, für den Sie die Räume und Referenten bereits gebucht haben, allein mit PR-Maßnahmen vermarkten. Bis die erste Pressemitteilung erscheint, ist die Stornofrist des Hotels schon abgelaufen. Hier müssen Sie auf andere Marketinginstrumente wie Anzeigen oder Mailings setzen.

11. Achten Sie darauf: Fast alle Fachzeitschriften haben lange Vorlaufzeiten. Wenn Ihre Meldung in einer bestimmten Ausgabe einer Fachzeitschrift erscheinen soll, muss diese in der Regel mindestens sechs Wochen vor deren Erscheinen auf dem Schreibtisch der Redakteure liegen.

Werbebriefe und Mailings

Alltag eines firmeninternen Weiterbildners. Ein Meeting ist beendet, das nächste beginnt in zehn Minuten. Was kann man in der Zwischenzeit tun? Zum Beispiel die tägliche Post sichten. Schließlich türmt sich im Postkorb wieder ein Stapel von Prospekten, Briefen und Fachzeitschriften. Mit geübtem Blick streifen die Augen des Internen über die Drucksachen. „Reklame, Reklame" geben sie ans Großhirn weiter. Fast automatisch reicht daraufhin die linke Hand die Schreiben an die rechte weiter. Diese wirft sie in den Papierkorb. Nur selten verzögert sich der Bewegungsablauf. Zum Beispiel, weil der Name eines Trainers oder Beraters den Briefkopf ziert, mit dem der Weiterbildner schon zusammenarbeitete. Ab und zu lässt auch das Layout oder ein Begriff im Betreff des Schreibens die Augen kurz verweilen. Gleich einem Scanner streift dann der Blick über das Schriftstück. Dann verschwindet auch dieses im Papierkorb – außer es zählt zu den wenigen Auserwählten, die zur späteren Bearbeitung oder zwecks Ablage im Archiv beiseite gelegt werden.

Vielen Bildungs- und Beratungsanbietern triebe es die Tränen in die Augen, wenn sie sähen, wie wenige Werbeunterlagen vom Schicksal „Ab in den Papierkorb" verschont bleiben. So große Hoffnungen verbinden sie mit diesen Schreiben, so viel Zeit haben sie in deren Formulierung investiert. Und dann werden sie von den „sehr geehrten" Weiterbildnern, Verkaufsleitern usw. gnadenlos im Endlager Papierkorb deponiert.

Werbesendungen: Das meiste wandert direkt in den Papierkorb.

Doch Hand aufs Herz! Welcher Trainer und Berater verfährt anders? Wer war nicht schon einmal stolz darauf, wie fix er „wichtige" von „unwichtigen" Posteingängen unterscheiden kann? Dafür, dass die meisten Werbeunterlagen im Papierkorb landen, gibt es viele Gründe. Der wichtigste ist: Jede Person, die in einem Unternehmen über Investitionen (mit-)entscheidet, wird heute mit „persönlicher" Werbung überschüttet. Schließlich erstellt der billigste PC per Knopfdruck personifizierte Serienbriefe. Deshalb bieten auch „persönliche" Anschreiben keine Gewähr mehr dafür, dass die Zielperson das Schreiben liest. Dasselbe gilt für Zusätze wie „persönlich" und „vertraulich" oder solche, die dem Empfänger mehr Erfolg oder (Lebens-)Glück verheißen. Solche „nutzenorientierten" Floskeln zieren die Werbeaussendungen jeder Klassenlotterie. Sie sind wegen ihres inflationären Gebrauchs verbraucht.

Empfänger muss erkennen: Dieses Angebot könnte mir einen Nutzen bieten.

Werbebriefe müssen sich in ihrer äußeren Form von den Schreiben anderer Anbieter unterscheiden, dann haben sie Erfolg, betonen denn auch Direktmarketing-Experten immer wieder. Dann wird ihnen mehr Aufmerksamkeit zuteil. Das stimmt! Doch was ist gewonnen, wenn der Empfänger dem Schreiben wegen seines Layouts statt einem zwei oder drei Augenblicke Beachtung schenkt? Wenig! Zumindest, wenn den Empfänger in den zusätzlich geschenkten Augenblicken nicht das Gefühl beschleicht: „Dieses Angebot könnte mir oder meinem Unternehmen einen Nutzen bieten." Entsteht dieser Eindruck nicht, wird auch dieser Brief in der Ablage P versenkt.

Weniger Worthülsen und Phrasen

An diesem Punkt kranken die Werbeaussendungen vieler Trainer und Berater. Oft ist selbst nach deren Lektüre nicht klar, welchen Nutzen der Absender dem Empfänger bieten kann und möchte. Unklar bleibt auch, warum sich der Empfänger mit dem Angebot dieses Anbieters intensiver als mit dem seiner Mitbewerber befassen sollte. Das liegt nicht nur an der mangelnden Formulierungskunst vieler Anbieter, die Hauptursache ist vielmehr: Die meisten Trainer und Berater sprechen mit ihren Werbeschreiben eine zu breite Zielgruppe an. Entsprechend allgemein sind ihre Aussagen. Deshalb ist für den einzelnen Kunden kein individueller Nutzen erkennbar.

Die Spezialisierung sollte erkennbar sein.

Ein Beispiel: Oft versenden Bildungsanbieter Werbeschreiben, in denen sie „maßgeschneiderte Trainings" für „Fach- und Führungskräfte in Industrie, Dienstleistung und Verwaltung" offerieren. Doch welcher Trainer spricht diese Zielgruppe nicht an? Als zugespitzt erleben viele Trainer ihr Angebot schon, wenn sie sich als Verkaufs-Spezialisten präsentieren. Doch Vertriebs- und Verkaufstrainer gibt es in Deutschland Tausende. Entsprechend viele bieten täglich ihre Dienste den Unternehmen an. Warum soll dann zum

Beispiel der Verkaufsleiter eines Reifenherstellers gerade den Werbebrief des „Verkaufsspezialisten Mayer" intensiv lesen und eventuell mit ihm Kontakt aufnehmen? Hierfür besteht für ihn kein Anlass.

Anders wäre dies, wenn „Verkaufsspezialist Mayer" dem Verkaufsleiter in seinem Werbeschreiben ein Seminar „Unter Druck – Reifen mit Profil verkaufen" offerieren würde. Dann wäre aus dem Seminartitel bereits ein Bezug zum Geschäftsfeld des Reifenherstellers erkennbar. Dann bestünde für dessen Verkaufsleiter (bei Bedarf) durchaus ein Anlass, darüber nachzudenken: Könnte dies ein Verkaufstraining für unsere Reifenhändler sein?

So zugespitzte Seminarthemen und Werbebriefe setzen voraus, dass Trainer und Berater ihre Kunden und deren Probleme kennen. Außerdem muss ihnen bewusst sein: Ein Werbebrief ist kein Firmenprospekt. Folglich sollten sie in ihm ihren Kunden maximal ein, zwei konkrete Angebote unterbreiten. Hieran kranken viele Werbebriefe von Trainern und Beratern. Sie versuchen, ihren Kunden per Brief ihre gesamte Leistungspalette zu offerieren.

Nur ein, zwei Angebote unterbreiten

Eine weitere Voraussetzung für erfolgreiche Werbebriefe ist: Der Anbieter sollte aus seiner Adressdatenbank die (potenziellen) Kunden herausfiltern können, die mit ähnlichen Problemen kämpfen. Nur dann kann er ihnen Briefe schreiben, deren Form und Inhalt sie persönlich anspricht; des Weiteren ihnen Angebote unterbreiten, deren Nutzen für die Empfänger sofort erkennbar ist. Mit Mailings, die in 1.000er-Packs versandt werden, ist dies nicht möglich. Sie müssen, weil sie ein „breites Publikum" ansprechen, allgemein formuliert sein. Mit ihnen kann man 20 oder 25 Euro teure Fachbücher bewerben, aber keine Bildungs- und Beratungsmaßnahmen die Tausende oder Zehntausende von Euro kosten. Um mit Werbeschreiben das Interesse für solch hochpreisige Produkte zu wecken, muss das Angebot genau auf die (potenziellen) Kunden zugeschnitten sein.

Empfänger sollten mehrere gemeinsame Merkmale haben.

Deshalb sollten Bildungs- und Beratungsanbieter eher 20 oder 30 Werbebriefe pro Woche versenden, statt einmal im Jahr ein Massenmailing zu starten. Denn je kleiner und segmentierter die Zielgruppe ist, umso genauer kann die Botschaft auf die Kunden zugespitzt werden. Kleine, segmentierte Mailings haben weitere Vorzü-

Mehrere kleine Mailings statt ein Massen-Mailing verschicken.

ge. Versendet ein Anbieter nur 20, 30 Werbebriefe pro Woche, denen zum Beispiel auch eine Antwortkarte beiliegt, kann er auf eventuelle Anfragen problemlos schnell und individuell reagieren. Treffen aber nach einem Massenmailing wirklich Anfragen ein und ist für deren Bearbeitung mehr nötig, als einen Prospekt einzutüten, ist das Folgeproblem vorprogrammiert. Der Anbieter kann die Anfragen nicht angemessen bearbeiten. Drei, vier Wochen verstreichen, bis das Angebot beim Nachfrager eintrifft oder der Anbieter Zeit hat, einen Präsentationstermin zu vereinbaren.

Mit den Empfängern mäßig, aber regelmäßig kommunizieren.

Kleine, segmentierte Mailings haben noch einen weiteren Vorteil: Dadurch, dass der Anbieter wöchentlich 20, 30 Werbebriefe verschickt, wird die Akquise von (Neu-)Kunden ein fester Bestandteil seiner Alltagsarbeit. Hier liegt ein Defizit fast aller Marketingaktivitäten vieler Trainer und Berater. Sie werden von ihnen als (lästige) Pflicht empfunden, die sie neben ihrer Berater- oder Trainertätigkeit erledigen müssen. Also werden sie so lange aufgeschoben, bis der Terminkalender des Trainers oder Beraters bereits große Auftragslöcher aufweist. Entsprechend fallen die Marketingaktionen aus, die dann gestartet werden. Sie sind oft von blindem Aktionismus geprägt; möglichst kurzfristig sollen noch Aufträge unter Dach und Fach gebracht werden. Dabei weiß jeder Trainer und Berater: Im Hauruck-Verfahren kann man (zumindest bei Neukunden) keine größeren Aufträge akquirieren.

Ein Nachteil von Massenmailings ist auch: Sie sind meist isolierte Einzelaktionen. Bis zum nächsten Mailing vergeht oft ein Jahr. In dieser Zeit hat aber jeder Empfänger vergessen, dass er von dem Absender schon einmal ein Werbeschreiben erhielt, selbst wenn dieses kurzfristig sein Interesse weckte. Das heißt: Das zweite Mailing baut nicht auf das vorangegangene auf. Es trägt nicht dazu bei, dass sich beim Empfänger allmählich der Eindruck verfestigt: „An den Anbieter x kann ich mich wenden, wenn ich das Problem y habe." Vielmehr setzt das Mailing wieder beim Nullpunkt an. Es kann weder darauf aufbauen, dass der Empfänger den Namen des Anbieters bereits kennt, noch darauf, dass bei ihm bereits die Erwartung besteht, dieser Werbebrief könnte für mich von Interesse sein. Entsprechend wenig Beachtung wird ihm zuteil. Deshalb sollten sich Trainer und Berater beim Versenden von Werbebriefen – ebenso wie beim Schalten von Anzeigen und bei der Pressearbeit – an der Maxime „mäßig, aber regelmäßig" orientieren.

Darüber, wie Werbebriefe verfasst sein sollten, gibt es viele gute Bücher. Ein Aspekt wird in ihnen aber meist nicht ausreichend gewürdigt, nämlich dass es sich beim Verkauf von komplexen Dienstleistungen wie Bildungs- und Beratungsleistungen in der Regel um einen längerfristigen Prozess handelt. Solche Leistungen werden nicht spontan gekauft. Deshalb sind in der Regel zunächst mehrere Impulse nötig, bevor eine Reaktion seitens der potenziellen Kunden erfolgt. Folglich sollten Trainer und Berater, wenn sie mit Werbebriefen ihre Leistungen vermarkten möchten, die einzelnen Aktionen nie isoliert betrachten. Vielmehr sollten sie vorab überlegen:

Zum Verkauf komplexer Produkte sind in der Regel mehrere Impulse nötig.

▶ Was machen wir, nachdem wir die Werbebriefe versandt haben? Fassen wir die Schreiben telefonisch nach oder nicht? Und wenn ja: Wer fasst wann nach? Und:
▶ Was machen wir, wenn jemand reagiert? Was senden wir ihm dann zu?
▶ Was machen wir, wenn die Angeschriebenen nicht reagieren? Wann senden wir ihnen das zweite Mailing mit welchen Infos? Wann senden wir ihnen das dritte?

Strategie

Das Mailing sollte also ein Teil einer größeren Marketingaktion sein, die darauf abzielt, dass der Kunde – wenn nicht jetzt, dann zu einem späteren Zeitpunkt – die gewünschte Reaktion zeigt.

Konzipieren Sie mehrstufige Mailing-Aktionen.

Wie dies in der Praxis funktioniert, sei am Beispiel einer Mailingaktion illustriert, die der Autor im vergangenen Jahr für sein eigenes Unternehmen durchführte. Diese war als dreistufige Aktion konzipiert. Hierfür selektierte der Autor zunächst 100 Adressen von Trainings- und Beratungsunternehmen aus seinem Adresspool, von denen er annahm, sie könnten attraktive Kunden sein. Dann konzipierte er drei Werbebriefe, die in einem zeitlichen Abstand von jeweils zwei Monaten versandt werden sollten. Alle Werbebriefe waren wie folgt gestaltet: Über der persönlichen Anrede war stets ein Foto des Autors – mit Schlips und Kragen, aber einem Papierhut auf dem Kopf, auf dem die Schriftzüge solcher Zeitungen wie „Wirtschaftswoche" „managermagazin", „managerSeminare", „wirtschaft & weiterbildung" klebten. Die Funktion dieses Fotos: die Aufmerksamkeit des Empfängers wecken („Was soll denn das?") – jedoch so, dass über den Papierhut ein Bezug zum Geschäftsfeld des Autors und seines Unternehmens „PR für Bildungs- und Beratungsanbieter" hergestellt wird. Neben dem Foto stand beim ersten Mailing:

▶ Ein Narr oder ein PR-Profi? Beim zweiten Mailing:
▶ Eventuell kein Narr, sondern ein PR-Profi? Und beim dritten:
▶ Kein Narr, sondern ein PR-Profi.

Das heißt: Die drei Mailings bauten aufeinander auf, und ihre „Headlines" dienten ebenfalls stets dazu, die Aufmerksamkeit und das Interesse der Empfänger zu wecken. Unter der Anrede stand dann zum Beispiel im ersten Schreiben:

„Verkaufen Sie Ihren Kunden ‚die Katze im Sack' – Pardon, Bildungs- und Beratungsleistungen? Wenn ja, dann finden Sie anbei 10 Tipps, die Ihnen dabei helfen. Wenn Sie nach deren Lektüre das Gefühl haben, ‚der Kuntz und sein Team könnte uns die Arbeit erleichtern', dann rufen Sie mich an. Oder, senden Sie mir das beigefügte Fax-Antwort-Formular ..."

Beigefügt waren die 10 Tipps, außerdem ein Fax-Antwort-Formular, auf dem die Angeschriebenen unter anderem Artikel des Autors zum Thema „Bildung und Beratung verkaufen" anfordern konnten. Ähnlich waren die beiden anderen Mailings konzipiert.

Von den 100 angeschriebenen Bildungs- und Beratungsunternehmen reagierten 15 unmittelbar auf eines der drei Mailings. Elf per Fax-Antwort-Formular und vier per Telefon. Von den ersten zehn wandelte der Autor drei in „feste Kunden" um, danach waren die freien Kapazitäten seines Teams erschöpft. Also akquirierte er auch keine weiteren Kunden. Doch noch heute, fast ein Jahr später ruft ab und an eines der angeschriebenen Unternehmen an und sagt: „Sie schickten uns vor einigen Monaten so einen Werbebrief ..." Und wenn der Autor selbst bei einem der angeschriebenen Bildungs- und Beratungsunternehmen anruft, dann muss er oft nur sagen „Ich bin der Narr mit dem Papierhut!", und schon erinnern sich die Gesprächspartner.

«Firma»
«Firmenzusatz»
«HerrnFrau» «Titel»«Vorname» «Name»
«Position»
«Straße»
«Postleitzahl» «Ort»

Darmstadt, 7.10.200

Ein Narr oder
ein PR-Profi?

«Anrede» «Titel» «Name»,

verkaufen Sie Ihren Kunden „die Katze im Sack" – pardon
Bildungs- und Beratungsleistungen? Wenn ja, dann finden
Sie anbei 10 Tipps, die Ihnen dabei helfen.

Wenn Sie nach deren Lektüre das Gefühl haben, „der
Kuntz und sein Team könnte uns die Arbeit erleichtern",
dann rufen Sie mich an. Oder, senden Sie mir das beigefügte Fax-Antwort-Formular ...

Büro für Bildung & Kommunikation
Bernhard Kuntz   Tel.: 0 61 5
Liebigstraße 42   Fax: 0 61 5

64293 Darmstadt

**Ein Narr oder
ein PR-Profi?**

(Fax-)Antwort

☐   Ich möchte wissen, ob unter dem Papierhut ein Narr oder ein
     steckt. Bitte senden Sie mir Kopien der Artikel,

     ☐   die Sie zum Thema „Bildungs- und Beratungsleist
          verkaufen" geschrieben haben,

     ☐   die Sie für Kunden verfasst haben und die in
          gangenen zwei Monaten in Zeitungen ers

Dies soll kein Plädoyer dafür sein, dass Sie sich bei Ihrem nächsten Mailing einen Papierhut aufsetzen. Verdeutlicht werden soll nur: Damit Werbebriefe Erfolg haben, müssen Sie (ebenso wie bei Anzeigen) zunächst dafür sorgen, dass Ihr Schreiben in der Flut der Briefe überhaupt wahrgenommen wird. Also sollten Sie in Ihre Briefe einen „Eyecatcher" integrieren. Zum Beispiel ein Foto, eine Karikatur oder eine knackige, ausgefallene Überschrift. Außerdem sollten Sie die Adressen so scharf selektieren, dass alle angeschriebenen Personen/Unternehmen gewisse gemeinsame Merkmale aufweisen. Je größer die Zahl der gemeinsamen Merkmale ist, umso treffsicherer können Sie den Brief formulieren, so dass der Empfänger im Idealfall den Eindruck hat: „Dieser Brief wurde speziell für mich geschrieben."

Verwenden Sie Eyecatcher.

Unterscheiben Sie persönlich und verwenden Sie Briefmarken.

Damit dieser Eindruck entsteht, sollten Sie den Brief auch per Hand unterschreiben. Außerdem sollte auf dem Kuvert eine Briefmarke kleben, damit der Empfänger nicht schon beim In-die-Hand-Nehmen des Briefs den Eindruck hat, es handelt sich um einen Serien-Werbebrief. Dies ist zwar oft teurer und arbeitsaufwendiger, aber Sie wollen Ihren Kunden ja auch keine Gedenkmünzen für 9,99 Euro, sondern Bildungs- und Beratungsleistungen für einige Tausend Euro verkaufen. Des Weiteren: Betrachten Sie jedes Mailing als Teil einer umfassenden Marketing-Aktion, die sich über sechs Monate, ein Jahr oder sogar länger erstreckt und mehrere Stufen umfasst.

Wenn Bildungs- und Beratungsanbieter so vorgehen, können Mailings eine sehr scharfe Waffe sein – gerade für kleine Anbieter, die ihre Kunden vorwiegend im lokalen oder regionalen Umfeld suchen und nicht ausreichend Geld für größere Anzeigen- und PR-Kampagnen haben. Aber auch viele große Bildungs- und Beratungsanbieter arbeiten mit Werbeschreiben sehr erfolgreich. Oft zählen sie zu den „hidden champions" im Bildungs- und Beratungsmarkt, da sie über Anzeigen und Presseartikel nie öffentlich in Erscheinung treten.

11 Tipps, die Sie beim Verfassen Ihrer Werbebriefe und Konzipieren Ihrer Mailings beherzigen sollten:

1. Achten Sie beim Planen Ihrer Mailingaktionen darauf, dass die angeschriebenen Personen/Unternehmen gewisse gemeinsame Merkmale (zum Beispiel dieselbe Funktion oder Branche) haben. Dann können Sie die Botschaft genauer auf die Zielgruppe zuspitzen.

2. Kommunizieren Sie lieber mehrmals jährlich mit einer kleinen Zahl von (potenziellen) Kunden als einmal jährlich mit einer großen. Denn nur so können Sie allmählich in den Köpfen der Kunden die Botschaft verankern „Der Anbieter xy ist Spezialist für ..."

3. Mit standardisierten Werbebriefen können Sie eventuell einzelne Teilnehmer für offene Seminare gewinnen, aber keine größeren Projekte verkaufen.

4. Für hochpreisige und komplexe Bildungs- und Beratungsleistungen können Werbebriefe bestenfalls das Interesse wecken; der eigentliche Verkauf findet im Kontakt zwischen Anbieter und Nachfrager statt.

5. Konzipieren Sie Ihre Briefe so, dass sie die Aufmerksamkeit der Empfänger wecken – zum Beispiel, indem Sie in den Brief ein Foto als „Eyecatcher" integrieren oder ihn mit einer knalligen Headline versehen.

6. Sprechen Sie die Empfänger der Briefe nicht nur in der Anrede persönlich an. Kommunizieren Sie auch im weiteren Text mit ihnen.

7. Benutzen Sie eine möglichst einfache und bildhafte Sprache.

8. Bieten Sie den Empfängern maximal zwei konkrete Leistungen an.

9. Unterschreiben Sie den Brief per Hand und kleben Sie auf ihn eine Briefmarke (selbst wenn dies teurer ist), damit beim Empfänger nicht sofort der Eindruck entsteht: Dies ist ein Serienbrief, der in 1.000-facher Auflage versandt wurde.

10. Das Anschreiben sollte nicht länger als eine Seite sein. Alle Detailinfos gehören in die Anlagen.

11. Kombinieren Sie Ihren Brief eventuell mit einem Fax-Antwort-Formular, mit dem der Empfänger zum Beispiel weitere Infos anfordern kann.

Prospekte

Sind Sie schon einmal bei einem Kongress eingeschlafen? Nein! Dann gewiss nur, weil Sie sich keine Blöße geben wollten. Dabei ging es Ihren Nachbarn vermutlich ähnlich. Denn immer wieder stellt man bei Kongressen fest: Die Referenten betrachten die Teilnehmer als kleine „Dummerchen". Also beginnen sie ihre Vorträge damit, dass Gott Eva aus Adams Rippe schuf, beziehungsweise bei Managementkongressen damit, dass die Globalisierung voranschreitet, sich der Wettbewerb verschärft und die Human Resources zum entscheidenden Erfolgsfaktor werden. Weise Erkenntnisse, nach denen jeder Kongressbesucher dürstet. So weise Erkenntnisse sogar, dass sie zu Beginn jedes Vortrags so lange wiederholt werden, bis jedem Teilnehmer klar ist: Der Besuch dieses Kongresses ist reine Geld- und Zeitverschwendung.

Ähnlich ist es, wenn man die Prospekte von Bildungs- und Beratungsanbietern sichtet. Auch dann hat man oft den Eindruck: Viele Anbieter zweifeln an der geistigen Kompetenz ihrer potenziellen Kunden. Deshalb erläutern sie auf den ersten Seiten zunächst ihre Sicht des Zeitenverlaufs und der Entwicklung der Weltwirtschaft – „die Globalisierung schreitet voran, der Wettbewerb verschärft sich, die Human Resources ..." – so, als seien die Empfänger BWL-Erstsemester.

Verzichten Sie auf Plattitüden und abgedroschene Phrasen.

Eines der größten Managementinstitute Deutschlands doziert zum Beispiel auf der ersten Seite seines Prospekts: „Unternehmen befinden sich in einem dynamischen Umfeld, das sich durch permanente Veränderungen auszeichnet." So geht der Sermon weiter, bis die Verfasser zur umwerfenden Erkenntnis gelangen: „Es gilt, alle Ressourcen zu aktivieren und sich flexibel an den Anforderungen des Marktes auszurichten." Welcher Weiterbildner wäre ob solch tief schürfender Erkenntnisse nicht sofort davon überzeugt, dass er mit diesem Institut zusammenarbeiten muss? Insbesondere, wenn er eine Seite weiter liest, woraus sich dessen Kompetenz speist: „Unsere Kompetenz basiert auf fachlichem Wissen, Methodensicherheit und einem breiten Erfahrungsschatz." „Was heißt das?", möchte man als Leser hinter jede dieser Aussagen schreiben. So allgemein und banal sind diese Plattitüden.

Und selbstverständlich fehlt auch nicht der Hinweis: „Wir stellen die Anforderungen unserer Kunden in den Mittelpunkt unserer Arbeit". Über solche Selbstverständlichkeiten dürfte ein Profi gar nicht reden. Entsprechendes gilt, wenn Trainer und Berater schreiben: „Wir arbeiten ziel- und erfolgsorientiert." Auch hier möchte man schreien: „Ja, wie denn sonst?" Gibt es auch Trainer, die von sich behaupten: „Wir arbeiten nicht ziel- und erfolgsorientiert"?

Prospekte müssen Ihre Fachkompetenz zeigen.

Nein, die Aussagen, mit denen viele Trainer und Berater ihre Leistungen anpreisen, sind so schlecht, dass für ihre Arbeit, wenn sie dieselbe Güte hätte, nur ein Tageshonorar von wenigen Cent angemessen wäre. Ein Kernproblem ist: Bei den meisten Werbeunterlagen spürt man, dass die Anbieter ihre Zielgruppen nicht definiert, also eingegrenzt, haben. Sie möchten „Hinz und Kunz" ansprechen. (In der Beratersprache heißt dies: Fach- und Führungskräfte aus Industrie, Wirtschaft und Verwaltung.) Entsprechend vage sind die Werbeaussagen. Oder was soll man von einer Trainer- und Beratergruppe halten, die in ihrer Broschüre schreibt: „Auf Grund langjähriger Erfahrungen als Führungskräfte, Berater und Trainer setzen wir in unserer Arbeit folgende Schwerpunkte:

▶ Organisationsentwicklung – Wir unterstützen die Konzeption, Planung und Realisierung von Veränderungen in Unternehmen und Organisationen.
▶ Personalentwicklung – Wir entwerfen die für den Entwicklungsbedarf in Ihrer Organisation geeigneten Konzepte und begleiten die Umsetzung."

Pardon, wo liegen hier die Schwerpunkte? Welcher Trainer/Berater ist nicht in diesem Feld aktiv?

Geradezu hanebüchen wird es, wenn das Institut zum Thema Umsetzung schreibt: „Zur Umsetzung empfehlen wir Ihnen als geeignete Instrumente:

- Supervision/Coaching
- Teamentwicklung
- Seminare/Trainings
- Fortbildung
- Workshops/Klausuren
- Projekte
- Foren.

Ein völliger Nonsens: Zum einen empfiehlt kein Trainer/Berater seinen Kunden absichtlich ungeeignete Instrumente, zum anderen spricht es nicht für die Kompetenz eines Anbieters, wenn er in seinem Prospekt nur die verschiedenen „Veranstaltungsformen" auflistet.

Manchem Leser mögen obige Worte zu hart erscheinen. Sie sind aber nötig, denn die Aufgabe von Trainern und Beratern besteht unter anderem darin,

Der Prospekt muss demonstrieren: Der Trainer/Berater kann Dinge auf den Punkt bringen.

- komplexe Sachverhalte und Problemstellungen zu erfassen und zu analysieren und
- sie auf die Kerninhalte zu reduzieren,
- damit sie in didaktische Konzepte oder Handlungsstrategien umsetzbar und vermittelbar sind.

Fehlt einer Person diese Kompetenz, ist sie zumindest für den Beruf des Beraters ungeeignet. Bestenfalls kann sie als Trainer vorgefertigte Seminarkonzepte herunterspulen. Nimmt ein Trainer oder Berater aber für sich in Anspruch, diese Kompetenz zu haben, dann sollte sich dies auch in seinen Werbeunterlagen widerspiegeln. Sonst wirken seine Aussagen unglaubwürdig.

Ein klassisches Beispiel hierfür sind die Werbeunterlagen vieler Verkaufstrainer. Nach deren Lektüre fragt man sich oft: Woher nimmt der Trainer die Kompetenz, Verkäufer zu trainieren, wenn er sich nicht einmal selbst verkaufen kann? Schließlich hat Verkaufen stets etwas damit zu tun,

Verkaufstrainer müssen zeigen: Ich kann verkaufen.

- dem Kunden ein Produkt/eine Leistung schmackhaft zu machen,
- ihm glaubhaft darzulegen, dass ihm das Produkt einen Nutzen bietet und
- ihn davon zu überzeugen, dass der Nutzen größer ist als die Investition (und sich der Kauf folglich lohnt).

Präsentationstrainer müssen demonstrieren: Ich kann präsentieren.

In den Prospekten vieler Verkaufstrainer spürt man hiervon wenig. Ähnliches gilt für die Prospekte der meisten Anbieter von Präsentationsseminaren. Betrachtet man deren lieblos gestaltete Loseblattsammlungen, erscheint es oft absurd, dass diese sich mit dem Thema Präsentation befassen.

Doch es gibt positive Ausnahmen. Hierzu zählen die Flyer von WuP – Will und Partner in Berg bei München. Sie heben sich in mehrfacher Hinsicht positiv von den Unterlagen der meisten Mitbewerber ab. Zum einen ist für jeden Empfänger, weil die Infos in der Regel auf Pinnwandpapier gedruckt sind, sofort erkennbar: „Ach, wieder ein Prospekt von Will und Partner." Zum anderen gelingt es dem

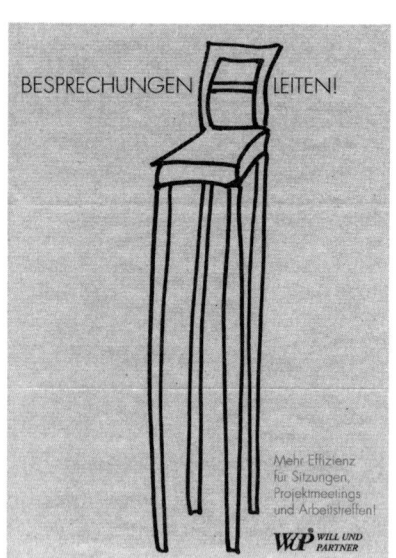

Beispiel: sofort wiedererkennbare Aufmachung.

Institut stets, mit einfachen grafischen Mitteln das Interesse des Betrachters zu wecken. Hinzu kommt ein weiterer Punkt: Die Texte sind kurz, knackig und treffsicher formuliert. Nur selten findet man in den Prospekten Anklänge des geschwollenen Fachchinesisch, das ansonsten die Werbeunterlagen von Trainern und Beratern prägt. Sprache und Gestaltung machen deutlich: Das Institut weiß, dass man beim Konzipieren von Prospekten zunächst vor allem darauf achten sollte, dass Aufmerksamkeit und Interesse der Empfänger geweckt werden. Nicht nur um zu verhindern, dass der Prospekt sofort im Papierkorb landet, sondern auch um sich positiv von den Mitbewerbern abzuheben. Diesem Ziel sollten sich Sprache und Gestaltung unterordnen, denn Prospekte sind zwar Marketing- und Verkaufsinstrumente, sie verkaufen aber nichts. Zwar mag sich ab und zu ein Teilnehmer animiert durch einen Prospekt in ein offenes Seminar verirren, aber größere Trainings- und Beratungsaufträge erteilt kein Unternehmen einem Anbieter, nur weil ihm dessen Prospekt gefiel.

Bezogen auf solche Aufträge hat ein gut gestalteter und treffend formulierter Prospekt bestenfalls eine Türöffnerfunktion. Der eigentliche Verkauf findet im persönlichen Kontakt zwischen Anbieter und Nachfrager statt. Entsprechend sollten die Prospekte konzipiert sein. Sprache und Gestaltung sollten primär darauf abzielen, das Interesse des Nachfragers an weiteren Informationen über den Anbieter und seine Leistungen zu wecken. Wie? Indem der Anbieter dem Empfänger mit wenigen Worten (und Bildern) das Gefühl vermittelt: Dieser Anbieter

Auch Prospekte verkaufen nichts, sie helfen nur beim Verkaufen.

▶ kennt die Bedürfnisse/Probleme seiner Kunden,
▶ versteht sein Handwerk und
▶ könnte uns eventuell beim Lösen unserer Probleme helfen.

Alles, was diesbezüglich ohne Bedeutung ist, kann gestrichen werden. Sämtliche Detailinfos können dem potenziellen Kunden nach der Kontaktaufnahme per (elektronischer) Post oder (fern-)mündlich mitgeteilt werden.

Als positives Beispiel kann hier der Firmenprospekt des bereits zitierten Trainings- und Beratungsunternehmens Machemer International, Denzlingen, dienen (vgl. Seite 94). Schon auf dessen Cover wird dem Empfänger mit Aussagen wie „Umsatzsteigerungen am Point-of-Sales" und „MACHEMER macht's" verdeutlicht, wofür das Unternehmen steht. Zudem wird durch die vier Elemente „Kundenfrequenz – plus", „Kaufkunden – plus", „Pro-Kopf-Umsatz – plus" und „Besuchshäufigkeit – plus" angedeutet, wo das Institut den Hebel ansetzt, um den Erfolg zu steigern. Auf der zweiten Seite wird dann die Wunschebene der Empfänger angesprochen mit Aussagen wie: „Gesamtumsatz: plus 36 Prozent, Kundenfrequenz: plus 40 Prozent, Pro-Kopf-Umsatz: plus 42 Prozent, Rendite: plus 98 Prozent. Welcher Einzel- und Fachhändler träumt nicht von solchen Zahlen?"

Sprechen Sie den Kunden „persönlich" an – auf seiner Wunschebene.

Auf der dritten Seite folgt zunächst die Aussage: „Vielleicht denken Sie: Solche Zuwächse sind nur in Wachstumsmärkten möglich. Nein! Auch in gesättigten – ja, sogar schrumpfenden – Märkten sind solche Steigerungen realisierbar." Dann erläutert das Institut den Lesern kurz, wie solche Erfolge mit Unterstützung von Machemer „machbar" sind, und vermittelt ihnen so das Gefühl: „Das

Ganze ist kein Traum. Auch ich kann solche Zahlen erreichen, wenn ich ..."

Bei diesem Prospekt spürt man: Der Anbieter hat vom Verkaufen eine Ahnung. Ihm ist bewusst: Wenn ich Leuten etwas verkaufen möchte, muss ich zunächst ihr Interesse wecken – zum Beispiel, indem ich sie zum Träumen bringe. Also spricht er seine potenziellen Kunden zunächst auf der Wunschebene an, bevor er ihnen anschließend aufzeigt: „Dieser Traum kann Realität werden, wenn Sie ..." Auffallend ist zudem: Nirgends liest man im Prospekt solche egozentrischen Aussagen wie „Wir sind ..." und „Wir machen ...", die viele Trainer- und Beraterprospekte prägen. Vielmehr steht stets der (potenzielle) Kunde mit seinen Wünschen und Bedürfnissen, Problemen und Bedenken im Fokus. Er wird direkt angesprochen, umworben und gestreichelt – gerade so, wie dies in einem guten Verkaufsgespräch der Fall sein sollte.

Bild- und Wortaussage sollten übereinstimmen.

Doch auch dieser Prospekt ist nicht perfekt. Die auf den Bildern gezeigten Einzelhandelsgeschäfte sind zwar alle vorbildlich gestaltet, aber leider befinden sich in ihnen keine Kunden. Bestenfalls starren dem Betrachter einige Verkäufer erwartungsvoll entgegen. So wünscht sich kein Einzelhändler seinen Laden. Und schon gar nicht lassen sich in menschenleeren Geschäften die genannten Umsatz- und Renditesteigerungen erzielen. Text- und Bildaussage klaffen folglich in dem Prospekt auseinander, was dessen Werbewirksamkeit schmälert. Ein guter Grafiker hätte hier sofort „Stopp – wir brauchen andere Bilder!" rufen müssen.

Gute Prospekte müssen keine Hochglanzprospekte sein.

Auffallend ist bei fast allen guten Prospekten: Sie sind keine Hochglanzprospekte, von denen primär das Signal „teuer" ausgeht. Sie fesseln die Empfänger vielmehr in erster Linie durch klare Botschaften. Hochglanzprospekte mit zig Sonderfarben verwenden hingegen vor allem große Beratungsgesellschaften. Sie wollen mit ihnen Konzern-Vorständen wie Schrempp und Pischetsrieder signalisieren: „Wir sind wer." „Ihr habt es nicht mit einer Garagenfirma zu tun." Inhaltlich enthalten diese (Image-)Prospekte meist nur Blabla. Macht nichts, denn sie sollen – wie die Rolex am Handgelenk des Beraters – primär Eindruck schinden. Und nachdem sie feierlich überreicht wurden, verstauben sie in einer Schublade.

Mit solchen Prospekten kommen kleinere Trainings- und Beratungsunternehmen nicht weit. Sie sollten eher auf kleine, professionell gestaltete (aber nicht unbedingt teure) Prospekte setzen, die sich an exakt definierte Zielgruppen wenden und ihnen ein genau definiertes Angebot unterbreiten. Warum? Sie werden primär an ihrer Kompetenz gemessen. Während manch Konzernchef, wenn er sich für die Unternehmensberatungen McKinsey, Boston Consulting Group oder Accenture entscheidet, auch deren Namen kauft.

Kleinere Trainings- und Beratungsunternehmen hingegen haben nur Erfolg, wenn sie ihre potenziellen Kunden davon überzeugen, dass sie ihr Handwerk und das Geschäft ihrer Kunden verstehen. Dies gelingt ihnen nicht mit Prospekten, die sich an Gott und die Welt wenden. Deshalb sollten sie stets überlegen, ob sie nicht statt eines teuren Image- oder Firmenprospektes eher mehrere kleine Branchen- oder Themenprospekte entwickeln sollten. Der Vorteil hiervon: Sie können die Aussagen schärfer auf die jeweilige Zielgruppe zuspitzen.

Branchen- und Themenprospekte bringen oft mehr.

Bevor sie diese Prospekte konzipieren, sollten die Anbieter analysieren: Wer sind unsere (Kern-)Zielgruppen? Und in welche Teilzielgruppen untergliedern sich unsere Kernzielgruppen? Außerdem: Welche gemeinsamen Bedürfnisse, Probleme sowie Struktur- und Kulturmerkmale haben unsere Kunden? Erst dann können sie ihre Aussagen zuspitzen.

Im Vorfeld sollten sie auch klären: „Wann und wie setzen wir die Prospekte ein? Wollen wir sie an vorhandene Kunden oder an potenzielle Neukunden schicken? Wollen wir sie für Mailings nutzen oder versenden wir sie nur auf Anfrage?" Und mindestens ebenso wichtig ist es, sich mit den Fragen zu befassen: „Was wollen wir mit dem Prospekt erreichen und welches „Verhalten" soll der Empfänger nach dessen Lektüre zeigen? Soll er anschließend nur das Gefühl haben, „Das ist ein Spezialist, der uns beim Lösen unserer Probleme helfen könnte", so dass er, wenn wir ihn anrufen, eventuell bereit ist, mit uns ein Treffen zu vereinbaren? Oder soll der Empfänger nach der Lektüre bei uns anrufen und um weitere Infos bitten? Oder soll der Prospekt nur ein Impuls von vielen sein, um im Kopf der potenziellen Kunden allmählich zu verankern, dass wir der Spezialist für ... sind?" Trainer und Berater sollten sich also, bevor sie einen Prospekt konzipieren, genau überlegen, welche

Definieren Sie im Vorfeld: Wann, wie und wozu setze ich das Prospekt ein?

Funktion dieser in ihrem Marketingsystem übernehmen soll und wie er im Arbeitsalltag eingesetzt wird. Denn abhängig davon sollten die Prospekte nicht nur unterschiedlich gestaltet sein, sondern auch unterschiedliche Inhalte haben.

Flyer – kleine Info-Happen für den „Hunger" zwischendurch

Hierfür ein Beispiel: Oft wollen Trainer und Berater mit dem Zusenden eines Prospekts nur dafür sorgen, dass sie bei ihren (potenziellen) Kunden nicht in Vergessenheit geraten. Oder sie wollen diese auf ein neues Produkt – zum Beispiel ein Seminar oder ein Analyseinstrument – hinweisen. Dann genügt es in der Regel, einen Flyer – also ein kleines Faltblatt – zu produzieren. Solche Mini-Prospekte spielen im Marketing vieler Trainings- und Beratungsanbieter eine große Rolle. Zu Recht, denn sie eignen sich vorzüglich für die schnelle Kommunikation mit (potenziellen) Kunden zwischendurch. Sie lassen sich mit einem „Hamburger" vergleichen. Auch mit ihm lässt sich nicht der große (Informations-)Hunger stillen, wohl aber der kleine Hunger zwischendurch.

Ein Anstoß für „Spontankäufe"

Ein weiterer Vorteil von Flyern: Mit ihnen können Anbieter auch Produkte und Dienstleistungen vermarkten, bei denen die Kunden ein geringes Kaufrisiko empfinden – zum Beispiel weil

- ▶ der Preis aus ihrer Sicht recht niedrig ist oder
- ▶ das Produkt für sie keine existenzielle Bedeutung hat.

Ein solches „Produkt" kann auch die Teilnahme an einem offenen Seminar sein – selbst wenn dieses 1.000 Euro kostet. Für die Bereichsleiter von (größeren) Unternehmen sind solche Beträge oft „Peanuts". Deshalb ist es durchaus möglich, dass sie, wenn sie einen solchen Prospekt erhalten, zu einem Mitarbeiter sagen: „Das könnte was für uns sein. Geh da mal hin." Anders ist dies in der Regel jedoch, wenn die Teilnehmer denselben Betrag aus ihrer Privatschatulle bezahlen müssen. Dann überlegen sie meist länger: „Soll ich 1.000 Euro investieren oder nicht?"

Um „Spontankäufe" bei (Firmen-)Kunden auszulösen, müssen Flyer gewisse Anforderungen erfüllen. Sie sollten zum Beispiel, gerade weil sie ein Massen- und Wegwerfprodukt sind, sehr schnell die Aufmerksamkeit der Empfänger wecken. Wie dies geht, sei am Beispiel eines Flyers für ein Verhandlungsseminar für Verkäufer des Fuldaer Trainings- und Beratungsunternehmens Staminski & Partner erläutert. Dessen Cover zeigt das Foto zweier Personen im Businessdress, die mit schweißbedecktem Gesicht an einer prall gefüllten Brieftasche zerren. Darunter steht der Seminartitel: „Verhandeln oder um Preise feilschen?" So versucht das Unternehmen, die Aufmerksamkeit der Betrachter zu wecken. Auf der zweiten Seite folgt dann der Text: „Können Sie mir mit dem Preis entgegenkommen?" – „Welchen Rabatt erhalte ich, wenn ich die doppelte Menge kaufe?" Solche Fragen sind Alltag, wenn sich Ein- und Verkäufer gegenübersitzen. Doch nicht nur hierüber verhandeln sie miteinander, sondern auch über die Qualität des Produkts und die (Service-)Leistungen, die im ‚Paket' enthalten sind." Mit diesen Zeilen will Staminski & Partner den Empfängern vermitteln: „Wir kennen euren Arbeitsalltag." Erst danach werden das Seminarkonzept und die Seminarinhalte vorgestellt und wird erläutert, welchen Nutzen die Teilnehmer aus dem Seminar ziehen.

Solche Flyer legt Staminski & Partner nie den Unterlagen bei, wenn zum Beispiel der Personalleiter eines Unternehmens anruft und sagt: „Schicken sie mir mal Infos über ihr Unternehmen." Aber um ein offenes Seminar zu bewerben oder um an (potenzielle) Kunden en passant das Signal zu senden, „Wenn es ums Thema Verhandeln geht, könnt ihr euch an uns wenden", sind Flyer ein geeignetes Instrument. Nicht nur weil ihre Produktion wenig Zeit und Geld kostet, sondern auch weil ihr Versand geringe Portokosten verursacht.

13 Tipps, die Sie bei der Konzeption und dem Einsatz Ihrer Prospekte beachten sollten:

1. In Ihrer Schreibtischschublade entfaltet der beste Prospekt keine Wirkung. Überlegen Sie deshalb im Vorfeld genau, wie und wo Sie Ihren Prospekt einsetzen möchten; außerdem, welches Ziel Sie mit Ihrem Prospekt erreichen möchten (z.B. ein bestimmtes Image fördern, Produkte verkaufen, Interesse wecken).

2. Analysieren Sie auch, wen Sie ansprechen möchten. Definieren Sie die Zielgruppe, sofern möglich, über mehrere Dimensionen (z.B. Branche, Unternehmensgröße/-kultur, Marktposition, Funktion, brennendstes Problem). Dann werden Ihre Aussagen treffsicherer.

3. Konzipieren Sie lieber mehrere einfache, aber treffsicher formulierte Prospekte, als einen teuren, aber sehr allgemein gehaltenen (Hochglanz-)Prospekt.

4. Geben Sie Ihrem Layouter/Texter eine präzise Vorgabe, welche Botschaft der Text/das Layout transportieren soll. Sonst erhalten Sie kein befriedigendes Ergebnis.

5. Sie verkaufen kein Lifestyle-Produkt. Deshalb muss Ihr Prospekt mehr fachliche Information enthalten als ein Prospekt für ein neues „Duftwässerchen".

6. Ihre (potenziellen) Kunden sind keine Dummerchen. Streichen Sie deshalb aus dem Text solche Plattitüden wie „die Globalisierung schreitet voran" und „der Wettbewerb verschärft sich".

7. Ein Prospekt ist ein „schriftlich geführtes Verkaufsgespräch". Bauen Sie Ihren Prospekt entsprechend auf; kommunizieren Sie in ihm mit Ihren potenziellen Kunden.

8. Langweilen Sie diese nicht mit Banalitäten, beispielsweise dass Sie „ziel- und erfolgsorientiert" arbeiten. Das ist für Profis selbstverständlich.

9. Benutzen Sie eine konkrete und bildhafte Sprache. Vermeiden Sie Schlagworte wie „systemisch", „ganzheitlich" und „maßgeschneidert". Benennen Sie konkret, was Sie für Ihre Kunden tun und warum Sie besser sind als Ihre Mitbewerber.

10. Lassen Sie einzelne Aussagen auch wirken. Stopfen Sie in Ihren Prospekt nicht zuviel (Detail-)Information.

11. Sie verkaufen eine persönliche Dienstleistung. Deshalb sollten auf den Fotos in Ihren Prospekten in der Regel auch Menschen abgebildet sein. Außerdem sollten sie Fotos von Ihnen (und Ihren Mitarbeitern) enthalten. Aber keine „Verbrecherfotos"! Schließlich wollen Sie Vertrauen wecken.

12. Sparen Sie nicht am Fotografenhonorar. Ein gutes Foto bewirkt mehr als zehn schlechte.

13. Geben Sie, bevor Sie sich für einen Text entscheiden, diesen mehreren Laien (nicht Kollegen!) zum Gegenlesen. Wenn diese den Text als verständlich und aussagekräftig einstufen, ist er meist gut.

5.2.5.

Internet

Erster Versuch. Der Autor tippt den Begriff „Personalentwicklung"
in das Fenster der Suchmaschine Google ein. Die Suche beginnt.
Ihr Resultat: 295.000 Treffer. Dann folgt der zweite Begriff: „Organisationsentwicklung". 124.000 Treffer, sprich Internet-Seiten, die
Infos zum Thema enthalten, werden angezeigt. Den absoluten
High-Score erzielt der Autor, als er das Wort „Coaching" eingibt.
774.000 deutschsprachige Seiten, die diesen Begriff enthalten,
werden angezeigt.

Ähnlich verhält es sich bei allen Fachbegriffen aus der Trainer-
und Berater- sowie Personal- und Organisationsentwicklersprache.
Selbst wenn man sie kombiniert, werden von den Suchmaschinen
so viele Treffer angezeigt, dass dem Internet-Nutzer meist sofort
die Lust an einem Durchforsten dieses Informationsdschungels vergeht. So zum Beispiel, wenn man die drei Begriffe „Coaching",
„Frankfurt" und „Anbieter" eingibt. Dann vermeldet Google noch
10.900 Treffer. Wie soll ein Unternehmen, das zum Beispiel einen
Coach sucht, sich da eine Marktübersicht verschaffen? Mit Hilfe
des Internets gelingt dies nicht. Dabei listen die Suchmaschinen
nur einen Teil der Informationen im Netz auf. Denn schaut man in
die Quelltexte der Websites vieler Trainer und Berater, dann fällt

Achten Sie darauf, dass auf: Oft haben deren Designer die Schlüsselworte (Keywords) ver-
Ihre Website Keywords gessen. Auch eine Kurzbeschreibung (Description) des Inhalts der
und Kurzbeschreibung Webseite fehlt. Deshalb findet man viele Bildungs- und Beratungs-
enthält. anbieter, wenn man zum Beispiel Begriffe wie „Managementtraining" oder „Potenzialanalyse" in die Suchmaschinen eingibt, nicht
– obwohl man genau weiß, dass sie solche Dienstleistungen anbieten.

Suchmaschinen durchforsten die Internet-Seiten nach einer bestimmten Systematik. Sie lesen die Schlüsselworte und die Kurzbeschreibungen der Seiten im Quelltext. Außerdem durchkämmen sie die Titelzeile und eine begrenzte Anzahl Worte, die auf der Seite vorhanden sind, nach dem Suchbegriff. Finden sie dabei den Begriff nicht, wird die Internetseite nicht angezeigt. Ebenso ist dies der Fall, wenn wichtige Suchbegriffe wie der Unternehmensname in grafische Elemente eingebettet sind. Auch dann entdeckt die Suchmaschine das betreffende Unternehmen, wenn man dessen Name als Suchbegriff eingibt, nicht; denn Suchmaschinen können nur ASCII-Schriften lesen. Aus grafischen Elementen können sie Worte nicht herauslesen.

Oft ist es Zufall, wenn man ein Unternehmen findet. So zum Beispiel bei einem der zahllosen Anbieter von „Präsentationstraining". Klickt man die Webseite des Instituts an, erscheint auf der Frontpage der Text: „Herzlich willkommen. Es freut mich, dass Sie uns gefunden haben." Wohl wahr, der Institutsinhaber freut sich zu Recht. Im Quelltext seiner Webseite fehlt nämlich der Begriff „Präsentationstraining". Stattdessen stehen dort so exotische Begriffe wie „Sri Lanka" und „Trommeln". Die Webseite wurde von der Suchmaschine nur gefunden, weil in ihrem Text zufällig das Wort „Präsentationstraining" steht. Hätte der Benutzer stattdessen den Begriff Präsentation oder Präsentationsseminar eingegeben, hätte er den Anbieter nicht entdeckt.

Ein Kunde muss Sie finden können.

Solche Erfahrungen zeigen: Bildungs- und Beratungsanbieter sollten beim Konzipieren ihrer Internetseiten intensiv über die Frage nachdenken: „Wen will ich ansprechen und über welche Wege und Begriffe könnte mein potenzieller Kunde im Internet suchen?" Sonst geben sie in den Quelltext die falschen Begriffe ein. Doch selbst wenn sie die richtigen gewählt haben, kämpfen fast alle Trainer und Berater mit dem Problem, dass viele Mitbewerber ähnliche Dienstleistungen anbieten. Deshalb stehen Suchbegriffe wie „Managementtraining", „Personalentwicklung" und „Präsentation" im Quelltext zahlreicher Webseiten. Entsprechend viele Treffer landet der Kunde bei der Suche.

Wen wollen Sie ansprechen und über welche Begriffe würde man Sie suchen?

Entsprechend wichtig ist es im Internet, ebenso wie bei der klassischen Werbung, sich von der Masse der Mitbewerber positiv abzuheben. Schließlich muss der potenzielle Kunde nur ein, zwei Mal

Nicht das Prospekt-Blabla ins Internet stellen.

auf seine Mouse klicken und schon ist er auf der Webseite eines Mitbewerbers. An dieser Herausforderung scheitern viele Anbieter. Hierfür ein Beispiel: Klickt man die Internetseite eines großen Anbieters von „Managementtrainings" an, dann erscheint auf der Startseite folgender Text: „Unsere Welt verändert sich immer schneller." Huch, denkt man, diesen Text habe ich doch schon hundertmal gelesen. Er steht in mehr oder minder abgewandelter Form am Anfang jedes zweiten Prospekts und Werbeschreibens von Trainern und Beratern. Entsprechend gering ist der Reiz, ihn erneut zu lesen. Auch die nächste Zeile animiert nicht zum Weiterlesen: „Konzepte, die gestern noch gute Ergebnisse brachten, können morgen nutzlos sein", lautet sie. Kurz: Hier wurde dasselbe Blabla, das ansonsten im Prospekt steht, ins Internet übertragen.

Ebenfalls eher frustrierend als motivierend ist das Layout der Webseite. Klickt man zum Beispiel die Weltkugeln vor den einzelnen Textzeilen an, die wie Buttons aussehen, so zeigt sich: Sie sind nur grafische Elemente; ihnen sind keine Seiten hinterlegt. Auch die Textdarstellung ist wenig nutzerfreundlich. Der Text war vielleicht auf dem 24-Zoll-Monitor des Website-Designers gut lesbar. Leider haben die meisten Internet-Nutzer aber kleinere Monitore. Deshalb müssen sie bei jeder Zeile, wenn sie diese zu Ende lesen möchten, das Bild hin- und herscrollen.

Bleiben Sie übersichtlich und verursachen Sie keine langen Ladezeiten.

Trainer und Berater sollten beim Gestalten ihrer Websites vom User mit der schlechtesten Hardware ausgehen. Dies gilt nicht nur bezogen auf den Monitor, sondern auch auf die Datenübertragungsgeschwindigkeit. Sonst dauert das Laden der Seiten schnell Minuten. So lange wartet aber kein Besucher, da ihm das Netz ausreichend Alternativen bietet. Deshalb sollten Trainer und Berater beim Gestalten ihrer Websites zum Beispiel überlegen: Ist dieses oder jenes Bild wirklich nötig? Rechtfertigt seine Aussage eine längere Ladezeit? Kann eine ähnliche Wirkung auch ohne Bilder oder mit kleineren Bildern erzielt werden? Muss das Bild mit Fotoqualität dargestellt werden oder genügen 256 Farben?

Auch Animationen blähen die Datenmenge oft überflüssig auf und verlängern die Ladezeit. Die Möglichkeit, Audio-Elemente und Bewegtbilder in die Präsentation zu integrieren, macht zwar einerseits den Reiz des Mediums Internet aus. Andererseits verführt sie manchen Anbieter dazu, Animationen in seine Webseite zu inte-

grieren, die weder in einem logischen Zusammenhang mit der Information, die transportiert werden soll, stehen, noch die User zu
einem aktiven Handeln motivieren. Folglich verlängern sie nur die
Ladezeit.

Um solchen Fallen zu entgehen, sollten Trainer und Berater vor
dem Konzipieren ihrer Website analysieren:

- ▶ Warum benötige ich eine Website?
- ▶ Welche Funktion kann sie in meinem Marketingsystem
  übernehmen? Und:
- ▶ Welche Inhalte (und welche nicht) sollten folglich auf meiner
  Website stehen?

Analysieren Sie: Welche Funktion soll Ihr Webauftritt in Ihrem Marketingsystem übernehmen?

Sonst lassen sie sich von den technischen Möglichkeiten schnell
zu falschen Schlüssen verleiten. Hierfür ein Beispiel: Anfang des
Jahres teilte ein großer Trainingsanbieter seinen (potenziellen)
Kunden mit, dass er ihnen künftig, „um die Papierflut einzudäm-
men", keinen gedruckten Prospekt mehr schicken werde. Stattdessen sollten sie sich fortan im Netz über sein Programm informieren
und sich dieses, sofern gewünscht, von dort herunterladen und
ausdrucken. Durch diese Entscheidung spart das Institut Geld,
doch vermutlich am falschen Ende – insbesondere da seine Zielgruppe keine IT'ler sind. Denn die Gefahr ist groß, dass die Einkäufer in den Unternehmen sich weder das Programm aus dem Internet herunterladen noch ausdrucken, sondern sich schlicht –
und sei es nur aus Bequemlichkeit – aus den Katalogen anderer
Anbieter bedienen. Hinzu kommt: Selbst wenn die firmeninternen
Entscheider das Programm ausdrucken, zum Beispiel für eine Besprechung mit Kollegen, dann wirkt dieser (Schwarz-Weiß-)Aus-
druck stets schäbiger als der gedruckte und gebundene Farbkatalog
der Mitbewerber. Auch dies trägt nicht unbedingt dazu bei, dass
das Institut den Auftrag erhält.

Insgesamt ist die Tendenz festzustellen, dass viele Bildungs- und
Beratungsanbieter immer mehr Infos, die sie früher ihren Kunden
(fern-)mündlich oder per (elektronischer) Post gaben, ins Netz
verlagern. So haben zum Beispiel inzwischen zahlreiche Trainingsanbieter keine Seminarprospekte mehr. Fragt man bei ihnen per
Telefon nähere Infos über ein Seminar an, wird man auf ihre Website verwiesen. Dort seien nicht nur das Seminarkonzept und die

Verlagern Sie nicht zu viele Infos ins Netz.

211

Die Internetpräsenz soll und kann nicht den persönlichen Kontakt ersetzen.

Seminarinhalte beschrieben, auch Preis, Ort und Termin könne man dort erfahren. Entsprechend schnell sind die Telefonate oft beendet – häufig, ohne dass die nette Dame am Telefon zuvor den Namen des Anrufers sowie dessen Funktion, Adresse und Telefonnummer erfragt hat. Folglich kann das Institut den Anrufer auch nicht anrufen und nachfragen, ob ihm das Seminarkonzept zusagt und er sich zum Seminar anmelden möchte. Das Institut erfährt auch nie, ob der Anrufer oder Besucher der Website eventuell ein Entscheider bei einem potenziellen Großkunden ist, bei dem es sich eventuell lohnen würde, ihn zu einem kostenlosen Seminarbesuch einzuladen, um einen persönlichen Kontakt herzustellen.

Ähnlich ist es, wenn Berater ihre Beratungskonzepte im Netz zu detailliert beschreiben. Dann haben potenzielle Kunden nach dem Besuch der Website oft das Gefühl: Ich habe ausreichend Infos, um mir ein Urteil zu bilden. Also nehmen sie mit dem Anbieter keinen persönlichen Kontakt auf. Folglich kann sich der Anbieter bei dem potenziellen Kunden auch nicht ausführlich nach dessen konkretem Bedarf erkundigen. Deshalb kann er ihm auch keine Infos senden, die präziser auf seinen Bedarf zugeschnitten sind, als die recht unspezifischen Infos im Internet. Hierdurch sinkt wiederum die Wahrscheinlichkeit, dass das erste Urteil des potenziellen Kunden über den Anbieter positiv ausfällt.

Der Internetauftritt soll zur persönlichen Kontaktaufnahme animieren.

Um solche Pannen zu vermeiden, sollten Trainer und Berater bei der Konzeption ihrer Website genau überlegen: „Was will ich mit meinem Internetauftritt erreichen?" Lautet die Antwort: „Ich möchte, dass mich weniger Anrufer beim Büroschlaf stören", dann sollten sie so viele Infos wie möglich ins Netz stellen. Anders ist es, wenn ihr Ziel lautet: „Möglichst viele potenzielle Kunden sollen mit mir Kontakt aufnehmen. Denn wenn sie bei mir anrufen oder mir ihre Kontaktdaten mailen, dann habe ich sie an der Angel. Dann kann ich sie bearbeiten." In diesem Fall sollten Trainer und Berater ihre gesamte Website so konzipieren, dass deren Besucher dazu animiert werden, mit ihnen Kontakt aufnehmen. Denn was hat ein Anbieter davon, wenn sich zwar viele potenzielle Kunden wegen des „klugen Contents" immer wieder lange auf seiner Website aufhalten, ihn aber nie kontaktieren? Dann kann er ihnen auch nichts verkaufen.

Deshalb sollten Trainer und Berater die Inhalte ihrer Websites gezielt danach auswählen: Was ist nötig, um bei Besuchern das Interesse an einem persönlichen Kontakt zu wecken? Was sollte auf die Website, um ihnen das Gefühl zu vermitteln, dieser Anbieter könnte mir eventuell beim Lösen meines Problems xy helfen, so dass sie anrufen oder eine Mail mit ihren Kontaktdaten senden? Alle Inhalte, die nicht diesem Ziel dienen, sollten gestrichen werden, denn sie blähen die Webseite nur unnötig auf.

Auch den Aufbau ihrer Website sollten viele Trainer und Berater überdenken, denn oft hat man bei deren Besuch den Eindruck: Hier präsentiert sich ein Egomane. Warum? Alle Infos drehen sich um den Trainer und Berater und sein Unternehmen. Dies fängt bei der Webadresse an, die fast stets aus dem Unternehmensnamen und der Endung de oder com besteht. Ruft man dann die Website auf, erscheinen auf der Startseite zunächst das Firmenlogo sowie der Name und der Slogan des Unternehmens. So geht es weiter. Auf fast allen Seiten ist nur vom Anbieter die Rede. Und fast alle Sätze beginnen mit Worten wie „Wir sind ..." und „Wir machen ...". Der Kunde mit seinen Problemen, Wünschen und Bedürfnissen hingegen kommt auf der Website nicht vor. Er wird auch nie direkt angesprochen. Dies gilt auch für die meisten Webseiten, die auf der Startseite den Kunden formal „herzlich willkommen" heißen. Spätestens ab der Folgeseite spürt man in der Regel nichts mehr davon, dass die Website eigentlich für den Kunden konzipiert wurde. Wen wundert es da, dass zwar zuweilen viele potenzielle Kunden die Internetseiten von Trainern und Beratern besuchen, aber nur wenige mit ihnen Kontakt aufnehmen? Sie werden ja nicht angesprochen.

Nicht Sie – Ihr Kunde sollte auf Ihrer Website an zentraler Stelle stehen.

Betrachtet man die (frei zugänglichen) Seiten einer Website primär als Werbeseiten, die die Besucher animieren sollen, mit dem Anbieter in Kontakt zu treten, dann gelten für ihre Gestaltung (weitgehend) dieselben Regeln wie für das Gestalten von Prospekten und Werbebriefen. Die Kunden sollten direkt angesprochen werden. Die Sprache sollte möglichst bildhaft und plastisch sein, um die Besucher auch emotional anzusprechen. Bilder und Text sollten primär darauf abzielen, dem Kunden das Gefühl zu vermitteln: „Dieser Anbieter könnte mir eventuell beim Lösen meines Problems xy helfen", damit er mit ihm Kontakt aufnimmt.

Internetseiten sind Werbeseiten.

213

Betrachtet man die Website als Werbemedium, dann stellt sich auch die Frage, ob die Internetadresse wie üblich weitgehend dem Unternehmensnamen entsprechen sollte. Eventuell wäre es sinnvoller, wenn sie zum Beispiel www.konflikte-loesen.de oder www.sich-entscheiden.de oder www.preise-erhoehen.de lauten würde? Dann wäre zumindest sofort klar, wofür der Anbieter der Spezialist ist.

13 Tipps, die Sie beim Konzipieren Ihrer Website beachten sollten:

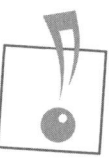

1. Definieren Sie vor dem Erstellen Ihrer Website, welche (Kern-)Botschaft Sie Ihrer Zielgruppe übermitteln möchten.

2. Definieren Sie außerdem, welche Funktion Ihre Website in Ihrem Marketingsystem übernehmen soll und welches Verhalten ihre potenziellen Kunden nach deren Besuch zeigen sollen. Zum Beispiel bei Ihnen anrufen oder Ihnen eine e-Mail senden.

3. Ihr Internet-Auftritt sollte die Besucher in erster Linie „heiß machen", mit Ihnen in persönlichen Kontakt zu treten. Konzipieren Sie Ihre Website entsprechend.

4. Definieren Sie, bevor Sie Ihre Website planen: Was ist mein Kernprodukt? Räumen Sie ihm einen entsprechenden Platz ein.

5. Überlegen Sie, ob es nicht effektiver wäre, wenn Ihre Internet-Adresse statt „Mayer-" oder „Mueller-Consulting.de" zum Beispiel „konflikte-loesen.de" lauten würde. Dann wäre sofort klar, wofür Ihr Unternehmen steht.

6. Ermitteln Sie, über welche Suchbegriffe Ihre Kunden Ihre Leistung suchen könnten. Geben Sie diese mit den Begriffsvarianten (z.B. Präsentationstraining/-seminar) als Schlüsselworte in den Quelltext Ihrer Website ein.

7. Fragen Sie Kunden, mit welchen Begriffen sie nach Ihrer Leistung suchen würden. So stoßen Sie auf Begriffe, an die Sie nicht denken.

8. Surfen Sie, bevor Sie Ihre Website gestalten, einige Zeit im Internet. Besuchen Sie die Websites Ihrer Mitbewerber. Dann wissen Sie schnell, was Sie besser machen können.

9. Beachten Sie, dass Suchmaschinen Worte, die in grafische Elemente eingebettet sind, nicht lesen können.

10. Melden Sie Ihre Website bei den wichtigsten Suchmaschinen an.

11. Die Besucher Ihrer Website wollen sich schnell informieren. Machen Sie deshalb auf der Startseite bereits mit Hilfe eines knackigen Slogans deutlich, wofür Sie der Spezialist sind. Oder noch besser: beim Lösen welcher Probleme Sie den Besuchern helfen können.

12. Ihr Internet-Auftritt sollte keine (reine) Selbstpräsentation, sondern eine Verkaufspräsentation sein. Sprechen Sie also Ihre Kunden – wie in Ihren Werbebriefen und -broschüren – direkt an, appellieren Sie an ihre Wunschebene, führen Sie diese zum Entschluss bei Ihnen anzurufen.

13. Verzichten Sie auf Fotos und Animationen ohne inhaltlichen Bezug zur Kernbotschaft Ihrer Website. Sie verlängern nur die Ladezeit und erschweren das Übermitteln Ihrer Botschaft.

Telefon

Fünf Mal ertönt ein lautes „tut-tut". Dann knackt es in der Leitung. Der Anrufbeantworter springt an, und eine blecherne Stimme sagt: „Guten Tag, hier ist das Trainingsinstitut xy. Sie können uns im Moment nicht erreichen. Sie können uns aber eine Nachricht auf Band hinterlassen. Wir rufen Sie dann sobald möglich zurück."

„Verflucht", denkt der Anrufer. Er weiß, was bei Trainern die Aussage „im Moment nicht erreichbar" bedeutet. Wahrscheinlich befindet sich der Trainer gerade auf einem Seminar. Sei's in Flensburg oder Garmisch-Partenkirchen. Folglich heißt die Aussage „Wir rufen Sie sobald möglich zurück" übersetzt: Entweder ruft der Trainer abends nach Seminarende an, wenn der Anrufer bereits zu Hause weilt, oder er versucht den Anrufer nach seiner Rückkehr vom Seminar am späten Freitagnachmittag oder gar am Wochenende zu kontaktieren, wenn in dessen Büro ebenfalls der Anrufbeantworter läuft. Dann beginnt dasselbe Spiel von vorne. Nur dass der Schwarze Peter nun wieder beim Anrufer liegt.

Kunden schließen von Ihrem Kommunikationsverhalten am Telefon auf Ihre Kompetenz.

Diese Erfahrung sammelt man oft mit Trainern und Beratern, die als Einzelkämpfer arbeiten oder mit anderen Solisten ein „Netzwerk" bilden: Sie sind verdammt schwer zu erreichen. Teilt man ihnen dies mit und bittet sie, ihre Ansagen doch zumindest mit Aussagen wie „Ich bin am Donnerstagvormittag wieder zu erreichen" zu konkretisieren, stößt man oft auf Ablehnung. „Dann kann ich ja gleich aufs Band sprechen: Sie können bei mir bis Donnerstag ungestört einbrechen!"

Von einem kundenorientierten Denken zeugt eine solche Haltung nicht. Denn ob in dem Büro eingebrochen wird oder nicht, ist – salopp formuliert – das Problem des Trainers oder Beraters. Der Kunde hingegen will den Anbieter möglichst problemlos erreichen, weshalb er zu Recht denkt: Dann soll er eben sein Büro gegen Diebstahl sichern oder einen Telefonservice beauftragen, die Anrufe während seiner Abwesenheit entgegenzunehmen. Eine solche Reaktion zeigt aber auch: Dem Trainer oder Berater ist nicht bewusst, dass er mit der Ware „Kommunikation" handelt. Schließlich ist jedes Training, jede Beratung nichts anderes als eine strukturierte, zielgerichtete Kommunikation. Deshalb schließen die Nachfrager vom Kommunikationsverhalten eines Anbieters auf dessen Kompetenz. Entsprechend professionell sollten Trainer und Berater ihre (Telefon-)Kommunikation gestalten. Wenn diese Defizite aufweist, zweifelt der potenzielle Kunde schnell daran, dass der Anbieter ein Profi ist. Rasch entsteht der Eindruck: Das ist vermutlich so ein Versicherungsvertreter oder Sozialfuzzi, der sich mit Training und Beratung ein paar Euro dazu verdient.

Generell gilt: Die Erwartungshaltung der Kunden bezüglich des Kommunikationsverhaltens von Bildungs- und Beratungsanbietern hat sich verändert. Auf Grund des Siegeszugs von Handy und e-Mail, und weil inzwischen jede Telefonanlage Anrufe weiterleiten kann, stellen sie heute höhere Anforderungen an die Erreichbarkeit von Anbietern als noch vor wenigen Jahren. Kurzfristige Erreichbarkeit hat sich zu einem absoluten Muss im Trainer- und Beratergeschäft entwickelt. Verändert haben sich auch die Erwartungen hinsichtlich des Telefonverhaltens. Vor einigen Jahren wurde es von Kunden noch teilweise akzeptiert, dass Trainer oder Berater oder deren Mitarbeiter nach dem Abheben des Telefonhörers kurz „Maier" oder „Müller" ins Telefon blafften. Heute hingegen ist dies, weil sich das Telefonverhalten allgemein verbessert hat, oft ein K.o.-Kriterium.

Seien Sie erreichbar.

Zumeist begrüßen denn auch heute die (größeren) Institute ihre Kunden am Telefon angemessen. Defizite zeigen aber noch viele Anbieter beim gezielten Nachfragen,

- ▶ nach dem Anliegen des Anrufers,
- ▶ bis wann er bestimmte Infos/Unterlagen benötigt und
- ▶ ob und wann er, wenn der gewünschte Gesprächspartner nicht zu sprechen ist, zurückgerufen werden möchte.

Hier empfiehlt es sich für alle Bildungs- und Beratungsanbieter einmal gezielt zu reflektieren, wie aus Kundensicht der Telefonkontakt ideal gestaltet wäre. Hieraus sollten sie dann Standards und Abläufe ableiten, die bei der (telefonischen) Kommunikation einzuhalten sind. Dieses Regelwerk sollte auch enthalten, dass, nachdem die Telefonnummer eines Anrufers notiert wurde, diese wiederholt wird; dasselbe gilt für den Namen, die Postadresse und gegebenenfalls die e-Mail-Adresse. Überraschend oft stellt man bei Nachfragen, warum ein zugesagter Rückruf nicht erfolgte oder versprochene Unterlagen nicht zugesandt wurden, nämlich fest: Die Kontaktdaten wurden fehlerhaft notiert.

Checken sollten Trainer und Berater auch einmal ihr Gesprächsverhalten bei längeren Telefonaten, denn zuweilen hinterlässt dieses keinen professionellen Eindruck. So erweisen sich manche Trainer und Berater im Telefonkontakt als äußerst unkommunikativ. Immer wieder treten so lange Gesprächspausen auf, dass sich der Anrufer fragt: „Ist mein Gegenüber eingeschlafen?" Jedes Würmchen muss man ihm aus der Nase ziehen. Strahlt der Trainer oder Berater zudem noch, wenn er spricht, keinerlei Emotionalität und Dynamik aus, dann fragt sich der potenzielle Kunde speziell bei Trainern zu Recht: „Kann diese Person meine Mitarbeiter fesseln und motivieren? Ist dies für uns der richtige Mann, die richtige Frau?" Entsprechendes gilt selbstverständlich auch umgekehrt, wenn der Trainer oder Berater seinen Gesprächspartner – sei es durch seinen Wortschwall oder seine übersteigerte Dynamik – fast erdrückt. Deshalb sollten sich Bildungs- und Beratungsanbieter ab und an, von Kollegen oder Bekannten ein Feedback über ihr Kommunikationsverhalten am Telefon einholen. Denn das Telefon ist für Trainer und Berater nicht nur eines der wichtigsten Kommunikationsinstrumente, sondern auch ein wichtiges Marketinginstrument, gerade weil sie persönliche Dienstleistungen verkaufen.

Checken Sie Ihr Gesprächsverhalten.

Warum? Sendet ein Trainer oder Berater einem Kunden einen Werbebrief und einen Prospekt, dann formt sich dieser zwar auch schon ein Bild vom Anbieter – aber noch kein persönliches. Anders ist dies, wenn er (erstmals) per Telefon mit ihm spricht. Dann entsteht in seinem Kopf bereits ein recht konkretes Bild von der Persönlichkeit des Gegenübers und fast automatisch fragt er sich: „Könnte diese Person zu uns passen?" Beantwortet der potenzielle Kunde diese Frage negativ, dann lässt sich dieses Bild nur noch schwer korrigieren – auch mit den besten Prospekten sowie Seminar- und Projektbeschreibungen nicht. Anders ist dies im umgekehrten Fall. Beantwortet der Kunde sie positiv, sieht er oft über Mängel bei den schriftlichen Unterlagen hinweg. Denn die Persönlichkeit wirkt stärker als alle gedruckten Unterlagen. Oft stellt man dann auch fest, dass erfolgreiche Trainer und Berater – salopp formuliert – hundsmiserable Werbeunterlagen haben. Trotzdem sind sie erfolgreich, denn sie sind in der persönlichen Kommunikation sehr stark – sowohl wenn sie Kunden gegenübersitzen als auch am Telefon.

Lernen Sie das Telefon als eines Ihrer wichtigsten Marketinginstrumente schätzen.

Viele Trainer und Berater haben die Bedeutung des Telefons als Marketinginstrument noch nicht erkannt – gerade, weil sie es Tag für Tag selbstverständlich nutzen. Entsprechend schludrig gehen sie oft mit diesem Instrument um, und entsprechend viele Marotten haben manche im Umgang mit ihm entwickelt. Eine der neueren ist, dass Trainer und Berater Kunden vom Auto aus anrufen, während sie mit 160 km/h über die Autobahn und von einem Funkloch ins nächste rasen. Manche Trainer und Berater brauchen dies offensichtlich, um ihren Kunden (und sich selbst) zu signalisieren, wie beschäftigt sie sind. Ausdruck eines professionellen Kommunikationsverhaltens oder gar einer Wertschätzung des Kunden sind solche Marotten aber nicht.

Keine Angst vor der Kalt-Akquise!

Generell zeigen Bildungs- und Beratungsanbieter wenig Liebe zum Telefon als Marketinginstrument; zumindest setzen sie es selten gezielt beispielsweise zur Akquise von Neukunden ein. Meist nutzen sie den heißen Draht bestenfalls, um individuelle, schriftliche Angebote nachzufassen. Wurden hingegen per Mailing Werbematerialien versandt, fassen sie diese selten telefonisch nach.

Dabei ist das konsequente Nachfassen für manchen firmeninternen Entscheider durchaus ein Indiz dafür, wie professionell ein Anbieter agiert. Schließlich kosten die Leistungen, die ihnen Trainer und Berater anbieten, oft vier-, fünf- oder gar sechsstellige Beträge. Deshalb erwarten sie von ihnen ein anderes Marketingverhalten als von einer Klassenlotterie, die per Postwurfsendung im gesamten Bundesgebiet 5-Euro-Lose vertreibt.

Konsequentes Nachfassen lohnt sich

Der Inhaber eines norddeutschen Anbieters (vorwiegend) offener Seminare hat einen sehr monotonen Arbeitsalltag. Woche für Woche setzt er sich Tag für Tag – von montags bis freitags – jeweils zwei Stunden morgens und mittags ans Telefon und ruft Unternehmen an, denen sein Institut Einladungen zu offenen Seminaren und Trainings sandte.

Per Telefon versucht er die angerufenen Personen zu motivieren, entweder selbst zum Seminar zu kommen oder einen oder mehrere Mitarbeiter zu schicken. Mit allen Kniffen, die professionelle Verkäufer auf Lager haben. Zum Beispiel, indem er zu ihnen sagt, dass sie, wenn sie jetzt nicht kommen, ein halbes Jahr warten müssen, bis das Seminar in ihrer Umgebung erneut stattfindet. Oder indem er ihnen die Namen renommierter Unternehmen nennt, von denen Mitarbeiter (angeblich) ihr Kommen bereits zugesagt haben. Oder indem er ihnen einen Preisnachlass einräumt, wenn sie sich sofort entscheiden.

Wenig Interesse hat der Institutsinhaber hingegen an den Inhalten der Seminare. Wie diese gestrickt sind, überlässt er ausschließlich seinen freien Mitarbeitern. Entsprechend mager ist oft deren Qualität. Trotzdem ist das Institut sehr erfolgreich. Denn dem Institutsinhaber gelingt es, pro Tag durch sein konsequentes telefonisches Nachfassen im Schnitt fünf Seminarteilnehmer zu gewinnen. Dies entspricht bei einer durchschnittlichen „Teilnehmergebühr" von 750 Euro einem Tagesumsatz von 3.750 Euro. Außerdem kann er via Telefon ab und zu einem Unternehmen ein, zwei firmeninterne Seminare verkaufen. Meist aber nur einmal wegen deren schlechter Qualität. „Macht nichts", lautet jedoch die Maxime des Institutsinhabers. Schließlich gibt es in Deutschland noch Zehntausende von Unternehmen.

Standard sollte es für alle Trainer und Berater sein, dass sie ihre schriftlichen Angebote, zumindest wenn es sich um solch komplexe und hochpreisige Produkte wie Potenzialanalysen oder Vertriebskonzepte handelt, nachfassen – zum Beispiel, indem sie vier

So fassen Sie nach.

bis sieben Tage später bei den Angeschriebenen anrufen und sich erkundigen:

▶ Haben Sie die Unterlagen erhalten?
▶ Besteht bei Ihnen ein Bedarf an unseren Dienstleistungen?
▶ Benötigen Sie weitere Informationen?

Dabei sollte das Ziel nicht sein, einen aktuellen Auftrag an Land zu ziehen, diese Erwartung ist unrealistisch, sondern einen persönlichen Kontakt zum potenziellen Kunden herzustellen, der anschließend gehegt und gepflegt werden kann.

Dass ein solches Nachfassen meist unterbleibt, hat mehrere Ursachen. Eine zentrale ist, dass viele Trainer und Berater ihre Mailings falsch konzipieren. Statt regelmäßig relativ kleine Mailings mit niedrigen Stückzahlen zu versenden, verschicken die meisten Institute ein bis zwei Mal pro Jahr Tausende von Werbebriefen. Diese können selbstverständlich nicht nachtelefoniert werden. Auch weil die Anrufer beim Nachfassen schnell registrieren: Oft sind fünf, sechs Kontaktversuche nötig, bis man die gewünschte Zielperson erreicht. Meist lautet die Information, die man zunächst erhält: „Herr Huber ist gerade in einem Meeting" oder „Frau Mayer ist heute außer Haus". Und selbst auf die Nachfrage, wann man die Zielperson erreichen könne, erhält man meist nur vage Informationen wie „eventuell zwischen 15 und 15.30 Uhr". Und ruft man dann Punkt 15 Uhr an? Auch dann ist die gewünschte Person meist nicht am Platz. Sei es, weil das Meeting länger dauerte oder weil kurzfristig ein weiteres Meeting anberaumt wurde.

Delegieren Sie das Nachfassen nicht an „Hilfskräfte".

Kurz: Das telefonische Nachfassen ist sehr zeitaufwendig. Trotzdem sollten Trainer und Berater es nicht an „Hilfskräfte" delegieren. Denn erreicht man eine Zielperson und signalisiert diese Interesse an mehr Information als das Prospektmaterial enthält, dann ist eine unqualifizierte Kraft bei einem beratungsintensiven Produkt wie Training oder Beratung schnell überfordert. Sie kann mit dem Gesprächspartner in keinen fachlichen Dialog treten. Sie kann ihm nicht das Gefühl vermitteln „Ich spreche mit einem Profi." Folglich erlahmt das Interesse des potenziellen Kunden schnell wieder und der Präsentationstermin, der zum Beispiel angestrebt wurde, kommt nicht zu Stande.

Deshalb stellen Bildungs- und Beratungsanbieter meist auch die Zusammenarbeit mit externen Telefonmarketingagenturen, die für sie Mailings nachfassen und zum Beispiel Präsentationstermine vereinbaren sollen, schnell wieder ein. Die Erfahrung zeigt: Die Zusammenarbeit mit solchen Agenturen rechnet sich bestenfalls für Institute, die sehr standardisierte Trainings- und Beratungsleistungen anbieten, so dass die Agentur-Mitarbeiter gut auf die Telefonate vorbereitet werden können. Bei allen Anbietern jedoch, die ihren Kunden keine „Konfektionsware", sondern maßgeschneiderte Leistungspakete verkaufen möchten, müssen Experten zum Telefonhörer greifen.

Viele Trainer und Berater benutzen das Telefon als aktives Marketinginstrument auch kaum, weil sie sich schwer mit der Verkäuferrolle identifizieren können. Spätestens, wenn die zweite Sekretärin zu ihnen sagt, „Die Unterlagen sind eingetroffen. Wir melden uns bei Ihnen, wenn wir weitere Fragen oder Bedarf haben", stellen sie das „telefonische Klinkenputzen" ein. Hier ist mehr Durchhaltevermögen gefragt, denn selbst wenn die Telefonakquise ein sehr mühsames Geschäft ist, so gilt doch: Das Telefon bietet viel größere Möglichkeiten, mit Kunden einen persönlichen Kontakt aufzubauen, als alle schriftlichen Werbemittel. Deshalb sollte das Telefon als Marketinginstrument ins Marketingsystem jedes Trainers und Beraters integriert sein – gerade weil viele Anbieter inzwischen bei der Kommunikation mit ihren Kunden fast ausschließlich auf schriftliche Werbemittel setzen. Folglich bietet das Telefon Anbietern zunehmend die Chance, sich gegenüber ihren Mitbewerbern zu profilieren.

Das Telefon bietet gute Profilierungschancen.

Dies gilt insbesondere für Trainer und Berater, die ihre Kunden vorwiegend im lokalen und regionalen Umfeld suchen. In ihrem Marketing sollte das Telefon eine zentrale Rolle spielen. Unter anderem, weil sie, wenn sie eine Zielperson erst einmal an der Strippe haben und mit dieser fachsimpeln, ihr ganz locker nebenbei das Angebot unterbreiten können: „Was halten Sie davon, wenn wir uns mal treffen? Schließlich sind unsere Büros nicht weit entfernt." Dann ist die Chance groß, dass der Angerufene ja sagt; viel größer, als wenn er weiß: Für das Treffen muss der Trainer oder Berater extra von München nach Hamburg fliegen. Und der Trainer oder Berater hat wieder den Fuß in der Tür eines Kunden.

Bereiten Sie die Telefon-Akquise mit Werbebriefen vor.

Bleibt die (verständliche) Scheu vieler Trainer und Berater, zum Telefonhörer zu greifen und „fremde Menschen" anzurufen. Sie lässt sich reduzieren, indem Bildungs- und Beratungsanbieter ihren Werbebriefen ein Fax-Antwort-Formular beilegen, auf der die angeschriebene Person zum Beispiel ankreuzen kann „Wünsche weitere Informationen", „Wünsche einen telefonischen Rückruf". Dies hat mehrere Vorzüge. Ruft der Anbieter, nachdem ein potenzieller Kunde ihm das Formular zurücksandte, bei diesem an, reagiert er nur auf ein Anliegen von ihm. Dadurch mindert sich das Gefühl, ein „telefonischer Klinkenputzer" zu sein. Hinzu kommt: Reagiert der Anbieter nur auf zurückgesandte Fax-Antwort-Formulare, sinkt automatisch die Zahl der Personen, die anzurufen sind. Zudem kann dann ein qualifizierter Mitarbeiter zum Telefonhörer greifen, der mit dem potenziellen Kunden auch ein Fachgespräch führen kann, so dass beim Gegenüber der Eindruck entsteht: „Das ist ein kompetenter Anbieter".

Telefonieren Sie regelmäßig mit Ihren Stammkunden.

Trainer und Berater sollten das Telefon auch häufiger aktiv nutzen, um den Kontakt mit (Alt-/Stamm-)Kunden zu pflegen. Oft kontaktieren sie, nachdem sie einen Auftrag für einen Kunden abgewickelt haben, diesen erst wieder, wenn in ihrem Auftragsbuch Löcher klaffen oder wenn sie wissen: Demnächst verplant Herr Mayer sein Budget fürs nächste Jahr. Ansonsten herrscht Funkstille. Zwar landen zwischenzeitlich einige standardisierte Werbeschreiben auf dem Tisch des „sehr geehrten Kunden", nur die Stimme des Anbieters vernimmt dieser nicht. Dies registriert auch der Kunde und geht innerlich auf Distanz zum Anbieter. Denn zu Recht erwartet er von einem „Lieferanten", bei dem er ein so hochpreisiges Produkt wie Training oder Beratung kauft, dass dieser ihn nicht nur zum Abholen von Aufträgen kontaktiert.

Deshalb sollten Trainer und Berater bei ihren Schlüsselkunden und Kunden, die das Potenzial haben, solche zu werden, genau definieren (und in ihren Terminkalendern fixieren) in welchen zeitlichen Abständen sie diese persönlich kontaktieren – und sei es nur, um mit ihnen über das Wetter zu plaudern. Sonst ist die Gefahr groß, dass im Kundenkontakt Kommunikations- und Betreuungslücken entstehen, in die Mitbewerber stoßen. Sei es, weil sie auf Grund ihres persönlichen (Telefon-)Kontakts zum Kunden eher von dessen aktuellen Bedürfnissen erfahren und darauf angemessen reagieren, oder sei es, weil sie ihm stärker das Gefühl einer persönlichen Wertschätzung vermitteln. Denn eines sollten Trainings- und Beratungsanbieter nie vergessen: Trainings- und Beratungsleistungen sind persönliche Dienstleistungen. Deshalb ist die persönliche Beziehung zwischen Anbieter und Nachfrager für deren Verkauf sehr wichtig.

13 Tipps, die Sie beim Einsatz des Telefons als Kommunikations- und Marketinginstrument beherzigen sollten:

1. Die meisten Trainings-/Beratungsleistungen sind nichts anderes als zielgerichtet gestaltete Kommunikationsprozesse. Deshalb schließen Ihre (potenziellen) Kunden von Ihrem Kommunikationsverhalten (am Telefon) auf Ihre Kompetenz. Widmen Sie deshalb Ihrem (Telefon-)Kommunikationsverhalten ein besonderes Augenmerk.

2. Analysieren Sie, wie die (Telefon-)Kommunikation aus Sicht Ihrer Kunden ideal gestaltet wäre. Definieren Sie davon ausgehend Standards für das Verhalten am Telefon.

3. Stellen Sie eine Erreichbarkeit während definierter Geschäftszeiten sicher. Ist dies nicht möglich, hinterlassen Sie auf Ihrem Anrufbeantworter eine konkrete Nachricht, wann sie erreichbar sind oder leiten Sie die Anrufe an einen Büroservice weiter.

4. Vermeiden Sie auf Ihrem Anrufbeantworter Formulierungen wie „Ich bin vorübergehend nicht erreichbar" oder „Ich rufe Sie umgehend zurück". Wählen Sie konkrete Aussagen, selbst wenn das stetige Neubesprechen des Anrufbeantworters lästig ist.

5. Wiederholen Sie, wenn ein Anrufer Ihnen seinen Namen, seine Telefonnummer oder seine Anschrift nennt, diese Informationen, um Missverständnisse zu vermeiden.

6. Das Telefon ist ein Kommunikationsinstrument, mit dem Sie in einen persönlichen Dialog mit Ihrem Gegenüber treten können. Nutzen Sie es entsprechend.

7. Telefonieren Sie als Anbieter hochpreisiger Produkte schriftliche Angebote grundsätzlich nach.

8. Wenn Sie sich scheuen, potenzielle Kunden unaufgefordert anzurufen, dann kombinieren Sie Ihre Mailings mit Fax-Antwortkarten, auf denen die Adressaten „Wünsche Rückruf" ankreuzen können. Das erleichtert Ihnen die Kontaktaufnahme.

9. Überlassen Sie das Nachtelefonieren nicht unqualifizierten Hilfskräften. Selbst wenn sie 30 Mal abblitzen, treffen sie beim 31. Mal gewiss auf einen Gesprächspartner, der (vertiefende) fachliche Infos wünscht. Dann ist die Hilfskraft überfordert.

10. Machen Sie sich vor schwierigen Telefonaten Notizen, worüber Sie mit Ihrem Gesprächspartner sprechen möchten.

11. Rufen Sie potenzielle Kunden nie an, wenn Sie unter Zeitdruck stehen.

12. Fragen Sie, wenn Sie die Durchwahlnummer einer Zielperson anwählen, zu Beginn des Gesprächs stets nach, ob Sie stören und zu einem späteren Zeitpunkt anrufen sollen.

13. Sie verkaufen eine persönliche Dienstleistung. Nutzen Sie deshalb das Telefon aktiv, um Ihren persönlichen Kontakt zu Ihren Kunden zu pflegen – auch wenn bei diesen aktuell kein Bedarf für Ihre Leistungen besteht.

5.2.7.

Kundenseminare und -veranstaltungen

Vor fast 70 Jahren entwickelte der US-Amerikaner Earl S. Tupper ein Verfahren, wie man aus Polyäthylen, einem Abfallprodukt der Erdölchemie, stapelbare und verschließbare Becher und Schalen produzieren kann. Aber nicht deshalb wurde er berühmt, sondern weil er ein neues Vertriebskonzept entwickelte: Tupper engagierte als Verkäuferinnen für seine Produkte weltweit Hausfrauen. Sie sollten nebenberuflich, in Heimvorführungen bei Kaffee und Kuchen, anderen Hausfrauen die Anwendungsmöglichkeiten der Tupperware aufzeigen und ihnen die Produkte seines Unternehmens verkaufen.

Kundenveranstaltungen boomen bei Anbietern erklärungsbedürftiger Produkte.

Auch in Deutschland begann die Tupperware Corporation 1962 ihre Produkte so zu vermarkten. Dabei musste das Unternehmen viel Pionierarbeit leisten. Unter anderem, weil sein Vertriebskonzept zu einer Zeit, in der in Deutschland große Kaufhäuser entstanden und der Versandhandel boomte, überholt wirkte. Doch heute ist Tupperware kein Außenseiter mehr. Landauf, landab versichern die Sales- und Marketingmanager der Unternehmen vielmehr: „Wir müssen den persönlichen Kontakt zu unseren Kunden suchen." Und bei fast allen größeren Unternehmen, gleich welcher Branche, sind inzwischen Kundenveranstaltungen eine unverzichtbare Säule im Marketingmix – unter anderem wegen der zunehmenden Erklärungsbedürftigkeit ihrer Produkte.

Die Ursachen des Erklärungsbedarfs sind verschieden. Bei der Beiersdorf AG ist er zum Beispiel darin begründet, dass das Unternehmen eine breite Palette von Hautpflegemitteln produziert. Also müssen den Kunden deren Unterschiede erklärt werden. Hier ist der Erklärungsbedarf weitgehend im ausdifferenzierten Produktsortiment begründet. Anders ist dies bei vielen Herstellern zum Beispiel von Fertigungs- und Automatisierungstechnik. Bei ihnen resultiert der Erklärungsbedarf unter anderem daraus, dass sich die Technik, die ihren Problemlösungen zu Grunde liegt, sehr schnell weiterentwickelt – schneller als das Know-how der Kunden. Also muss ihnen die Technik erklärt und ihr Nutzen aufgezeigt werden.

Wieder anders ist es bei Anbietern von Bildungs- und Beratungsleistungen. Bei ihnen resultiert der Erklärungsbedarf vor allem daraus, dass ihre Leistungen immaterielle sind, weshalb die Kunden bei deren Kauf ein großes Kaufrisiko empfinden. Deshalb spielen zum Beispiel im Marketingmix der Kienbaum Unternehmensberatung Kundenveranstaltungen eine wichtige Rolle, denn bei ihnen sitzen sich Anbieter und Nachfrager Auge in Auge gegenüber, weshalb zwischen ihnen ein Vertrauensverhältnis wachsen kann.

So verschieden wie die Ursachen des Erklärungsbedarfs sind die Veranstaltungen, die Unternehmen für ihre Kunden organisieren. Dabei ist der Übergang zwischen Informations-, Weiterbildungs- und Werbeveranstaltung meist fließend. Gemeinsam ist den Veranstaltungen jedoch: Der Verkauf steht in ihnen nicht an zentraler Stelle. Vielmehr soll in der Regel eine persönliche Beziehung zu den Noch-nicht-Kunden aufgebaut und die Beziehung zu den Kunden ausgebaut werden. Denn zunehmend erkennen die Unternehmen: Gerade im Informationszeitalter muss die persönliche Beziehung zu den Kunden gezielt gepflegt werden, sonst wechseln sie schnell zu anderen Anbietern. Deshalb haben im vergangenen Jahrzehnt viele (Industrie-)Unternehmen für ihre Kunden Colleges und Akademien gegründet und die unterschiedlichsten Informations- und Erfahrungsaustauschforen geschaffen. Noch relativ selten wird das Marketinginstrument Kundenveranstaltung aber im Bildungs- und Beratungsbereich genutzt – weder zur Akquise neuer Kunden noch zur Kundenbindung.

Der Verkauf steht hier nicht an zentraler Stelle, vielmehr die Kontaktpflege und Vertrauensbildung.

Eine Ursache hierfür ist: An solche Veranstaltungen stellen die Besucher heute ebenso hohe Anforderungen wie an „normale" Vorträge, Kongresse und Seminare – selbst wenn sie für die Teilnahme (fast) nichts bezahlen. Denn was sie auf alle Fälle investieren, ist (Arbeits-)Zeit. Und diese ist gerade für die Leistungs- und Entscheidungsträger in den Unternehmen ein sehr kostbares Gut. Hinzu kommt: Diese Veranstaltungen sollen ja gerade dazu dienen, dass die Teilnehmer eine (emotionale) Beziehung zu dem Anbieter entwickeln und Vertrauen in dessen Kompetenz gewinnen. Entsprechend professionell müssen sie geplant und durchgeführt (und nachbereitet) werden.

Kundenveranstaltungen sind Investitionen.

Wie dies geht, können Trainer und Berater vom Machwürth Team, Visselhövede, lernen. Es veranstaltet seit 1990 viermal jährlich Workshops für seine (potenziellen) Kunden. Diese sollen dem Erfahrungsaustausch zwischen Praktikern, Wissenschaftlern und Beratern dienen. Entsprechend sind die Workshops konzipiert. Meist liefern zum einen Professoren einen wissenschaftlichen Input, zum anderen berichten Führungskräfte über die Praxis in ihren Unternehmen. Daneben spielen in den Workshops Arbeitsgruppen eine wichtige Rolle, in denen sich die Teilnehmer fragen, wie sie das Gehörte auf ihr Unternehmen übertragen können. Für dieses Marketinginstrument entschied sich das Machwürth Team, weil es in den Workshops exemplarisch zeigen kann,

▶ über welche Kompetenz es verfügt,
▶ welche Leistungen es anbietet und
▶ welchen Qualitätsanspruch es hat.

Ein solcher Workshop wirft für ein Trainings- und Beratungsunternehmen keinen direkten Gewinn ab. Dies ist bei den Workshops des Machwürth Teams auf Grund des relativ niedrigen Teilnehmerbetrags und der in der Regel circa 20 Teilnehmer nicht möglich. Schließlich engagiert das Unternehmen für seine Workshops meist vier bis sechs Referenten. Außerdem sind mehrere Trainer zum Moderieren der Arbeitsgruppen anwesend. Gerade deshalb sind die Workshops aber ein Instrument zur Imagebildung. Schließlich führen sie den Teilnehmern exemplarisch vor, von welchem Selbst- und Qualitätsverständnis sich der Anbieter leiten lässt. Ähnlich verhält es sich, wenn die in Frankfurt ansässige Provadis Partner für Bildung und Beratung GmbH zweimal jährlich die (Personal-) Entscheider in Unternehmen zu einem „Forum Personal" ins Schloss Höchst einlädt und hierfür so renommierte Referenten wie den Changemanagement-Spezialisten Dr. Klaus Doppler engagiert. Dann steckt dahinter nicht nur das Motiv, zugkräftige Referenten zu haben, sondern auch den (potenziellen) Kunden zu signalisieren, von welchem Qualitätsanspruch sich Provadis leiten lässt.

Kundenveranstaltungen sollten Ihr Qualitätsverständnis illustrieren.

Derart aufwendige Kundenveranstaltungen können kleine Trainings- und Beratungsanbieter nicht durchführen – hierfür fehlen ihnen neben der Manpower die finanziellen Mittel. Trotzdem sollten auch sie verstärkt darüber nachdenken, wie sie mittels Kundenveranstaltungen Kontakt zu potenziellen Kunden aufbauen können. Hierfür gibt es viele Möglichkeiten. Ein Weg kann für Anbieter, die vorwiegend regional tätig sind, sein, dass sie ihre (Noch-nicht-)Kunden regelmäßig zu Vorträgen einladen, die in Bezug zu ihrem Geschäftsfeld stehen. Solche Vorträge können zum Beispiel für Coachs und Mediatoren, bei denen Interessenten oft eine Hemmschwelle empfinden, diese zu kontaktieren, ein geeignetes Instrument zum Anbahnen von Kundenkontakten sein. Entsprechendes gilt für Berater. Was spricht zum Beispiel dagegen, einen lokalen Gesprächskreis zu gründen, in dem sich Gewerbetreibende über ihre aktuellen betrieblichen Probleme austauschen und unter Anleitung des Beraters nach Lösungen suchen. Auch hier gilt: Hierüber könnten Berater persönliche Kontakte zu potenziellen Kunden aufbauen und ihnen ihre Kompetenz zeigen.

Einladung zu Vorträgen

Entsprechendes gilt für Trainer. Sie kämpfen oft mit dem Problem, dass ihre Kunden beim Kauf ihrer Leistungen das Gefühl haben, die Katze im Sack zu kaufen. Entsprechend zögerlich sind sie mit ihrer Kaufentscheidung. Also sollten die Trainer versuchen, das empfundene Kaufrisiko zu minimieren. Ein Weg hierzu könnte sein, dass mehrere Trainer gemeinsam Entscheider aus Unternehmen zu einem „Trainings-Schnuppertag" einladen, bei dem diese im Verlauf des Tages an ausgewählten Sequenzen von vier, fünf Trainings teilnehmen können. Der Vorteil hiervon: Die potenziellen Kunden lernen die Trainer nicht nur persönlich kennen, sondern erleben sie auch live. Also gewinnen sie einen persönlichen Eindruck von deren Persönlichkeit und Kompetenz. Dies erleichtert es ihnen, sofern ihr Urteil positiv ausfällt, einen Auftrag zu erteilen.

Einladung zu Trainings-Schnuppertagen

Trainer und Berater dürfen aber nicht die Illusion hegen, Kundenveranstaltungen seien Selbstläufer. Sie müssen wie alle Bildungs- und Beratungsmaßnahmen aktiv beworben werden. So schaltet zum Beispiel das Machwürth-Team für seine Workshops Anzeigen. Außerdem versucht es mit Mailings, die nachtelefoniert werden, Teilnehmer zu gewinnen. Ähnlich agiert Provadis. Trotz dieses Aufwands rechnen sich solche Veranstaltungen zumindest mittel- und langfristig für die Anbieter – vor allem, wenn man berücksichtigt,

Veranstaltungen müssen aktiv beworben werden.

wie viel Zeit und Geld sie ansonsten investieren müssten, um mit so vielen (potenziellen) Kunden in persönlichen Kontakt zu kommen; des Weiteren, wie viele Kilometer ihre Mitarbeiter fahren müssten, um so viele potenzielle Kunden aufzusuchen. Bei Kundenveranstaltungen hingegen machen sich die potenziellen Kunden auf den Weg zu ihnen.

Kundenveranstaltungen fördern das Empfehlungsgeschäft.

Hinzu kommt ein weiterer Vorteil solcher Veranstaltungen: Nehmen an ihnen Kunden und Noch-nicht-Kunden teil, dann tauschen sie sich in den Kaffeepausen auch darüber aus, welche Erfahrungen sie bisher mit dem Anbieter gesammelt haben. Und hat der Trainer oder Berater bei seinen Kunden bisher gute Arbeit geleistet, dann sprechen diese im Small Talk unter Kollegen auch schnell mal eine „Empfehlung" aus. Eine Empfehlung, die sie eventuell nicht aussprechen würden, wenn ihnen der Kollege nicht gegenüberstünde und der Anbieter sie stattdessen bitten würde, ein paar Zeilen zu schreiben.

11 Tipps, die Sie beim Planen von Kunden-veranstaltungen beachten sollten:

1. Beim Kauf von Bildungs- und Beratungsleistungen haben Kunden oft das Gefühl, die „Katze im Sack" zu kaufen. Entsprechend wichtig ist es, dass zwischen Ihnen und Ihren potenziellen Kunden eine Vertrauensbasis wächst. Diese kann am besten im persönlichen Kontakt aufgebaut werden.

2. Mit Kundenveranstaltungen können Sie das von Ihren potenziellen Kunden empfundene Kaufrisiko senken, da sich die Teilnehmer einen persönlichen Eindruck von Ihrer Kompetenz, Ihrer Persönlichkeit und den Qualitäts-ansprüchen, von denen Sie sich leiten lassen, verschaffen können.

3. Kundenveranstaltungen müssen professionell vorbereitet, durchgeführt und nachbereitet werden, da sie eine Art Visitenkarte Ihres Unternehmens und seiner Kompetenz sind.

4. Kundenveranstaltungen sind keine Verkaufsveranstal-tungen. Achten Sie hierauf bei deren Planung. Nicht Sie, sondern Ihre (Noch-nicht-)Kunden sollten einen unmit-telbaren Nutzen von der Teilnahme haben.

5. Kundenveranstaltungen sind eine (Zukunfts-)Investition. Sie rechnen sich nicht unmittelbar. Führen Sie deshalb nur Kundenveranstaltungen zu Themen durch, die in einem direkten Bezug zu Ihrer Kernkompetenz und Ihrem Kern-geschäft stehen. Einzige Ausnahme: Sie wollen mit Ihren (Schlüssel-)Kunden wirklich feiern.

6. Für die Teilnahme an Ihrer Kundenveranstaltung können Sie von Ihren (Noch-nicht-)Kunden einen Kostenbeitrag verlangen. Er sollte aber nur die (anteiligen) Kosten für das Rahmenprogramm und die Raummiete sowie für Über-nachtung und Verpflegung decken.

7. Laden Sie zu Ihren Kundenveranstaltungen Kunden und Noch-Nicht-Kunden ein. Dies hat den Vorteil, dass sich die Noch-Nicht-Kunden mit Ihren Kunden auch darüber austauschen können, welche Erfahrungen sie mit Ihnen gesammelt haben.

8. Ins Programm Ihrer Kundenveranstaltung können Sie auch einen Praxisbericht über ein Projekt integrieren, das Sie in einem Unternehmen erfolgreich durchgeführt haben. Der Referent sollte jedoch ein hochrangiger Mitarbeiter des Unternehmens sein.

9. Kundenveranstaltungen müssen Sie ebenso aktiv bewerben wie offene Seminare und Trainings. Sonst stehen Sie am Veranstaltungstag in einem leeren Raum.

10. Berücksichtigen Sie bei der Kostenkalkulation für Ihre Kundenveranstaltung auch die Zeit, die Sie ansonsten benötigen würden, um mit einer entsprechenden Zahl von (Noch-nicht-)Kunden Termine zu vereinbaren und diese zu besuchen.

11. Kundenveranstaltungen lohnen sich (mittel- und langfristig) nur, wenn Sie die dort geknüpften (zarten) Bande anschließend systematisch hegen und pflegen.

Präsentationen

Die Präsentation ist beendet. Artig bedankt sich der Trainer für die „geschenkte Aufmerksamkeit". Dann ergreift der ranghöchste Zuhörer das Wort. Er dankt dem Trainer für „die interessante Präsentation", bevor er sich mit einem entschuldigenden „Ich hab' noch einen Termin" verabschiedet. Die Zurückgebliebenen tauschen noch einige Höflichkeitsfloskeln aus. Dann folgt ein vages „Wir bleiben in Kontakt" und wenige Minuten später steht der Trainer wieder vor der Pforte des potenziellen Kunden.

So verlaufen viele Verkaufspräsentationen von Trainern und Beratern. Zwar betonen fast alle, wenn man sich als PR- und Marketingberater mit ihnen erstmals trifft, „Wenn ich zu einer Präsentation eingeladen werde, habe ich den Auftrag so gut wie in der Tasche", arbeitet man mit ihnen aber länger zusammen, dann zeigt sich meist, dass dies reines Wunschdenken ist. Eine Ursache hierfür ist: Oft investieren Trainer und Berater zwar viel Zeit und Geld, um zu einer Präsentation eingeladen zu werden, ist es dann aber soweit, bereiten sie sich hierauf sehr nachlässig vor. Oft beschränkt sich die Vorbereitung darauf, auf den vorgefertigten Standardcharts den Namen des Unternehmens auszutauschen und fertig ist die (Selbst-)Präsentation. Nur wenige Anbieter ziehen sich zunächst zwei, drei Stunden ins stille Kämmerlein zurück, um zu analysieren, was könnte dem Kunden wichtig sein und welches Ziel ist bei der Präsentation erreichbar, um anschließend eine auf das jeweilige Unternehmen „maßgeschneiderte" Präsentation zu erstellen. Und dies, obwohl sie oft für sich in Anspruch nehmen, ihren Kunden „maßgeschneiderte Problemlösungen" zu bieten. Welch Widerspruch!

Vor der Präsentation: Analysieren Sie, welches Ziel Sie erreichen möchten.

Werden Sie sich der Chancen bewusst

10.000 Euro verlieren – oder 100.000 oder gar eine Million Euro gewinnen?

Bis Trainer und Berater zu einer Präsentation bei einem potenziellen (Groß-)Kunden eingeladen werden, müssen sie oft vier- bis fünfstellige Euro-Beträge investieren. Entsprechend groß ist der Verlust, wenn eine Präsentation erfolglos ist. Deshalb folgender Tipp: Berechnen Sie, was es Ihr Unternehmen kostet, zu einer Präsentation eingeladen zu werden: Wie viel Geld müssen Sie hierfür ins Marketing investieren? Wie viel Zeit müssen Sie und Ihre Mitarbeiter hierfür aufwenden und wie viel Euro ist diese wert? Sie werden erstaunt sein, welch hoher Betrag dies ist.

Ermitteln Sie im zweiten Schritt: Wie viel (Mehr-)Umsatz Ihr Unternehmen in den nächsten Monaten/Jahren erzielen würde, wenn es den Auftrag von dem Kunden bekäme (und eventuell Folgeaufträge). Schreiben Sie diese Zahlen auf ein Blatt Papier, das Sie an Ihren PC oder an die Pinnwand neben Ihrem Schreibtisch hängen. Verteilen Sie solche Zettel auch an die Mitarbeiter, die in das Projekt „Vorbereitung der Präsentation" involviert sind, so dass allen Beteiligten klar wird: Eine Präsentation ist kein Kaffeekränzchen, sondern bei ihr geht es darum, ob wir zum Beispiel 10.000 Euro verlieren oder 100.000 oder gar eine Million Euro gewinnen.

Lassen Sie eine (Verkaufs-)Präsentation nicht zur Selbstpräsentation mutieren.

Viele Trainer und Berater planen ihren Auftritt bei Unternehmen nicht strategisch. Und ihre Präsentationen sind in der Regel eher Selbstpräsentationen als am Bedarf der Kunden orientierte Verkaufspräsentationen. Entsprechend verlaufen viele Präsentationen. Sie gleichen unverbindlichen Kaffeekränzchen, bei denen sich mehrere Personen zum Small Talk treffen. Und anschließend gehen sie wieder auseinander, ohne dass der Anbieter seinem Ziel, einen Auftrag zu erhalten, näher kam.

Wenn dies geschieht, hat der Trainer oder Berater viel Zeit (und Geld) verschwendet. Nicht nur die Zeit, die er ins Vorbereiten und Durchführen seiner Präsentation investierte, sondern auch die Zeit, die er darauf verwandte, überhaupt eingeladen zu werden. Schließlich laden Unternehmen nicht jeden zum Präsentieren ein. Nur wenn sie das Gefühl haben: „Dieser Anbieter könnte uns einen Nutzen bieten", wird einem Anbieter diese Gunst zuteil.

Folglich hat ein Trainer oder Berater, wenn er zur Präsentation eingeladen wird, schon die ersten Hürden im Verkaufsprozess übersprungen. Also müsste sein Ziel lauten, diesen Prozess ein, zwei Schritte voranzutreiben. Deshalb sollte am Anfang der Vorbereitung auf eine Präsentation die Frage stehen: „Welche Entscheidung des Kunden möchte ich erreichen?" Weiß ein Trainer oder Berater dies nicht, ist die Gefahr groß, dass er sich mit unverbindlichen Aussagen abspeisen lässt und mit leeren Händen wieder nach Hause fährt.

Definieren Sie vorab: Welche (Teil-)Entscheidung soll der Kunde nach der Präsentation treffen?

Fragt man Trainer oder Berater nach dem Ziel ihrer Präsentationen, dann sind sie meist zunächst sprachlos. Dann murmeln sie so etwas wie: Ich will dem Unternehmen „unsere Kompetenz aufzeigen" oder „unser Leistungsspektrum vorstellen". Dies sind Tätigkeiten, aber keine Ziele – und schon gar keine Ziele, deren Erreichen messbar wäre. Ein messbares Ziel wäre: Der Kunde soll uns nach der Präsentation einen Auftrag erteilen, der x Trainings- und Beratungstage zum Preis y umfasst.

Ein solches Ziel ist aber, wenn es um den Verkauf größerer Projekte geht, meist nicht realistisch. Trotzdem sollte auch hier der Kunde nach jeder Präsentation eine für den Vertragsabschluss nötige (Teil-)Entscheidung treffen. Hier kann das Ziel zum Beispiel lauten: Nach der Präsentation soll der Kunde

▶ dem Vorschlag zustimmen, dass wir mit seinen Vertriebs-experten eine Arbeitsgruppe bilden, in der das Design für die Qualifizierungsmaßnahme entworfen wird oder
▶ uns die Rahmendaten für das Projekt mitteilen und uns bitten, ihm ein konkretes Angebot zu unterbreiten oder
▶ bereit sein, mit uns ein Unternehmen zu besuchen, in dem wir ein ähnliches Projekt realisiert haben.

Um solche (anspruchsvollen und zugleich realistischen) Ziele zu formulieren, müssen Trainer und Berater zunächst analysieren, wie weit die Kaufentscheidung des Kunden fortgeschritten ist.

▶ Hat er schon eine Grundsatzentscheidung für die Investition getroffen oder will er nur den Markt sondieren?

▶ Schwankt er noch zwischen mehreren Lösungswegen oder hat er sich schon für einen Weg entschieden?

Abhängig hiervon sollten Trainer und Berater in ihrer Präsentation nicht nur unterschiedliche inhaltliche Akzente setzen, sondern für sie auch unterschiedliche Ziele formulieren.

Versuchen Sie zu erreichen, dass alle Entscheider mit am Tisch sitzen.

Bei Bildungs- und Beratungsleistungen sind an der Kaufentscheidung meist mehrere Personen beteiligt. Deren Zahl ist in der Regel umso größer, je komplexer und damit teurer das Projekt ist und je größer seine Relevanz für den Unternehmenserfolg ist. Diese Personen haben oft verschiedene Interessen; außerdem ist ihr Einfluss auf die Kaufentscheidung unterschiedlich groß. Deshalb sollten Trainer und Berater im Vorfeld einer Präsentation ermitteln: Wer nimmt an der Präsentation teil? Welche (Nutzen-)Erwartungen haben die Teilnehmer? Und: Welchen Einfluss haben sie auf die Kaufentscheidung? Außerdem sollten sie erkunden, wer außer den „Eingeladenen" anwesend sein sollte, damit die gewünschte Entscheidung getroffen werden kann. Sonst ist die Gefahr groß, dass sie vor Personen präsentieren, die entweder nicht alleine entscheidungsbefugt sind oder letztlich gar nicht über den Kauf entscheiden. Deshalb sollten Trainer und Berater, wenn sie zum Beispiel der Personalbereich eines Unternehmens zu einer Präsentation einlädt, ihre Kontaktperson unter anderem fragen: Wer ist die Zielgruppe des geplanten Projekts? Wie wird die Entscheidung darüber gefällt und wer ist daran beteiligt? Und: Aus welchem Budget wird die Maßnahme bezahlt? Zeigt sich dann zum Beispiel, dass das Projekt in der Produktion angesiedelt ist, der Produktionsleiter aber nicht zu den Eingeladenen zählt, dann sollten sie ihre Kontaktperson durchaus bitten, auch diesen einzuladen. Doch Vorsicht! Dem Gegenüber darf nicht das Gefühl vermittelt werden: „Du bist ein kleines Licht. Zieh also deinen Chef zur Präsentation hinzu." Er sollte vielmehr mit Formulierungen wie „Wenn wir etwas bewegen wollen, wen sollten wir dann hinzuziehen ..." zum Verbündeten gemacht werden.

Bei (Verkaufs-)Präsentationen geht es nicht primär darum, dem Partner die gewünschten (Fach-)Infos zu liefern. Dies wäre auch per Post oder via Telefon möglich. Vielmehr sollen die Teilnehmer zu einer Entscheidung geführt werden. Entsprechend strategisch sollten Trainer und Berater ihre Präsentationen aufbauen. Dabei können sie sich weitgehend an der Struktur eines normalen Verkaufsgesprächs orientieren – also nach der Einleitung

▶ zunächst den Bedarf ermitteln (beziehungsweise skizzieren),
▶ dann bezogen auf den Bedarf des Kunden die Lösung mit ihrem spezifischen Nutzen präsentieren,
▶ anschließend die Einwände des Kunden behandeln, um
▶ ihn abschließend zur gewünschten Entscheidung zu führen.

Der Aufbau einer Präsentation:

Komplex wird dieser Prozess bei einer Präsentation oft dadurch, dass an ihr mehrere „Einkäufer" mit verschiedenen, teils sogar gegenläufigen Interessen teilnehmen. Zum Beispiel der Personalleiter, der vor allem wünscht, dass das Projekt ohne Widerstände verläuft. Und der Geschäftsführer, der vor allem will, dass sich die Investition schnell rechnet. Und der Produktionsleiter, der vor allem möchte, dass das Projekt wenig Störungen in der Alltagsarbeit verursacht. Und der Einkaufsleiter, der einen hohen Preisnachlass erzielen will. Für all diese Personen sollte eine Präsentation mindestens ein Nutzenargument enthalten. Ihre Argumentationslinie sollte sich aber auf die Hauptentscheider fokussieren.

Damit eine Präsentation zum gewünschten Erfolg führt, muss der Präsentator mit den Teilnehmern kommunizieren. Hieran kranken viele Präsentationen von Trainern und Beratern. Sie gleichen Monologen. Neben dem Projektor steht der Präsentator, der fast pausenlos spricht. Und vor ihm sitzen schweigend die Damen und Herren, die anschließend ihre Daumen nach oben oder unten richten. Eine Präsentation ist aber keine Fest- oder Sonntagsrede. Sie ist ein mit Overheadprojektor- und Beamer-Unterstützung geführtes Verkaufsgespräch. Also sollte der Präsentator die Zuhörer in seine Präsentation integrieren. Am einfachsten gelingt dies, indem er die Zuhörer immer wieder direkt anspricht. Zum Beispiel, indem er sie fragt: „Habe ich Ihren Bedarf richtig skizziert? Entspricht diese Lösung Ihren Vorstellungen?" Der Präsentator sollte sich also regelmäßig die Zustimmung der Zuhörer einholen. Manchmal ist es sogar sinnvoll, Widerspruch zu provozieren – beispielsweise um zu

Präsentationen sind keine Monologe, sondern Verkaufsgespräche.

ermitteln, welches entgegen allen verbalen Bekundungen die wahren Interessen sind und wie Entscheidungen – entgegen allen offiziellen Entscheidungswegen – tatsächlich getroffen werden. Indem Trainer und Berater so mit den Zuhörern kommunizieren, können sie diese zur gewünschten Entscheidung führen. Außerdem sind sie dann vor der Überraschung gefeit, dass sich gegen Ende der Präsentation ein Teilnehmer, den sie für ein „kleines Licht" hielten, als Hauptentscheider entpuppt, der zu ihnen sagt: „Was Sie uns erzählt haben, ist ja interessant, aber leider ..."

Ein starker Einstieg ist wichtig. Wie aufmerksam die Zuhörer einer Präsentation folgen, hängt stark vom Einstieg ab. Deshalb sollten sich Trainer und Berater einen kurzen, knackigen und nach Möglichkeit überraschenden Einstieg überlegen. Ein solcher Einstieg könnte sein, dass ein Trainer zu Beginn seiner Präsentation einen Sack hoch hält und die Zuhörer fragt: „Wissen Sie, was ich in der Hand halte?" Darauf antworten diese selbstverständlich „einen Sack", woraufhin der Präsentator nachfragt: „Und was ist im Sack?" Daraufhin geben die Teilnehmer die unterschiedlichsten Antworten: „Briefe", „Kartoffeln". Nach der letzten Antwort wartet der Präsentator noch ein, zwei Sekunden, dann löst er das Rätsel auf: „Nein, in dem Sack sind weder Briefe, noch Kartoffeln. Darin ist eine Katze." Währenddessen zieht er eine Stoffkatze aus dem Sack. „Denn beim Kauf Ihrer Leistungen haben Kunden oft das Gefühl, die Katze im Sack zu kaufen. Entsprechend zögerlich sind sie mit ihrer Kaufentscheidung. Ich erläutere Ihnen nun, wie sie Ihren Mitarbeitern die Kompetenz vermitteln können, Ihren Kunden die Katze im Sack zu verkaufen." Und schon hat der Trainer die Neugier der Teilnehmer geweckt.

Ein packender Einstieg könnte auch sein, dass der Präsentator die Zuhörer zu Beginn seiner Präsentation mit einem verschmitzten Lächeln fragt: „Kennen Sie das Unternehmen Porsche?" Dies würden die Teilnehmer selbstverständlich bejahen, woraufhin der Präsentator nach einer kurzen Kunstpause sagen könnte: „Bei Porsche erreichten wir mit einem Qualifizierungsprojekt, wie ich es Ihnen nun präsentiere, dass die Verkäufer im Schnitt drei Prozent höhere Verkaufspreise erzielen. Dadurch stieg der Profit von Porsche um zwei Millionen Euro. Ich erläutere Ihnen nun, wie Sie Ihren Gewinn zwar nicht um zwei Millionen, aber um mindestens 100.000 Euro pro Jahr erhöhen können." Ein solcher Einstieg hat folgende

Vorteile: Der Trainer oder Berater führt einen ersten Dialog mit den Zuhörern. Zugleich weckt er ihre Neugier, indem er ihnen einen Weg aufzuzeigen verspricht, wie ihr Unternehmen 100.000 Euro Mehrgewinn pro Jahr erzielen kann – nicht irgendeinen Weg, sondern einen Weg, den ein renommiertes Unternehmen bereits beschritten hat.

Nach dem Einstieg sollten Trainer und Berater den Teilnehmern das Ziel nennen, das sie mit ihrer Präsentation erreichen möchten. Zum Beispiel: „Ich möchte, dass Sie mir, nachdem wir das Pro und Kontra der vorgestellten Lösung erörtert haben, den Auftrag erteilen, mit Ihren Vertriebsexperten ein Konzept zu erarbeiten, wie Sie diese 100.000 Euro Mehrgewinn pro Jahr erzielen können." Viele Trainer und Berater trauen sich nicht, ihr Ziel zu nennen. Dabei steigert dies die Aufmerksamkeit der Zuhörer. Nicht nur weil der Trainer oder Berater sich ihnen hierdurch als selbstbewusster Partner präsentiert, sondern auch weil er ihnen von Anfang an signalisiert: Dies ist kein Kaffeekränzchen, sondern hier soll eine Entscheidung getroffen werden.

Nennen Sie das Präsentationsziel.

Zum Abschluss der Präsentation sollten dem Kunden nochmals komprimiert die Vorzüge der vorgestellten Lösung vor Augen geführt werden – zum Beispiel in Form einer Aufzählung: „Zusammengefasst hat das Konzept für Sie folgende Vorteile: Erstens ... Zweitens ... Drittens ..." Dies verstärkt die Botschaft, die der Präsentator in den Köpfen der Zuhörer verankern möchte: Was ich Ihnen erzählt habe, sind keine Träumereien, sondern „Fakten. Fakten. Fakten".

Fassen Sie abschließend das Wichtigste noch einmal zusammen.

Danach sollte der Präsentator, wie angekündigt, eine Entscheidung fordern. Er sollte also den Verkaufsprozess gezielt vorantreiben, indem er an den Kunden appelliert „Tue dies" oder „Tue das". Dieser Appell kann zum Beispiel lauten: „Damit auch Ihre Vertriebsmitarbeiter künftig mindestens drei Prozent höhere Preise erzielen, schlage ich vor ..." So zwingt der Präsentator den Kunden zu einer Stellungnahme, die den Verkaufsprozess voranbringt. Hierauf haben die Zuhörer zwei Möglichkeiten zu reagieren: Entweder sie sagen ja oder sie äußern Bedenken, warum sie die Entscheidung (noch) nicht treffen können oder möchten. Sind diese fachlicher Art, dann kann der Trainer oder Berater sie entkräften, indem er die offenen Fragen klärt, um die Teilnehmer anschließend erneut

Fordern Sie die Zuhörer zur gewünschten Entscheidung auf.

zu fragen, ob nun die gewünschte Entscheidung möglich ist. Zuweilen zeigt sich, wenn der Präsentator die Anwesenden um eine Entscheidung bittet, dass diese nicht die Kompetenz oder Befugnis hierzu haben. Dann hat er im Vorfeld nicht sauber analysiert, wer anwesend sein sollte. Tragisch ist dies aber nicht, wenn er nun am Ball bleibt und nachfragt: „Was müsste getan werden, damit die gewünschte Entscheidung getroffen werden kann?" Oder: „Welche Entscheidung ist hier und heute möglich?" Abhängig von der Antwort kann er dann entweder seinen Entscheidungsvorschlag der Situation anpassen oder mit den Anwesenden das weitere Vorgehen verabreden, damit die gewünschte Entscheidung doch noch fällt.

Wenn mehrere geladen sind, versuchen Sie, der letzte Präsentator zu sein.

Am leichtesten können Trainer und Berater Kunden zur gewünschten Entscheidung führen, wenn sie, sofern mehrere Anbieter eingeladen wurden, als Letzte präsentieren. Denn oft wird Kunden erst, wenn sie mehrere Präsentationen gesehen haben, klar, was ihnen wirklich wichtig ist. Folglich stellen sie dem letzten Präsentator die für sie wirklich brennenden Fragen. Und er erhält als Einziger die Chance, sie zu beantworten. Außerdem fließen in das Gespräch mit ihm bereits Infos über die Mitbewerber ein. Diese kann er für seine Argumentation nutzen. Folglich hinterlässt er oft den kompetentesten Eindruck.

Hier begehen Trainer und Berater oft den ersten taktischen Fehler, wenn bei ihnen das Telefon klingelt und ein Unternehmen sie zu einer Präsentation einlädt. Dann hüpft ihr Herz so hoch vor Freude, dass sie am liebsten sofort zum Kunden eilen und präsentieren würden. Spontan akzeptieren sie also den ersten vorgeschlagenen Termin, statt sich zunächst zu erkundigen, welche Mitbewerber noch eingeladen wurden, und zu versuchen, als Letzte zu präsentieren. Die Folge: Einem Mitbewerber stellt der Kunde die wirklich brennenden Fragen; ein Mitbewerber erhält die Chance, die Angebote seiner „Konkurrenten" zu zerpflücken – und er erhält auch oft den begehrten Auftrag.

12 Tipps, die Sie beim Vorbereiten und Durchführen von (Verkaufs-)Präsentationen beherzigen sollten:*

1. Versuchen Sie, wenn mehrere Anbieter zum Präsentieren eingeladen sind, der Letzte zu sein, der präsentiert. Denn oft wird Kunden erst nach mehreren Präsentationen klar, was ihnen wirklich wichtig ist. Also stellen sie dem letzten Präsentator die für sie wirklich brennenden Fragen. Und er erhält als Einziger die Chance, sie zu beantworten.

2. Wenn Sie zu einer Präsentation eingeladen werden, haben Sie die ersten Hürden im Verkaufsprozess genommen. Also muss Ihr Ziel lauten, diesen Prozess ein, zwei Schritte voranzutreiben. Überlegen Sie sich vorab, welche Entscheidung des Kunden Sie mit der Präsentation anstreben.

3. Analysieren Sie, wie weit die Kaufentscheidung des Kunden bereits fortgeschritten ist, denn abhängig davon müssen Sie in Ihrer Präsentation nicht nur unterschiedliche inhaltliche Akzente setzen, sondern für sie auch unterschiedliche Ziele formulieren.

4. Ermitteln Sie, wer an der Präsentation teilnehmen sollte, damit die gewünschte Entscheidung getroffen werden kann, und arbeiten Sie darauf hin, dass all diese Personen eingeladen werden.

6. Bei einer Präsentation geht es nicht nur darum, dem Partner die gewünschten (Fach-)Infos zu liefern. Dies wäre auch per Post möglich. Vielmehr soll er zur gewünschten Entscheidung geführt werden. Bauen Sie Ihre Präsentation entsprechend strategisch auf. Orientieren Sie sich dabei an der Struktur eines normalen Verkaufsgesprächs.

6. An Präsentationen nehmen meist mehrere „Einkäufer" mit verschiedenen, teils sogar gegenläufigen Interessen teil. Integrieren Sie in Ihre Präsentation für jeden Anwesenden mindestens ein Nutzenargument. Fokussieren Sie Ihre Argumentationslinie aber auf die Hauptentscheider.

7. Wie aufmerksam die Zuhörer Ihrer Präsentation folgen, hängt stark von Ihrem Einstieg ab. Überlegen Sie sich einen kurzen, knackigen und nach Möglichkeit überraschenden Einstieg.

8. Sagen Sie zu Beginn Ihrer Präsentation auch, welchen Nutzen die Teilnehmer von Ihrer Präsentation haben und welche Entscheidung Sie von ihnen erwarten.

9. Eine Verkaufspräsentation ist weder eine Selbstpräsentation noch ein Monolog. Sie ist ein (mit Overheadprojektor- und Beamer-Unterstützung geführtes) Verkaufsgespräch. Integrieren Sie also die Zuhörer in Ihre Präsentation. Sprechen Sie Ihre Zuhörer immer wieder direkt an. Fragen Sie sie zum Beispiel: „Habe ich Ihren Bedarf richtig skizziert?"

10. Provozieren Sie gelegentlich sogar Widerspruch – beispielsweise um zu ermitteln, was die wahren Interessen der Teilnehmer sind und wie Entscheidungen tatsächlich getroffen werden.

11. Achten Sie auf die Körpersprache der Teilnehmer. Wen blicken sie an, wenn Sie einen heiklen Punkt ansprechen? Erweist sich dann ein Teilnehmer, den sie nicht auf der Rechnung hatten, als Hauptentscheider, sollten Sie zunächst seine Nutzenerwartung ermitteln, indem Sie ihn beispielsweise nach seiner Einschätzung fragen.

12. Fordern Sie den Kunden gegen Ende Ihrer Präsentation zum nächsten Schritt auf. Appellieren Sie an ihn: „Tue dies" oder „Tue das". So zwingen Sie ihn zu einer Stellungnahme, die den Verkaufsprozess voranbringt.

(* frei nach Peter Schreiber & Partner, Ilsfeld)

(Elektronische) Kundenmagazine und Newsletter

Anfang 2004 beauftragte ein Geldinstitut ein Beratungsunterneh-
men, die verkäuferische Kompetenz seiner Filialmitarbeiter zu che-
cken. Der Hintergrund: Die Bank plante ihre Filialen so umzugestal-
ten, dass die Kunden fortan ihre Standardgeldgeschäfte, wie Geld
überweisen und abheben, an Automaten weitgehend selbst erledigen
und die Filialmitarbeiter mehr Zeit für das Beraten der Kunden und
den Verkauf haben. Vereinbart wurde, dass die Checks im Februar
stattfinden sollten und dem Personalleiter der Bank zwei Wochen
später, also Mitte März, die Auswertung vorliegen solle, damit
hierauf aufbauend Qualifizierungsmaßnahmen für die Mitarbeiter
entwickelt werden könnten. Die Checks fanden auch wie geplant
statt. Die Auswertung lag dem Personalleiter aber nicht zum verein-
barten Zeitpunkt vor. Also rief er beim Beratungsunternehmen an
und bat es, ihm die Auswertung zu senden. Dieses versprach ihm:
Übermorgen ist sie in Ihrer Post. Zwei Tage später bekam der Perso-
nalleiter tatsächlich Post von dem Beratungsunternehmen – aber
nicht die gewünschte Auswertung, sondern das Kundenmagazin des
Anbieters. Verärgert rief er daraufhin beim Beratungsunternehmen
an und sagte ihm, es solle ihm lieber endlich die Auswertung schi-
cken statt „seinen Schreibtisch mit Werbematerial vollzumüllen".

Ähnlich reagieren Kunden oft, wenn sie unaufgefordert mit Kundenbindungsinstrumenten beglückt werden; zumindest, wenn sie
mit der Leistung des Unternehmens unzufrieden sind. Dann denken sie: „Die sollten mir lieber eine ordentliche Leistung bieten
statt ihr Geld für solchen Nonsens zu verschwenden." Diesen Zusammenhang übersehen viele Unternehmen. Sie überschütten ihre
Kunden heute vielfach mit Kundenbindungsinstrumenten, wie sie
es früher mit Prospekten taten. Überrascht stellen sie dann oft

fest, dass diese Instrumente bei ihren Kunden zuweilen mehr Verärgerung als Freude auslösen – insbesondere, wenn diese mit ihrer Leistung nicht 100 Prozent zufrieden sind. Dann entsteht bei Kunden oft das Gefühl: „Statt meine Bedürfnisse ernst zu nehmen, versucht mich das Unternehmen mit billigen Pamphleten abzuspeisen." Und zuweilen fühlen sie sich regelrecht auf den Arm genommen.

Hierfür ein Beispiel, das vermutlich jeder Trainer und Berater aus eigener Erfahrung kennt. In den zurückliegenden Jahren schlossen viele Unternehmen ihre (Service-)Niederlassungen und reduzierten die Zahl ihrer Servicemitarbeiter im Außendienst. Stattdessen richteten sie telefonische Hotlines ein. Sie taten dies, um Geld zu sparen. Ihr Ziel war es nicht, den Kunden mehr Service zu bieten. Trotzdem suggerieren sie ihren Kunden in ihren Werbepostillen: „Wir bieten Ihnen nun noch mehr Service; wir sind jetzt 24 Stunden für Sie erreichbar." Das erweckt bei „Alt-Kunden" oft den Eindruck: „Die wollen mich für dumm verkaufen." Schließlich sammeln sie im Alltag die Erfahrung: „Wenn ich früher Probleme hatte, kam entweder ein Kundenbetreuer oder ich konnte mich an eine Service-Niederlassung wenden. Heute hingegen kann ich nur noch mit einem anonymen Callcenter telefonieren." Besser betreut fühlt sich der Kunde hierdurch nicht. Und schon gar nicht freut er sich, wenn das Unternehmen das aus seiner „Sparmaßnahme" resultierende Manko an persönlichem Kontakt durch standardisierte Kundenbindungsinstrumente wie Kundenzeitschriften ausgleichen möchte.

Diese Form der Kundenbindung funktioniert nicht. Kein Kunde baut zu einem Unternehmen eine Beziehung auf, bei dem er im Alltag die Erfahrung sammelt,

▶ das Unternehmen interessiert sich nicht für meine Bedürfnisse und
▶ wenn ich Hilfe brauche, habe ich keinen persönlichen Ansprechpartner.

Die persönliche Kommunikation kann durch standardisierte Marketinginstrumente nicht ersetzt werden.

Dies gilt insbesondere für Bildungs- und Beratungsanbieter, die ihren Kunden persönliche Dienstleistungen verkaufen. Deshalb sollten sie, bevor sie sich für den Einsatz so unpersönlicher Marketinginstrumente wie Kundenmagazine und (elektronische) Newsletter entscheiden, prüfen, ob es nicht effektivere Wege gibt, um mit den Kunden regelmäßig zu kommunizieren und ihnen das Gefühl zu vermitteln: „Ich denke an dich." Zum Beispiel, indem sie ihre (Schlüssel-)Kunden häufiger anrufen oder besuchen, oder indem sie diese ab und an einladen. Damit hätten sie vermutlich mehr Erfolg, denn letztlich steckt hinter allen standardisierten Kundenbindungsinstrumenten folgende Intention: Einerseits möchte der Anbieter regelmäßig mit seinen Kunden kommunizieren, andererseits möchte er hierfür möglichst wenig Zeit (und Geld) aufwenden. Das wissen auch die Kunden.

Dies soll kein generelles Plädoyer gegen Marketinginstrumente wie Kundenzeitschriften und (elektronische) Newsletter sein. Denn sie bieten speziell Bildungs- und Beratungsanbietern, deren Kundenzahl sehr groß ist und deren Klientel vorwiegend aus Einzelpersonen besteht (wie zum Beispiel bei Sprachinstituten und Anbietern von offenen Seminaren und Fernlehrgängen), durchaus die Chance, regelmäßig und relativ zeit- und kostengünstig mit ihren (potenziellen) Kunden zu kommunizieren. Zumal sich in diese Instrumente auch Dialogelemente wie Fax-Antwortkarten, Bestellcoupons oder Gewinnspiele integrieren lassen. Keinesfalls darf aber übersehen werden: All diese Dialogmöglichkeiten sind unpersönlich. Mit ihnen können die Unternehmen nicht auf individuelle Kundenbedürfnisse reagieren. Folglich gleichen sie auch nicht einen Mangel an persönlicher Betreuung und Beratung aus.

Newsletter sind geeignet für Anbieter, deren Klientel vorwiegend aus Einzelpersonen besteht.

Deshalb sollten speziell Bildungs- und Beratungsanbieter, deren Klientel vorwiegend aus Firmen besteht und die den Löwenanteil ihres Umsatzes oft nur mit einem Dutzend Kunden erzielen, diese Instrumente nur einsetzen, um

Bei Firmenkunden sollte die persönliche Kommunikation zentral stehen.

▶ ihren Namen und die Botschaft „Wir sind Spezialist für ..." allmählich in den Köpfen potenzieller Neukunden zu verankern,
▶ den Kontakt zu den Kunden aufrechtzuerhalten, die für ihren Erfolg eine relativ geringe Bedeutung haben und
▶ zwischendurch schnell mit ihren Schlüsselkunden und denjenigen, die das Potenzial dazu haben, zu kommunizieren.

Die tragende Säule der Kommunikation mit den (künftigen) Schlüsselkunden sollte aber stets die persönliche Kommunikation sein, denn nur wenn Personen regelmäßig von Mensch zu Mensch miteinander kommunizieren, wächst allmählich eine persönliche Beziehung zwischen ihnen – und diese ist gerade für den Verkauf von Training und Beratung sehr wichtig.

Beispiel: scheinbar "persönliche" Kommunikation.

Dabei bedeutet persönlich miteinander kommunizieren aber nicht, dass sich die Beteiligten stets gegenübersitzen oder miteinander telefonieren müssen. Es gibt auch andere Wege, um Kunden zumindest zu suggerieren: „Ich interessiere mich für dich." Erläutert sei dies an einem Beispiel: Ein in Bayern ansässiges Trainings- und Beratungsunternehmen durchforstet systematisch die Fachpresse nach Infos, die für seine Schlüsselkunden interessant sein könnten. Stößt es dabei zum Beispiel auf einen Bericht über die Konkurrenz eines Kunden oder die Besprechung eines Buchs, das für ihn auf Grund seiner aktuellen Situation interessant sein könnte, kopiert es diesen. Dann verfasst ein Mitarbeiter im Namen des Institutsinhabers ein kurzes Anschreiben zum Beispiel mit folgendem Text: „Sehr geehrter Herr Müller, beim Lesen der Zeitschrift ‚managerSeminare' stieß ich auf einen Artikel zum Thema ‚Höhere Preise in gesättigten Märkten erzielen', der meines Erachtens einige interessante Impulse für Ihre Außendienstmitarbeiter enthält. Ich sende Ihnen diesen als Kopie. Mit freundlichen Grüßen ..." Dann steckt der Mitarbeiter die Kopie des Artikels und das Anschreiben, versehen mit der Unterschrift des Institutsinhabers, in einen Briefumschlag und ab geht die Post. Bei den Kunden stoßen diese „spontanen" Briefe auf eine positive Resonanz, auch weil das Institut genau darauf achtet, dass

▶ die Infos wirklich für die Kunden interessant sein könnten und
▶ solche Briefe nicht zu oft sein Haus verlassen,

denn sie signalisieren ihnen: Der Anbieter denkt an mich – selbst wenn er gerade nicht für mich arbeitet.

Newsletter sind "Wegwerfprodukte".

Zusätzlich versendet das Institut alle drei Monate einen Newsletter an alle (potenziellen) Kunden, deren Adressen mehr oder minder zufällig in seiner Datenbank gelandet sind. Diesen betrachtet der Institutsinhaber aber weitgehend als ein Wegwerfprodukt, das den (potenziellen) Kunden nur signalisieren soll,

► der Anbieter xy existiert (noch),
► er ist Spezialist für ... und
► wenn ich ein entsprechendes Problem habe, kann ich mich an ihn wenden.

Um diese Funktion zu erfüllen, muss ein Newsletter keine acht oder gar sechzehn Seiten umfassen. Sie werden von den Kunden ohnehin nicht gelesen. Sinnvoller ist es, ein zwei- oder vierseitiges Faltblatt zu produzieren. Dieses muss aber professionell gestaltet sein – nicht nur hinsichtlich des Layouts, sondern auch inhaltlich. Zudem muss es den Empfängern einen erkennbaren Nutzen bieten. Dies ist bei den meisten Newslettern nicht der Fall, vor allem weil sie nichts anderes als mehr oder minder geschickt getarnte Werbeschreiben sind. Das heißt, von der ersten bis zur letzten Seite steht der Anbieter im Mittelpunkt und von der ersten bis zur letzten Zeile wird fast ausschließlich beschrieben, wie toll und klug er ist oder welche Spitzenleistungen er für seine Kunden erbringt beziehungsweise erbracht hat. Einen solchen Newsletter überfliegen die Empfänger, sofern er ansprechend gestaltet ist, vielleicht beim ersten Mal. Bis sie registrieren: Das ist nur ein getarnter Werbeprospekt. Danach fliegt der Newsletter oder das Kundenmagazin ungelesen in den (elektronischen) Papierkorb. Zu Recht. Denn wenn Anbieter ihren (potenziellen) Kunden nur Infos über sich selbst und ihre Leistungen zukommen lassen möchten, dann sollten sie so ehrlich sein, ihnen Prospekte und/oder Werbebriefe zu senden. Sonst fühlen sich die Empfänger zu Recht verschaukelt.

Newsletter sollten keine „getarnten" Werbebriefe sein.

Beim Konzipieren ihrer Newsletter und Kundenmagazine sollten sich Trainer und Berater an folgender Faustregel orientieren: Maximal ein Drittel des Inhalts sollte sich auf den Anbieter und seine Produkte beziehen – noch besser ist es, die Infos, die unmittelbar auf einen Verkauf abzielen, wie zum Beispiel die Ankündigung von Seminarterminen, auf einem separaten Blatt beizulegen. Ansonsten sollten in dem Newsletter oder Kundenmagazin nur Infos stehen, die für den Empfänger einen Servicecharakter haben – sei es weil sie ihm zum Beispiel das Arbeiten oder Lernen erleichtern oder ihn zum Schmunzeln bringen.

Infos mit Service-Charakter zählen.

Besonders grauenhaft sind die elektronischen Newsletter, die viele Bildungs- und Beratungsanbieter versenden. Von ihnen geht oft nur die Botschaft aus: Der Anbieter will möglichst so wenig Zeit wie möglich in die (persönliche) Kommunikation mit seinen Kunden investieren. Und zudem möchte er das Geld für den Druck und Versand eines Newsletters sparen. (Gerne möchte er von den „Sehr geehrten Kunden" aber Trainings- und Beratungsaufträge für einige Tausend Euro haben.) Mit solchen „Geizknollen" arbeitet kein Kunde gerne zusammen.

Viele elektronische Newsletter sind letztlich nur ellenlange e-Mails, die per Knopfdruck rund um die Welt und an Hinz und Kunz versandt werden. Dass solche Newsletter gelesen werden, dieser Illusion sollte sich kein Anbieter hingeben – selbst wenn der Empfänger ihn in grauer Vorzeit aus Versehen abonnierte. Ein, zwei Tastendrucke am PC genügen, dann sind sie vom Bildschirm verschwunden.

PDF-Newsletter werden häufig nicht gelesen.

Andere elektronische Newsletter sind zwar professioneller gemacht. Sie haben aber den Nachteil, dass sie dem elektronischen Anschreiben als PDF-Datei angehängt sind. Für den Empfänger bedeutet dies oft: Er muss die Datei zunächst speichern und Acrobat Reader aktivieren, bevor er den Newsletter öffnen und lesen kann. Dies ist den meisten Empfängern zu lästig. Also werden auch diese Newsletter meist sofort gelöscht – vor allem, weil ihre Form dem eigentlichen Charakter eines Newsletters zuwiderläuft, nämlich ein Instrument der schnellen Information und Kommunikation zwischendurch zu sein.

Benchmark: Newsletter von Lothar J. Seiwert.

Ein elektronischer Newsletter, der für andere Trainer und Berater als Benchmark beim Konzipieren ihrer eigenen Newsletter dienen kann, ist der Newsletter vom „Zeit- und Selbstmanagementpapst" Lothar Seiwert. Er hebt sich in mehrfacher Hinsicht positiv von der Masse der Newsletter ab. Der Newsletter hat zunächst ein klares Layout, zudem ist er mehrfarbig gestaltet. Außerdem sind in ihn stets zwei, drei Farbfotos integriert, die als Eyecatcher dienen – darunter stets ein Foto, das Lothar Seiwert in einer relaxten Sitzhaltung mit hinter dem Kopf verschränkten Armen zeigt. Von diesem Bild geht die Botschaft aus: In diesem Newsletter gibt dir jemand, der weiß, wie's geht, Tipps, wie du ein glücklicheres und zufriedeneres Leben führen kannst. Entsprechend sind auch die (Kurz-)Infos im Newsletter ausgewählt. Bild- und Textaussage korrespondieren folglich miteinander. Der Newsletter hat noch weitere Vorzüge: Er wird, wenn man die e-Mail anklickt, sofort angezeigt.

außerdem ist er nie länger als eine Seite. Entsprechend schnell hat man ihn überflogen.

Auch diesen Newsletter liest der Autor dieses Buchs in der Regel nicht – zumal er ihm im Wochenrhythmus zugesandt wird. (Dies ist nach seiner Auffassung eine zu hohe Frequenz.) Doch jeden Donnerstagmorgen strahlt ihm, wenn er seine e-Mails abruft, ein relaxter Lothar Seiwert entgegen, weshalb sich in seinem Kopf die Botschaft unauslöschlich verankert hat: Lothar Seiwert ist der Experte für eine erfolgreiche und zufriedene Lebensführung. Nur eines sollte Lothar Seiwert ab und zu überarbeiten: seinen Adresspool. Denn wöchentlich erhält der Autor nicht nur einmal, nein, dreimal den Newsletter von Lothar Seiwert. Und so unstillbar ist sein Hunger nach Tipps von Lothar Seiwert – trotz aller Bewunderung für sein Marketing – auch wieder nicht.

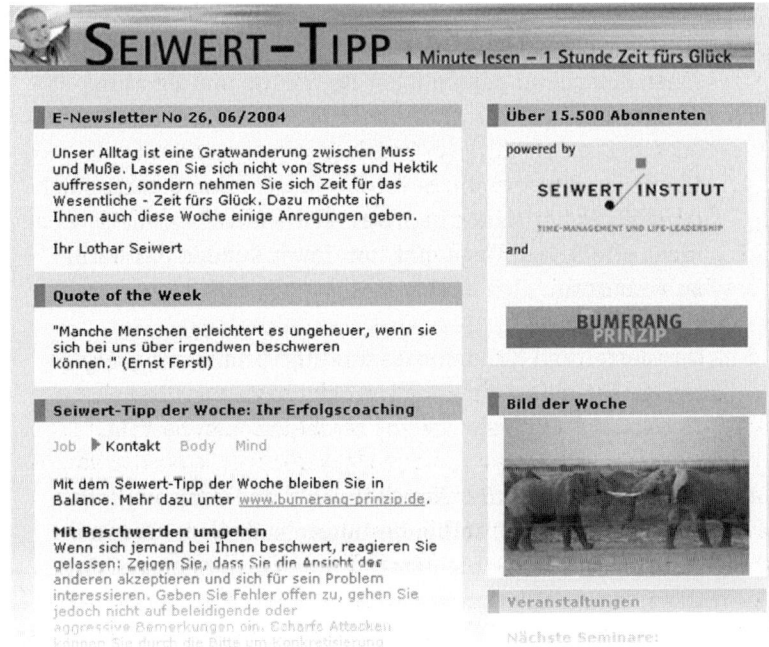

11 Tipps, die Sie beim Planen und Versenden von (elektronischen) Kundenmagazinen/Newsletter beachten sollten:

1. Hinter den meisten standardisierten Kundenbindungs-instrumenten steckt die Intention: Einerseits möchte der Anbieter regelmäßig mit seinen Kunden kommunizieren, andererseits möchte er hierfür wenig Zeit (und Geld) aufwenden. Das wissen auch die Kunden.

2. Sind Kunden mit der Leistung eines Unternehmens nicht absolut zufrieden, lösen bei ihnen Kundenmagazine oft Verärgerung aus, denn dann entsteht bei ihnen das Gefühl: Statt meine wahren Bedürfnisse ernst zu nehmen, versucht mich der Anbieter mit billigen Pamphleten abzuspeisen.

3. Mit einem Newsletter oder Kundenmagazin können Sie nie einen Mangel an persönlicher Betreuung und Beratung ausgleichen.

4. Überlegen Sie deshalb, bevor Sie sich für den Einsatz solch unpersönlicher Marketinginstrumente entscheiden, ob es nicht effektivere Wege gibt, um Ihren Kunden das Gefühl zu vermitteln: „Ich denke an dich."

5. Newsletter und Kundenmagazine sind primär ein geeigne-tes Marketinginstrument für Anbieter, deren Klientel vorwiegend aus (sehr vielen) Einzelpersonen besteht.

6. Wenn Sie jedoch komplexe Bildungs- und Beratungsleis-tungen verkaufen, sollte die tragende Säule der Kommu-nikation mit Ihren (Schlüssel-) Kunden stets die persön-liche Kommunikation sein.

7. Betrachten Sie Ihren Newsletter als ein „Fastfood-Pro-dukt", das Ihren (potenziellen) Kunden primär signali-sieren soll: „Der Anbieter xy existiert (noch)", „Er ist Spezialist für ..." und „Wenn bei dir Bedarf entsteht,

kannst du dich vertrauensvoll an ihn wenden." Diese Funktion erfüllt auch ein zwei- oder vierseitiges Faltblatt.

8. Ihr Newsletter oder Kundenmagazin sollte kein getarntes Werbeschreiben oder -prospekt sein. Maximal ein Drittel seines Inhalts sollte sich auf Ihr Unternehmen und seine Leistungen beziehen.

9. Versenden Sie keine elektronischen Newsletter, die nur lange e-Mails sind.

10. Achten Sie darauf, dass Ihr elektronischer Newsletter, nachdem die e-Mail aufgerufen wurde, sofort auf dem Bildschirm erscheint. Schließlich ist er ein „Fastfood-Produkt". Deshalb sollte er auch nicht länger als eine Seite sein.

11. Entwerfen Sie für Ihren elektronischen Newsletter ein standardisiertes Layout. Integrieren Sie in dieses ein, zwei Farbfotos oder Karikaturen als Eyecatcher, die mit Ihrer Kernbotschaft korrespondieren.

Stichwortverzeichnis